Einführung in Unix
für Mac OS X Panther

Einführung in Unix
für Mac OS X Panther

Dave Taylor & Brian Jepson

Deutsche Übersetzung von
Jørgen W. Lang & Eva Wolfram

O'REILLY®

Beijing · Cambridge · Farnham · Köln · Paris · Sebastopol · Taipei · Tokyo

Kommentare und Fragen können Sie gerne an uns richten:
O'Reilly Verlag
Balthasarstr. 81
50670 Köln
Tel.: 0221/9731600
Fax: 0221/9731608
E-Mail: kommentar@oreilly.de

Copyright der deutschen Ausgabe:
© 2004 by O'Reilly Verlag GmbH & Co. KG
1. Auflage 2004

Die Originalausgabe erschien 2003 unter dem Titel
Learning Unix for Mac OS X Panther im Verlag O'Reilly & Associates, Inc.

Bibliografische Information Der Deutschen Bibliothek
Die Deutsche Bibliothek verzeichnet diese Publikation in der Deutschen Nationalbibliografie; detaillierte bibliografische Daten sind im Internet über *http://dnb.ddb.de* abrufbar.

Übersetzung und deutsche Bearbeitung: Jørgen W. Lang & Eva Wolfram
Lektorat: Christine Haite & Michael Gerth, Köln
Korrektorat: Oliver Mosler, Köln
Satz: G&U e.Publishing Services GmbH, Flensburg
Umschlaggestaltung: Emma Colby, Ellie Volckhausen & Hanna Dyer, Boston
Produktion: Karin Driesen, Köln
Belichtung, Druck und buchbinderische Verarbeitung:
Druckerei Kösel, Krugzell; www.koeselbuch.de

ISBN 3-89721-378-8

Dieses Buch ist auf 100% chlorfrei gebleichtem Papier gedruckt.

Inhalt

Vorwort

Mac OS X (ausgesprochen »Mac OS zehn«), die neueste Inkarnation des Macintosh-Betriebssystems, verabschiedet sich radikal von seinen Vorgängerversionen. So wurde nicht nur die Benutzeroberfläche komplett neu gestaltet – auch »unter der Motorhaube« gibt es große Unterschiede. Die gesamte altbekannte Macintosh-Systemsoftware wurde durch ein neues Betriebssystem namens Unix ersetzt. Unix ist ein Multi-User-(Mehrbenutzer-) und Multitasking-Betriebssystem. Als *Multi-User*-Betriebssystem ermöglicht Mac OS X mehreren Benutzern, dasselbe Betriebssystem zu verwenden. Dabei kann jeder Benutzer seinen eigenen Desktop anlegen, für andere nicht zugängliche Dateien erzeugen und Einstellungen vornehmen, die automatisch dann in Kraft treten, wenn der jeweilige Benutzer den Computer verwendet. Als *Multitasking*-Betriebssystem kann Mac OS X leicht viele verschiedene Applikationen gleichzeitig ausführen, und wenn eine Applikation abstürzt, muss deshalb nicht gleich der gesamte Rechner neu hochgefahren werden.

Die Tatsache, dass Mac OS X auf Unix basiert, kümmert den Benutzer wenig, der einfach nur über eine elegante grafische Oberfläche seine Applikationen starten oder seine Dateien verwalten möchte. Aber für Benutzer, die etwas tiefer schürfen möchten, eröffnen sich völlig neue Welten. Die Unix-Befehlszeile bietet Benutzern mit einem mittleren bis fortgeschrittenen Wissen eine Reihe von mächtigen Möglichkeiten. Die Befehlszeile können Sie über das Mac-Programm »Terminal« aufrufen. Zusätzlich können Sie, wenn Sie sich einmal mit Unix unter Mac OS X vertraut gemacht haben, die Befehlszeile auch in anderen Unix-Versionen oder dem Unix-kompatiblen Linux verwenden.

Dieses Buch soll Mac-Benutzern die Grundlagen von Unix vermitteln. Wir zeigen Ihnen, wie Sie die Befehlszeile (von Unix-Benutzern »Shell« genannt) und das Dateisystem sowie die nützlichsten Befehle verwenden. Unix ist ein kompliziertes und mächtiges System, und wir können nur an der Oberfläche bleiben, aber wir zeigen Ihnen auch, wie Sie Ihre Unix-Kenntnisse vertiefen können, wenn Sie dazu bereit sind.

Zielgruppe

Dieses Buch vermittelt Ihnen die wichtigsten Systembefehle, mit denen wir Ihnen den Einstieg in Unix erleichtern wollen. Anstatt Sie mit einer Menge an Details zu überhäufen, möchten wir, dass Sie sich möglichst schnell in der Unix-Umgebung wohl fühlen. Anstatt alle Optionen im Detail zu beschreiben, werden wir also nur auf die nützlichsten Merkmale eines Befehls eingehen.

Wir gehen außerdem davon aus, dass Ihr Computer korrekt funktioniert, dass Sie den Rechner eingeschaltet haben, dass Sie wissen, wie Sie das System herunterfahren können und wie Sie das System pflegen müssen.

Für wen dieses Buch nicht gedacht ist

Wenn Sie nach einem Buch suchen, das Ihnen beibringt, wie Sie Cocoa-Programme oder andere Softwareprogramme für den Mac entwickeln, ist dies vermutlich nicht das richtige Buch für Sie (auch wenn es für Enwickler recht hilfreich sein kann, sich mit grundsätzlichen Unix-Techniken für Mac OS X auszukennen). Wenn Sie ein absoluter Anfänger sind und sich gelegentlich fragen, wo denn die zweite Maustaste hin ist, stellen Sie dieses Buch vermutlich besser erst einmal ins Regal, bis Sie mit Ihrer Computer-Umgebung etwas vertrauter geworden sind. Wenn Unix zu Ihrem täglichen Leben gehört wie die Luft zum Atmen und Sie bereits wissen, wie Sie Ihren Linux-Rechner dazu bewegen, einen Salto rückwärts zu machen, geht Ihnen dieses Buch vermutlich nicht weit genug (obwohl auch Sie noch einige Informationen rausholen können, da wir hier viele der Mac-typischen Unix-Spielarten behandeln). In diesem Buch geht es weder um Unix-Systemadministration noch um die Administration von Mac-Systemen über die Befehlszeile.

Ein kurzer geschichtlicher Abriss

Zu Anfang war der Macintosh ein Singletasking-Betriebssystem, bei dem der Benutzer über eine Anwendung namens Finder zwischen den verschiedenen Anwendungen hin- und herschalten konnte. Neuere Versionen von Mac OS unterstützten das gleichzeitige Betreiben mehrerer Anwendungen, aber erst mit dem Meilenstein Mac OS X kam echtes Multitasking in der Mac-Welt auf. Bei Mac OS X laufen Macintosh-Anwendungen in unterschiedlichen Speicherbereichen; das neue Mac-Betriebssystem ist ein echtes Mehrbenutzer-System, das endlich auch Sicherheitsmechanismen auf Dateiebene bereitstellt.

Diese Verbesserungen wurden dadurch erzielt, dass Mac OS X den Sprung von der Mac-eigenen Systemumgebung zu Unix machte. Mac OS X baut auf Darwin auf, einer Version von Unix, die auf 4.4BSD-Lite, FreeBSD, NetBSD und dem Mach Microkernel basiert.

Unix selbst wurde vor über 30 Jahren für wissenschaftliche und professionelle Anwender entwickelt, die ein äußerst leistungsstarkes und flexibles Betriebssystem benötigten. Seitdem hat es sich auf bemerkenswert gewundenen Pfaden entwickelt: Als Stationen sind zum Beispiel die Bell Telephone Labs, die University of California in Berkeley, Forschungszentren in Australien und Europa und (als Geldgeber) die Advanced Research Projects Agency des amerikanischen Verteidigungsministeriums zu nennen. Da Unix für Experten entwickelt wurde, kann es zu Anfang etwas überwältigend wirken. Wenn Sie sich aber einmal (mit Hilfe dieses Buchs!) die Grundlagen angeeignet haben, werden Ihnen die Vorteile von Unix sehr bald klar:

- Unix bietet eine große Anzahl leistungsfähiger Anwendungsprogramme. Viele weitere sind kostenlos im Internet erhältlich. (Das Fink-Projekt von SourceForge (*http://fink.sourceforge.net/*) bietet viele Open Source-Pakete für Mac OS X.) So können Sie viel mehr mit wesentlich geringerem Kostenaufwand erledigen. Ein weiterer Ort, der einen Besuch lohnt, ist das DarwinPorts-Projekt, bei dem ein Team engagierter Software-Entwickler daran arbeitet, von vielen populären Unix-Programmen Darwin-Versionen zu erstellen (*http://www.opendarwin.org/projects/darwinports*).

- Nicht nur die Applikationen, auch manche Unix- (und Unix-kompatible) Betriebssysteme selbst sind kostenlos verfügbar. Ein gutes Beispiel hierfür sind Linux und FreeBSD. Wie die kostenlosen Anwendungen sind auch die meisten kostenlosen Versionen von Unix von exzellenter Qualität. Sie werden von Programmierern und Unternehmen freiwillig gepflegt, die ein leistungsstarkes Betriebssystem brauchen und von der langsamen, fehlerreichen Betriebssystementwicklung mancher großer Software-Hersteller frustriert sind. Viele Anwender, die täglich mit Mac OS X arbeiten, haben von den Möglichkeiten im Hintergrund nicht die geringste Ahnung. Der Darwin-Kern von Mac OS X ist ein frei verfügbares Unix-Betriebssystem (zu finden unter *http://developer.apple.com/darwin/*), besitzt aber nicht die leicht zu benutzende Oberfläche von Mac OS X.

- Unix läuft auf fast allen Computern, vom Kleinstgerät mit eingebettetem System bis zum Supercomputer. Wenn Sie die Lektüre dieses Buchs beendet haben, kennen Sie sich nicht nur mit Darwin aus, sondern können auch viele andere Unix-basierte Rechner bedienen, ohne dafür jedes Mal ein neues Betriebssystem erforschen zu müssen.

- Im Allgemeinen ist Unix (besonders ohne eine grafische Oberfläche) weniger ressourcenintensiv als andere größere Betriebssysteme. Linux läuft zum Beispiel recht anständig auf einem Intel 80386-Prozessor und ermöglicht mehreren Benutzern die gleichzeitige Verwendung eines Rechners. (Dagegen sollten Sie gar nicht erst versuchen, die neueste Version von Microsoft Windows auf einem

System zu installieren, das auch nur ein paar Jahre alt ist!) Wenn Sie eine grafische Oberfläche benötigen, bietet Ihnen Unix eine breite Auswahl von der modernen Oberfläche mit allen Schikanen bis hin zur einfachen Oberfläche, die nur wenig Rechnerleistung verschlingt. Wenn die Ressourcen knapp sind – zum Beispiel in Schulen und in Entwicklungsländern –, kann man mit Unix mit wenig viel erreichen.

- Ein Großteil des Internets wurde auf Unix-Systemen entwickelt. Viele Webserver und Internet-Provider verwenden Unix, weil es so flexibel und kostengünstig ist. Auf leistungsstarker Hardware kommt Unix erst richtig zur Geltung.

Verschiedene Unix-Versionen

Es gibt mehrere verschiedene Unix-Varianten. Zu den älteren und aktuellen kommerziellen Versionen gehören Solaris, AIX und HP/UX. Kostenlos verfügbar sind Linux, NetBSD, OpenBSD und FreeBSD. Darwin, das kostenlose Unix unter Mac OS X, entstand, indem auf BSD eine höher entwickelte Version namens Mach aufgepflanzt wurde, dazu kam eine kleine Prise Apple-Magie für die grafische Oberfläche.

Obwohl die grafischen Benutzeroberflächen (Graphical User Interfaces, GUIs) sowie die spezielleren Funktionen je nach Unix-System unterschiedlich sind, sollten Sie einen Großteil Ihrer Erkenntnisse aus diesem Einführungshandbuch auf jedes beliebige System anwenden können. Machen Sie sich nicht zu viele Gedanken darüber, was von welcher Unix-Version stammt. Genau wie im Englischen viele Wörter aus dem Französischen, Deutschen, Japanischen, Italienischen und sogar dem Hebräischen entlehnt werden, borgt sich Mac OS X Unix-Befehle von verschiedenen Unix-Versionen, die Sie einfach benutzen können, ohne auf ihre Herkunft achten zu müssen.

Gelegentlich erklären wir Features aus anderen Unix-Systemen. Die Kenntnis der Unterschiede kann für Sie hilfreich sein, wenn Sie irgendwann einmal ein anderes Unix-System verwenden möchten. Wenn wir in diesem Buch »Unix« erwähnen, meinen wir damit »Unix und seine verschiedenen Versionen« – es sei denn, wir geben eine spezielle Version an.

Benutzerschnittstellen zu Unix

Man kann Unix auf ganz traditionelle Weise benutzen – mit einem uralten Fernschreiber-Terminal, von einem Shell-Prompt auf einer Befehlszeile aus. Für die meisten Unix-Versionen gibt es aber auch ein Window-System (manchmal auch grafische Benutzeroberfläche oder GUI, Graphical User Interface, genannt). Mit einem solchen System wird der Bildschirm in mehrere Fenster unterteilt – das können auch Terminal-Fenster sein, die sich wie die ursprüngliche Unix-Schnittstelle verhalten.

Mac OS X enthält für den Zugriff auf die Befehlszeilenebene des Systems eine einfache Terminal-Anwendung. Diese Anwendung heißt vernünftigerweise Terminal und ist im Ordner PROGRAMME → DIENSTPROGRAMME zu finden. Wir sehen uns die Terminal-Anwendung in den Kapiteln 1 und 2 näher an.

Obwohl Sie Ihren Mac ganz bestimmt recht effizient ohne die Eingabe von Text über einen Shell-Prompt verwenden können, konzentrieren wir uns in diesem Buch auf die traditionelle Befehlszeilen-Schnittstelle von Unix. Warum?

- Jedes Unix-System hat eine Befehlszeilen-Schnittstelle. Wenn Sie damit umgehen können, finden Sie sich auf jedem Unix-System zurecht.

- Je besser Sie sich mit Unix auskennen, desto mehr wird Ihnen klar, dass die Befehlszeile eigentlich flexibler ist als eine Fenster-Oberfläche. Unix-Programme sind als Bausteine konzipiert, die man auf der Befehlszeile in fast beliebigen Kombinationen für fast unendlich viele Zwecke einsetzen kann. Kein uns (bisher!) bekanntes Fenstersystem eröffnet so viele Möglichkeiten.

- Sie können GUI-Programme auch von der Befehlszeile aus starten und schließen.

- Wenn Sie sich einmal mit der Befehlszeile vertraut gemacht haben, können Sie das Gelernte zum Schreiben von *Skripten* verwenden. Diese kleinen (und auch riesengroßen!) Programme automatisieren sich wiederholende Vorgänge, die Sie bei einem Fenstersystem jedes Mal manuell wiederholen müssten (außer Sie können das Fenstersystem programmieren, aber das ist im Allgemeinen viel schwieriger). Im Abschnitt »Programmierung« in Kapitel 10 geben wir eine kurze Einführung in das Schreiben von Skripten.

- Im Allgemeinen kommen sehbehinderte Benutzer viel leichter mit textbasierten Schnittstellen zurecht als mit GUIs.

Wir sind keineswegs der Ansicht, dass die Befehlszeile in jedem Fall das Richtige ist. Das Web mit seinen Grafiken und Links können Sie zum Beispiel gewöhnlich viel leichter mit einem GUI-Webbrowser innerhalb von Mac OS X verwenden. Aber die Befehlszeile ist einfach die grundlegende Schnittstelle für Unix-Systeme. Wenn Sie sich mit der Befehlszeile auskennen, können Sie mit jedem Unix-System umgehen, ob mit oder ohne Fensterumgebung. Eine umfassende Ressource für allgemeine Mac OS X-Themen finden Sie in *Mac OS X: Missing Manual, Panther-Ausgabe* von David Pogue (Pogue Press/O'Reilly).

Über die deutsche Lokalisierung

Erschrecken Sie nicht, wenn Sie auf Ihrem System einen englischen Ordnernamen finden, der laut Buch deutsch sein sollte. Der Grad der Lokalisierung hängt offensichtlich davon ab, ob Mac OS X Panther völlig neu installiert wurde oder aber ein Upgrade ist.

Und um die babylonische Sprachverwirrung perfekt zu machen, sind auf der Unix-Ebene alle Standardordner des Systems englisch – auch die, die auf Ihrer Mac-Oberfläche deutsch erscheinen. Die schon für Sie angelegten Standardordner wie *Dokumente*, *Filme* und *Öffentlich* heißen auf Unix-Ebene *Documents*, *Movies* und *Public*. (Näheres hierzu erfahren Sie in Kapitel 3.)

In diesem Buch verwenden wir die Ordner- und Verzeichnisnamen, wie Sie sie auf einem »frischen« Mac OS X Panther vorfinden: Deutsch auf der Mac-Oberfläche und Englisch auf der Unix-Ebene.

In diesem Buch verwendete Konventionen

Die folgenden typografischen Konventionen werden in diesem Buch verwendet:

KAPITÄLCHEN
> werden für Menü-Titel, -Optionen und -Buttons verwendet.

Kursivschrift
> wird benutzt für neu eingeführte Begriffe, URLs, E-Mail-Adressen, Dateinamen, Dateierweiterungen, Pfadnamen, Verzeichnisse und Unix-Hilfsprogramme.

`Nichtproportionalschrift`
> bezeichnet Befehle, Optionen, Switches, Variablen, Attribute, Schlüssel, Funktionen, Typen, Klassen, Namensräume, Methoden, Module, Properties, Parameter, Werte, Objekte, Events, Event-Handler, XML-Tags, HTML-Tags, Makros, Dateiinhalte und die Ausgaben von Befehlen.

`Nichtproportionalschrift fett`
> wird verwendet für Befehle oder anderen Text, der wörtlich vom Benutzer eingegeben werden soll.

`Nichtproportionalschrift kursiv`
> bezeichnet Text, der durch Benutzereingaben ersetzt werden soll.

Dieses Icon weist auf einen Tipp, einen Vorschlag oder eine allgemeine Anmerkung hin.

Dieses Icon kennzeichnet einen Warnhinweis.

Die Verwendung der Codebeispiele

Dieses Buch soll Ihnen bei Ihrer Arbeit helfen. Im Allgemeinen dürfen Sie sämtlichen in diesem Buch gezeigten Code in Ihren Programmen und Dokumentationen weiterverwenden. Sie müssen sich nur mit uns in Verbindung setzen, wenn Sie den Code in großen Teilen weiterverwenden. Wenn Sie beispielsweise ein Programm schreiben, das nur ein paar Codeschnipsel aus diesem Buch benutzt, wird keine besondere Erlaubnis benötigt. Der Verkauf oder der Vertrieb einer CD-ROM mit Beispielen aus O'Reilly-Büchern muss jedoch vorher genehmigt werden. Die Verwendung eines größeren Teils des Codes aus diesem Buch in der Dokumentation Ihres Produkts erfordert ebenfalls eine Erlaubnis.

Es ist zwar nicht nötig, aber wir würden uns über eine Quellenangabe freuen. Zu einer Quellenangabe gehört normalerweise die Angabe des Titels, des Autors, des Verlags und der ISBN. Zum Beispiel: »*Einführung in Unix für Mac OS X Panther* von Dave Taylor und Brian Jepson. Copyright 2004 O'Reilly Verlag, ISBN 3-89721-378-8«.

Falls Sie sich nicht sicher sind, ob Ihre Verwendung der Codebeispiele von der oben genannten Erlaubnis abgedeckt ist, können Sie sich gerne unter der E-Mail-Adresse *permissions@oreilly.com* mit uns in Verbindung setzen.

Zur Entstehung dieses Buchs

Dieses Buch basiert auf dem beliebten O'Reilly-Titel *Unix – Ein praktischer Einstieg* von Jerry Peek, Grace Todino und John Strang. Die meisten Abweichungen entstanden dadurch, dass wir die Inhalte auf die Bedürfnisse von Mac OS X-Benutzern zugeschnitten haben.

Danksagungen (Dave Taylor)

Ich möchte mich für die großartige Arbeit von Nat Torkington, unserem Lektor bei O'Reilly, bedanken sowie bei Apple Computer, Inc. für die wertvollen Informationen und das Durchsehen des Manuskripts. Meine Dankbarkeit gilt weiterhin Chuck Toporek für seine wertvollen Anmerkungen zum Entwurf des Manuskripts. Ich danke auch Christian Crumlish für seine Arbeit im Hintergrund und Tim O'Reilly für die Gelegenheit, das beliebte Buch *Unix – Ein praktischer Einstieg* an die aufregende neue Welt von Mac OS X anzupassen. Ach ja! Beide Daumen nach oben für Linda, Ashley, Gareth und »Peanut« dafür, dass sie mich haben tippen, tippen und noch etwas mehr tippen lassen und dazu beigetragen haben, dass dieses Buch bemerkenswert schnell fertig gestellt werden konnte.

Danksagungen (Brian Jepson)

Ich möchte meinem Lektor, Nathan Torkington, dafür danken, dass er mir geholfen hat, dieses Projekt in Gang und in Form zu bringen und schließlich fertig zu stellen. Danke auch an Chuck Toporek für die vielen guten Ratschläge zu dieser neuen Auflage. Mein besonderer Dank gilt Joan, Seiji und Yeuhi für ihre Geduld, während ich mich in die verschiedenen Ecken unseres Hauses verkrochen habe, um an diesem Buch zu arbeiten.

KAPITEL 1

Der Einstieg in Unix

Mit das größte Vergnügen bei der Benutzung von Unix innerhalb von Mac OS X besteht darin, dass Sie sowohl die Vorteile einer wundervollen grafischen Programmumgebung als auch die darunter liegende Kraft der schlichten Unix-Schnittstelle nutzen können. Ein wahrhaft himmlisches Paar!

Dieses Kapitel erklärt das Wie und Warum. Hier geht es darum, wie Sie Ihre Terminal-Umgebung an Ihre Bedürfnisse anpassen können. Außerdem gehen wir darauf ein, warum es sich überhaupt lohnt, Unix einzusetzen.

Warum sollte man Unix benutzen?

Diese Frage drängt sich besonders dann auf, wenn Sie schon lange mit dem Mac arbeiten. Vermutlich sind Sie mit den Möglichkeiten und der Logik der grafisch orientierten Welt, mit seiner »Aqua« genannten Oberfläche, die wiederum auf dem Rendering-System »Quartz« basiert, vertraut und völlig zufrieden. Die Beschäftigung mit den hauptsächlich textbasierten Unix-Werkzeugen kann Ihnen noch größere Macht und Kontrolle sowohl über Ihren Computer als auch über Ihre Arbeitsumgebung geben. Natürlich spielt der Spaßfaktor auch eine Rolle, wobei Tausende von Open Source- und anderen frei herunterladbaren Unix-basierten Programmen – besonders für Wissenschaftler und Ingenieure – von Interesse sein könnten. Aber im Prinzip geht es hauptsächlich um *Macht* und *Kontrolle*.

Nehmen wir beispielsweise den Unterschied zwischen dem grafischen Befehl SOFORT BEENDEN im Apple-Menü und den Unix-Programmen ps und kill. Zwar ist PROGRAMME SOFORT BEENDEN optisch ansprechender (siehe Abbildung 1-1), dafür zeigt er aber auch nur eine kleine Anzahl der tatsächlich laufenden Programme.

Im Gegensatz dazu zeigt der Befehl ps (*processor status*), der im Terminal (PROGRAMME → DIENSTPROGRAMME → TERMINAL) aufgerufen wird, eine vollstän-

Abbildung 1-1: »Programme sofort beenden« zeigt nicht alle laufenden Programme

dige Liste aller Programme, Hilfsprogramme und Systeme an, die auf dem Computer gerade laufen.

```
$ ps -ax
  PID  TT  STAT     TIME COMMAND
    1  ??  Ss    0:00.04 /sbin/init
    2  ??  Ss    0:00.19 /sbin/mach_init
   78  ??  Ss    0:00.18 /usr/sbin/syslogd -s -m 0
   84  ??  Ss    0:02.67 kextd
   86  ??  Ss    0:01.51 /usr/sbin/configd
   87  ??  Ss    0:01.12 /usr/sbin/diskarbitrationd
...
  358 std  Ss    0:00.03 login -pf taylor
  359 std  S     0:00.04 -bash
  361 std  R+    0:00.01 ps ax
```

Hier sieht man eine ganze Reihe von Programmen, mit Sicherheit aber mehr als die von PROGRAMME SOFORT BEENDEN angezeigten. Ein weiterer wichtiger Grund, sich auch mit der Unix-Seite von Mac OS X zu befassen und damit zu arbeiten, besteht darin, wirklich zu wissen, was passiert, und diese Dinge an die eigenen Bedürfnisse und Wünsche anpassen zu können.

Hier ein weiteres Beispiel: Stellen Sie sich vor, Sie haben gerade eine CD-ROM eines Kunden bekommen, deren Hauptordner mehrere Hundert Dateien enthält. Sie müssen aber nur die Dateien in Ihr Home-Verzeichnis kopieren, deren Dateinamen »-nt-« oder »-dt-« enthalten. Im Finder sind Sie dazu verdammt, die Liste manuell durchzugehen – ein Vorgehen, das so langwierig wie fehlerträchtig ist. Auf der Befehlszeile ist die Aufgabe dagegen schnell erledigt:

```
$ cd /Volumes/MyCDROM
$ cp *-dt-* *-nt-* ~
```

Schnell, einfach und praktikabel für jeden Mac OS X-Benutzer.

Es gibt Millionen von Gründen, warum es gerade für Personen, die viel mit Mac OS X arbeiten, hilfreich ist, sich mit Unix auszukennen. Das werden Sie in diesem Buch immer wieder feststellen. Eine detaillierte Beschreibung von Unix finden Sie in fortgeschrittenen Büchern wie *Mac OS X Panther for Unix Geeks* von Brian Jepson und Ernest E. Rothman (O'Reilly).

Terminal starten

Starten Sie Terminal, indem Sie im Finder in den Ordner PROGRAMME, von dort in den Ordner DIENSTPROGRAMME wechseln und dort das Terminal-Icon doppelklicken (siehe Abbildung 1-2). Nach dem Start von Terminal haben Sie ein langweiliges, einfaches, weißes Fenster mit schwarzem Text vor sich, das den Text »Welcome to Darwin!« und einen *Shell*-Prompt enthält.

Abbildung 1-2: Das Programm Terminal im Dienstprogramme-Ordner

Die »Shell« interpretiert die Befehlszeilen, die Sie eingeben, ruft die Programme auf, die Sie anfordern, und koordiniert im Allgemeinen alles, was zwischen Ihnen und dem Unix-Betriebssystem vor sich geht. Als Standard-Shell unter Mac OS X Panther wird die *bash* genannte Shell verwendet (in früheren Versionen von Mac OS X war dies die *tcsh*-Shell). Weitere mögliche Shells sind unter anderem die Bourne-Shell (*sh*), die C-Shell (*csh*), die sog. Tabbed C-Shell (*tcsh*) und die Z-Shell (*zsh*). Auf anderen Unix-Varianten ist die Korn-Shell (*ksh*) beliebt; sie ist aber nicht standardmäßig für OS X verfügbar. Für den Anfänger unterscheiden sich die Shells nur geringfügig. Wenn Sie sich jedoch intensiver mit Unix beschäftigen möchten, sollten Sie sich genauer über Ihre Shell und deren jeweiligen Befehlssatz informieren.

 Möchten Sie das System für die Verwendung einer anderen als der vom Terminal standardmäßig verwendeten bash-Shell konfigurieren, können Sie unter TERMINAL → EINSTELLUNGEN die entsprechende Shell angeben. Wir werden im Abschnitt »Shell« später in diesem Kapitel noch näher darauf eingehen.

Die Terminal-Einstellungen anpassen

Um die Voreinstellungen von Terminal zu ändern, wählen Sie TERMINAL → FENSTER-EINSTELLUNGEN.... Es erscheint ein Fenster wie das in Abbildung 1-3.

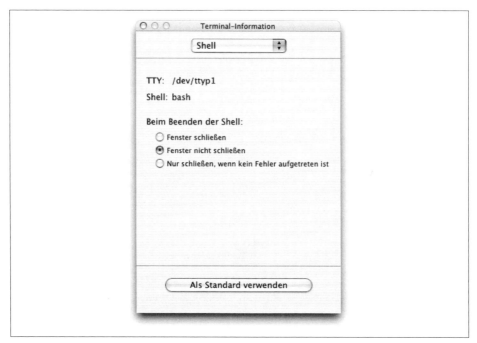

Abbildung 1-3: Shell-Einstellungen

Am oberen Fensterrand sehen Sie ein Aufklappmenü, aus dem Sie die einzustellende Option wählen können: SHELL, PROZESSE, EMULATION, PUFFER, MONITOR, FARBE, FENSTER und TASTATUR. Diese Bezeichnungen geben schon Aufschluss darüber, was jeweils passiert. Aber sehen wir sie uns trotzdem etwas genauer an – besonders deshalb, weil einige dieser Einstellungen unserer Ansicht nach wirklich angepasst werden *sollten*.

 Alle Einstellungen, die Sie über die TERMINAL-INFORMATION vornehmen, beziehen sich nur auf das gegenwärtige Terminal-Fenster, es sei denn, Sie klicken auf ALS STANDARD VERWENDEN, wodurch die Einstellungen auf alle danach geöffneten Terminal-Fenster angewendet werden.

Shell

Dieser Eintrag legt fest, welches TTY (virtuelles Terminal) und welche Shell mit dem gegenwärtigen Terminal verknüpft werden sollen. Zusätzlich können Sie eine der folgenden Optionen wählen: Existiert eine Login-Shell, können Sie festlegen, ob das Fenster beim Beenden der Shell durch das Terminal geschlossen werden soll oder immer geöffnet bleiben soll. Alternativ kann ein Schließen des Fensters auch davon abhängig gemacht werden, ob die Shell sauber beendet wurde (das heißt, es wurde ein Null-Statuscode zurückgegeben). Möchten Sie sich noch einmal ansehen, was Sie getippt haben, und dann ausdrücklich zum Schließen des Fensters aufgefordert werden, dann wählen Sie die Option »Fenster nicht schließen«. Ansonsten können Sie sich für eine der anderen Optionen entscheiden.

Wenn Sie die Login-Shell für zukünftige Terminal-Fenster ändern möchten, öffnen Sie die Dialogbox TERMINAL → VOREINSTELLUNGEN, wie in Abbildung 1-4 gezeigt.

Abbildung 1-4: Voreinstellungen für das Terminal

Die meisten Benutzer werden diese Einstellungen nicht ändern wollen. Die interessanteste Option besteht vermutlich in der Möglichkeit, eine zuvor gesicherte *.term*-Datei zu öffnen. Wir werden im Abschnitt »Mit .term-Dateien arbeiten« weiter hinten in diesem Kapitel näher auf die Verwendung von *.term*-Dateien eingehen.

Prozesse

Zu den raffinierteren Fähigkeiten von Terminal gehört es, dass das Programm über die gerade laufenden Anwendungen Buch führt, damit es sich intelligent einmischen kann, wenn Sie ein Fenster schließen möchten: Läuft noch etwas in dem Fenster, öffnet sich eine Dialogbox, und Sie werden gefragt, ob Sie das Programm wirklich beenden möchten. Dies ist sehr hilfreich, wenn Sie dazu neigen, versehentlich das falsche Fensterelement anzuklicken oder den falschen Tastaturbefehl einzugeben.

Der Menüpunkt PROZESSE in Abbildung 1-5 zeigt alle im Terminal-Fenster laufenden Prozesse, und Sie können einstellen, was beim Schließen eines Fensters passieren soll. Stellen Sie unter »Vor dem Schließen des Fensters nachfragen« die Option »Immer« ein, wenn Terminal stets vor dem Schließen eines Fensters nachfragen soll, oder stellen Sie »Nie« ein, wenn es gar nicht nachfragen soll. Sie können auch die Option »Wenn es andere Prozesse gibt als:« (die Standardeinstellung) wählen, wenn die in der Liste gezeigten Programme ignoriert werden sollen (hier können Sie Listeneinträge hinzufügen oder entfernen).

Abbildung 1-5: Prozesse

Emulation

Die in Abbildung 1-6 gezeigten Voreinstellungen müssen in der Regel nicht verändert werden.

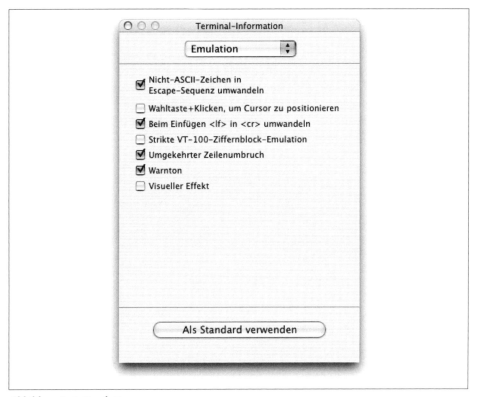

Abbildung 1-6: Emulation

 Bei manchen G4-PowerBooks entsteht vor der Audioausgabe eine lange Verzögerung. Wenn dies für Sie ein Problem ist, können Sie es durch das Ausschalten von »Warnton« elegant umgehen. Diese Einstellung hat auch den netten Nebeneffekt, dass die Leute um Sie herum es nicht mehr mitbekommen, wenn Sie einen Fehler machen.

Sie sollten es am besten bei »Beim Einfügen <lf> in <cr> umwandeln« belassen, wodurch Sie sich nicht um die verschiedenen Zeilenende-Sequenzen von Mac-Dateien und Unix-Dateien kümmern müssen. Sie sollten auch die »Strikte VT-100-Ziffernblock-Emulation« vermeiden, da diese bei manchen neueren Mac OS X Unix-Utilities zu Problemen führt. Ob Sie mit »Wahltaste+Klicken, um Cursor zu positionieren« arbeiten können, hängt eventuell davon ab, ob Sie ein Unix-Purist sind (für den die »gute alte Tastatur« völlig in Ordnung ist) oder ob Sie eher für Vereinfachungen zu haben sind. Achten Sie darauf, dass die Positionierung mit Wahltaste-Klicken manchmal nicht funktioniert – nur bei bildschirmfüllenden Anwendungen wie Emacs oder vi.

Puffer

An diesen Einstellungen müssen Sie wahrscheinlich nichts verändern, wie in Abbildung 1-7 gezeigt. Der Zeilenpuffer ermöglicht es Ihnen, zu bereits eingegebenen Befehlen und Befehlsausgaben zurückzukehren. Die Standardvorgabe von 10.000 Zeilen sollte für die meisten Benutzer mehr als ausreichen. Wenn Sie weniger Speicher benutzen wollen, können Sie hier einen kleineren Wert eingeben oder den Zeilenpuffer mit »Deaktiviert« komplett abschalten und keine bestimmte Größe angeben.

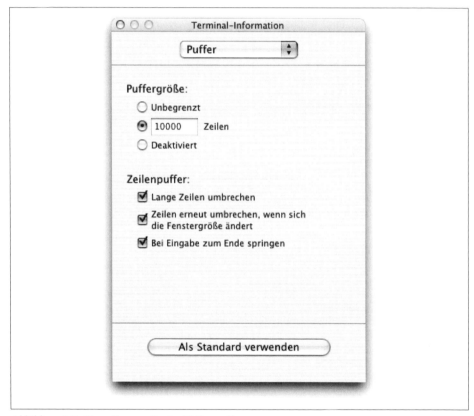

Abbildung 1-7: Einstellungen für den Zeilenpuffer

Sie können auch wählen, ob Terminal lange Zeilen umbricht (nicht alle Unix-Programme umbrechen lange Zeilen, wodurch die Zeilen über den Fensterrand hinausreichen können, wenn diese Option nicht eingeschaltet ist) und ob der Cursor bei einer neuen Eingabe automatisch an das Ende des Zeilenpuffers springen soll (wenn Sie vorher zu einer früheren Eingabe in dieser Sitzung zurückgescrollt haben). Diese Optionen sind standardmäßig eingeschaltet, und Sie sollten hier eigentlich nichts verändern.

Monitor

Zu den Bereichen, für die Sie wahrscheinlich mehr Anpassungen vornehmen möchten, gehört die Option MONITOR, wie in Abbildung 1-8 zu sehen. Hier können Sie eine andere (oder größere) Schriftart angeben, die Form des Cursors im Terminal-Fenster bestimmen und die Zeichensatzcodierung festlegen.

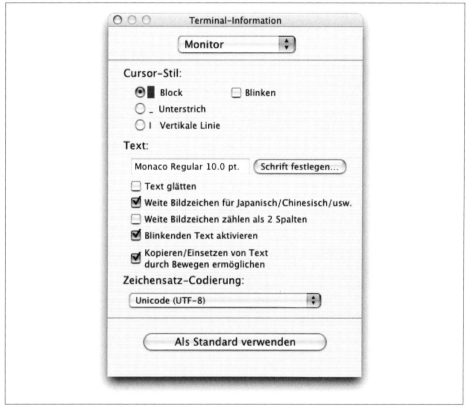

Abbildung 1-8: Monitoreinstellungen

Zwar können Sie eine beliebige auf Ihrem System verfügbare Schriftart wählen, aber Sie werden schnell feststellen, dass Ihre Anzeigen unübersichtlich und schlecht lesbar werden, wenn Sie nicht bei einer Schrift mit einer festen Zeichenbreite bleiben. *Monaco* ist eine gute Wahl und für die Terminal-Anwendung als Standardschrift eingestellt.

Wenn Sie mit einer ungewöhnlichen Sprache oder Schrift arbeiten, können Sie außerdem eine andere Zeichensatzcodierung angeben. Die Standardcodierung UTF-8 (Unicode 8-Bit) funktioniert in den meisten Fällen.

Farbe

Bei den Farbeinstellungen können Sie für den normalen Text, für den Hintergrund, für fetten Text, für den Cursor und für die Auswahl Ihre eigenen Farben festlegen und die Transparenz Ihres Terminal-Fensters bestimmen. Die Standardeinstellung ist schwarzer Text auf weißem Hintergrund, aber wir finden, dass bei längerem Lesen heller Text auf dunklem Hintergrund augenfreundlicher ist. Ein Vorschlag wäre es, den Hintergrund ganz dunkelblau, den Cursor gelb, den normalen Text hellgelb, fetten Text hellgrün und ausgewählte Passagen dunkelgrün zu gestalten. Standardmäßig wird der Text in Schwarz auf einem weißen Hintergrund dargestellt, wie in Abbildung 1-9 zu sehen.

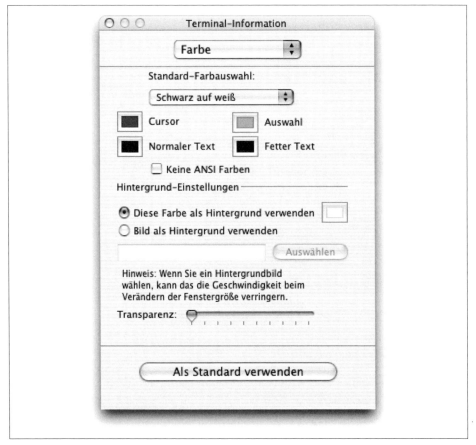

Abbildung 1-9: Farbeinstellungen

Es lohnt sich, mit den verschiedenen vordefinierten Farbeinstellungen herumzuexperimentieren. Uns gefallen am besten die Einstellungen grün auf schwarz und weiß auf blau, aber Ihr Geschmack ist sicher ein anderer!

Fenster

Wenn Sie einen großen Bildschirm oder eine höhere Auflösung als 800x600 haben, werden Sie feststellen, dass ein vergrößertes Terminal-Fenster mit größerer Arbeitsfläche recht hilfreich ist. Die Standardeinstellung ist 80 Zeichen breit und 24 Zeilen hoch (siehe Abbildung 1-10).

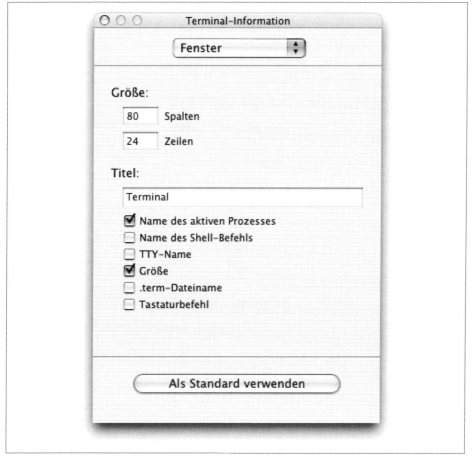

Abbildung 1-10: Fenstereinstellungen

Auch den Titel eines Terminal-Fensters kann man festlegen: Hier können beispielsweise der Gerätename (die Ausgabe des Befehls **tty** auf der Befehlszeile), die Fensterhöhe und -breite sowie die Option für den Tastaturbefehl (also mit welcher

Tastenkombination Sie direkt von einem anderen Terminal-Fenster zu diesem Fenster springen können) besonders hilfreich sein.

 Wenn Sie den Terminal-Fenstertitel irgendwann verändern möchten, können Sie die Option TITEL entweder aus dem Ablage-Menü oder über ⌘-Umschalt-T erreichen.

Tastatur

Der letzte Eintrag im Aufklappmenü der TERMINAL-INFORMATION bringt Sie zu den Einstellungen für die Tastatur (siehe Abbildung 1-11). Hier können Sie bestimmte Tastaturkommandos festlegen, die in der Unix-Umgebung eine bestimmte Funktion bekommen sollen. Allerdings können dabei Änderungen ohne das entsprechende Wissen recht problematisch sein. Daher empfehlen wir Ihnen, hier erst dann etwas zu verändern, wenn Sie auch wirklich wissen, was Sie tun.

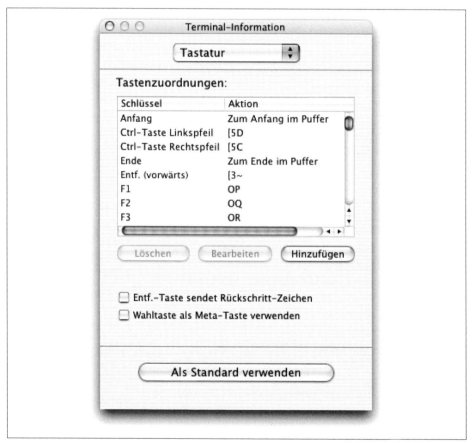

Abbildung 1-11: Tastatureinstellungen

Ihre Shell-Umgebung anpassen

Die Unix-Shell liest beim Hochfahren eine Reihe von Konfigurationsdateien ein. Diese Konfigurationsdateien sind eigentlich *Shell-Programme*, weshalb sie ungemein leistungsfähig sind. Näheres hierzu finden Sie in *Learning the bash Shell* von Cameron Newham und Bill Rosenblatts (O'Reilly) oder in *Wicked Cool Shell Scripts* von Dave Taylor (NoStarch). Da Unix ein Mehrbenutzersystem ist, können sich die Konfigurationsdateien an zwei verschiedenen Orten befinden – eine gilt für alle Benutzer des Systems und eine weitere jeweils für den einzelnen Benutzer.

Die systemweiten Setup-Dateien, die von *bash*, der Standard-Shell von Mac OS X, gelesen werden, finden Sie unter */etc* (*profile* und *bashrc*). Diese systemweiten Dateien dürfen Sie nur ändern, wenn Sie Ihren Befehlen die Anweisung sudo voranstellen (siehe »Superuser-Privilegien mit sudo« in Kapitel 3). Sie können jedoch eine zusätzliche Datei namens *.profile* in Ihrem Home-Verzeichnis anlegen, über die weitere Befehle ausgeführt werden, wenn Sie ein neues Terminal-Fenster öffnen.

Haben Sie für das Terminal eine andere Shell konfiguriert, zum Beispiel die Bourne-Shell, die C-Shell oder die Z-Shell, dann müssen Sie andere Konfigurationsdateien einrichten. Details hierzu finden Sie in den Manpages zu der jeweiligen Shell.

Ach, und für den Fall, dass Sie sich jetzt fragen: *Manpages* (kurz für Manual pages) sind die Unix-Variante der Hilfe-Dokumentation. So ungefähr jeder Unix-Befehl hat eine entsprechende Manpage mit vielen Informationen über Start-Flags, Verhalten und noch vieles mehr. Sie können eine Manpage einfach aufrufen, indem Sie man *befehl* eingeben. Mit man man erfahren Sie mehr über das man-System.

Die systemweiten Setup-Dateien werden als Erstes eingelesen. Dann folgen die benutzerspezifischen Dateien; d.h., Befehle in Ihrer *.profile*-Datei können Befehle aus den systemweiten Dateien überschreiben. Hier ein kurzer Abriss der systemweiten Dateien *profile* und *bashrc*:

```
$ cat /etc/profile
# System-wide .profile for sh(1)        systemweite .profile-Datei

PATH="/bin:/sbin:/usr/bin:/usr/sbin"
export PATH

[ -r /etc/bashrc ] && source /etc/bashrc
$ cat /etc/bashrc
# System-wide .bashrc file for interactive bash(1) shells
                            systemweite .bashrc-Datei für interaktive bash-Shells
PS1='\h:\w \u\$ '
$
```

Wenn Sie die Umgebungsvariable PATH für alle Benutzer anpassen wollen, um beispielsweise den Pfad */Developer/Tools* (Details dazu, warum dieses Verzeichnis für

Sie interessant sein kann, finden Sie in Kapitel 4) hinzuzufügen, ändern Sie den Eintrag in */etc/profile* wie folgt:

```
PATH="/bin:/sbin:/usr/bin:/usr/sbin:/Developer/Tools"
```

Die Datei *.profile* kann beliebige Shell-Befehle enthalten, die automatisch ausgeführt werden sollen, wenn Sie eine neue Terminal-Sitzung starten. Häufig findet man hier zum Beispiel die Änderung des Shell-Prompts, die Einrichtung von Umgebungsvariablen (Werte, die andere Unix-Utilities beeinflussen), die Erstellung von Aliasen oder eine Erweiterung des Suchpfads (wo die Shell nach gewünschten Programmen sucht). Eine *.profile*-Datei könnte so aussehen:

```
export PS1="\w (\!) : "
export LESS="eMq"
alias desktop="cd ~/Desktop"
date
```

Diese Beispieldatei für *.profile* erteilt die folgenden Befehle:

- Die Zeile, die den Wert von PS1 ändert, weist die Shell an, eine andere Eingabeaufforderung als die standardmäßige zu verwenden. Wir erklären die Einzelheiten der Prompt-Einstellung im Abschnitt »Ihren Prompt verändern« weiter unten.

- Die Zeile mit dem Inhalt export LESS definiert eine Shell-*Umgebungsvariable*, die von dem Programm less erkannt wird und dessen Standardverhalten ändert. Die Definition dieser Variable hat die gleiche Wirkung wie die Eingabe des Befehls **less -eMq**. Allerdings verlassen sich nicht alle Programme auf Umgebungsvariablen. Bei Programmen, die dazu in der Lage sind, kann es Ihnen die Eingabe vieler Optionen beim Programmaufruf ersparen.

- Die Zeile mit alias definiert einen neuen, eigenen Befehl, den Ihre Shell genauso erkennt, als wäre es ein eingebauter Unix-Befehl. Aliase eignen sich hervorragend zum Speichern von Kurznamen für lange, komplizierte Unix-Befehlszeilen und auch zur Behebung von eventuellen Tippfehlern, die Ihnen beim Eintippen von Befehlszeilen unterlaufen könnten. Der hier angegebene Alias erzeugt einen Befehl, mit dem man direkt zum Verzeichnis *Desktop* gelangt. Das Einrichten von Aliasen erläutern wir weiter hinten in diesem Kapitel im Abschnitt »Aliase erzeugen« noch etwas genauer.

- Die Zeile date ruft einfach den Befehl date auf und gibt beim Öffnen eines neuen Terminal-Fensters das Datum und die Uhrzeit aus. Das brauchen Sie wahrscheinlich nicht, aber wir wollten einfach demonstrieren, dass Sie beliebige Befehle, die Sie am Shell-Prompt eingeben, hier einfügen und beim Öffnen einer neuen Shell automatisch ausführen lassen können.

Standardmäßig gibt es keine *.profile*-Datei in Ihrem Home-Verzeichnis, und beim Öffnen eines neuen Terminal-Fensters werden nur die systemweiten Konfigurations- dateien gelesen. Wenn Sie jedoch diese Datei in Ihrem Home-Verzeichnis erstellen, wird sie beim nächsten Start einer Shell gelesen, und ihr Inhalt wird ausgeführt. Diese Dateien lassen sich übrigens mit einem einfachen Texteditor wie beispiels- weise vi anlegen oder ändern (siehe den Abschnitt »Der Texteditor vi« in Kapitel 4). Verwenden Sie keine Textverarbeitung, die lange Zeilen unterteilt oder Sonderzei- chen in die Datei einfügt, die nicht zum Text gehören! Alle Änderungen an diesen Dateien treten beim nächsten Öffnen eines neuen Terminal-Fensters in Kraft. Leider weiß man nicht immer genau, welche Shell-Setup-Datei man verändern muss. Und ein Tippfehler in Ihrer Shell-Setup-Datei kann das normale Hochfahren eines Termi- nal-Fensters beeinträchtigen. Wir schlagen vor, dass Anfänger bei erfahrenen Benut- zern um Unterstützung bitten und an diesen Dateien keine Änderungen vornehmen sollten, wenn wichtige Arbeiten über diesen Account laufen sollen – es sei denn, es gibt einen guten Grund dafür, die Änderungen sofort auszuführen.

Alle hier behandelten Befehle zum Anpassen Ihrer Umgebung können auch direkt auf der Befehlszeile eingegeben werden. In diesem Fall sind die Änderungen nur so lange wirksam, bis Sie das Fenster oder das Terminal schließen.

Wenn Sie zum Beispiel die Standardoptionen für less so einstellen möchten, dass das Terminal-Fenster vor jeder neuen Textseite gelöscht wird, könnten Sie der Umgebungsvariable LESS die Option -c hinzufügen. Der Befehl würde ungefähr so aussehen:

```
$ export LESS='eMqc'
```

(Wenn Sie einige der hier gezeigten Optionen von less nicht benötigen, können Sie die entsprechenden Buchstaben weglassen.)

Aber Unix kennt noch eine ganze Reihe weiterer lernenswerter Konfigurationsbe- fehle. Die Quellenangaben in Kapitel 10 können Ihnen dabei helfen herauszufinden, welche Änderungen Sie vornehmen können und wie diese Ihnen bei der Anpassung Ihrer Rechnerumgebung helfen können.

So wie Sie die Einstellungsbefehle von der Befehlzeile aus ausführen können, ist es auch umgekehrt möglich: Jeder beliebige Befehl, den Sie von der Befehlszeile aus ausführen können, kann auch automatisch beim Anmelden ausgeführt werden, wenn Sie ihn in Ihre Setup-Datei mit aufnehmen. (Es ist jedoch keine gute Idee, interaktive Befehle wie vi oder ftp von Ihrer Setup-Datei aus aufzurufen.)

Ihren Prompt verändern

Die einfachste eigene Einstellung ist das Abändern Ihres Prompts. Standardmäßig besteht der Shell-Prompt von *bash* unter Mac OS X aus dem Rechnernamen, Ihrem gegenwärtigen Arbeitsverzeichnis, Ihrem Benutzernamen und einem Dollarzeichen (zum Beispiel: Dave-Taylors-Computer:~ taylor$). Möchten Sie lieber einen anderen Prompt, dann wird es Zeit, dass Sie Ihre eigene *.bashrc*-Datei bearbeiten. Mit dem Editor vi (blättern Sie vielleicht noch einmal zu »Der Texteditor vi« in Kapitel 4) erzeugen Sie eine Datei namens *.profile* in Ihrem Home-Verzeichnis (*/Users/ihrname*) und fügen dann dem Dateiende folgenden Text hinzu: **export PS1="$ "**. Sie können den Prompt auch für eine einzelne Sitzung ändern, indem Sie den Befehl folgendermaßen aufrufen:

```
Dave-Taylors-Computer:~ taylor$ PS1="$ "
$
```

Mit diesem Befehl erhalten Sie einen einfachen $-Prompt mit sonst gar nichts. (Das %-Zeichen wird normalerweise für Shells verwendet, die von der Berkeley Unix C-Shell stammen, und das $-Zeichen kommt bei Shells zum Einsatz, die sich von der Original-Bourne-Shell von den Bell Labs ableiten.) Das ist nicht unbedingt erforderlich – Sie könnten einen Doppelpunkt, ein Größer-als-Zeichen oder ein beliebiges anderes Prompt-Zeichen verwenden –, aber es ist eine nette Konvention, weil auf diese Weise ein fortgeschrittener Benutzer sofort weiß, welche Art von Shell Sie verwenden.

Wenn das schon alles wäre, was Sie mit Ihrem Prompt anstellen können, dann wäre die ganze Sache jedoch nicht besonders interessant. Es gibt eine Reihe von speziellen Zeichensequenzen, die bei der Verwendung im Prompt die Shell dazu veranlassen, verschiedene nützliche Daten auszugeben. In Tabelle 1-1 sehen Sie eine Liste mit einem Teil dieser speziellen Zeichensequenzen zur Feinabstimmung Ihres Prompts.

Tabelle 1-1: Beliebte Escape-Sequenzen für bash-Prompts

Wert	Bedeutung
\w	Das aktuelle Arbeitsverzeichnis
\W	Das nachgestellte Element des aktuellen Arbeitsverzeichnisses mit ~ -Ersetzung
\!	Nummer des aktuellen Befehls im Befehlspuffer
\H	Der vollständige Computer-Hostname
\h	Der Computer-Hostname bis zum ersten Punkt
\@	Die aktuelle Uhrzeit im 12-Stunden-Format (vormittags a.m./nachmittags p.m.)
\A	Aktuelle Uhrzeit im 24-Stunden-Format
\u	Der Benutzername
\$	Ein Doppelkreuz (#), wenn die effektive Benutzer-ID null ist (root-Account), ansonsten ein Dollarzeichen ($)

Experimentieren Sie und finden Sie eine Lösung, die Ihren Bedürfnissen entspricht und auch Spaß macht. Lange Zeit war dies zum Beispiel ein beliebter Unix-Prompt:

```
$ PS1="Ja, mein Meister? "
```

Mag sein, dass das etwas dick aufgetragen erscheint, aber andererseits: Wie viele Leute nennen Sie schon »Meister«?

Eine Prompt-Sequenz, die uns gefällt, lautet:

```
$ PS1="\W \! \$ "
```

Diese Prompt-Sequenz zeigt das aktuelle Arbeitsverzeichnis, gefolgt von einem Leerzeichen und der aktuellen Befehlsnummer. Hierauf folgt entweder ein $ oder ein #, um den Benutzer daran zu erinnern, dass wir eine *bash*-Shell benutzen, und um anzuzeigen, ob der gegenwärtige Benutzer als root-Benutzer eingeloggt ist. Der Prompt könnte zum Beispiel so aussehen:

```
/Users/taylor 55 $
```

Hieran können Sie sofort erkennen, dass das gegenwärtige Arbeitsverzeichnis */Users/taylor* ist und dass Sie sich gerade beim fünfundfünfzigsten ausgeführten Befehl befinden. (Da Sie, wie im Abschnitt »Bereits eingegebene Befehle wiederverwenden« in Kapitel 2 beschrieben, mit den Pfeiltasten zu älteren Befehlen zurückscrollen können, ist dies nicht mehr so wichtig, aber in *bash* ist ein sehr leistungsfähiger Befehlszähler eingebaut, über den Sie einen bereits eingegebenen Befehl über seine Befehlsnummer erneut aufrufen können. Wenn Sie sich mit dieser Syntax auskennen, ist es manchmal praktisch, den Befehlszähler in den Prompt zu integrieren.) Auf Mehrbenutzersystemen ist es auch gut, den Benutzernamen in den Prompt aufzunehmen, damit Sie immer gleich wissen, für wen das System Sie gerade hält.

Aliase erzeugen

Die Flexibilität ist zugleich der größte Segen und der größte Fluch von Unix: Das Betriebssystem kann so ziemlich alles, was Sie sich vorstellen können (die Befehlszeilenschnittstelle ist auf alle Fälle wesentlich flexibler als der Finder), allerdings ist es sehr schwer, sich für alle Befehle alle möglichen Optionen zu merken. Hier kommt der Shell-Alias zum Zuge. Ein Shell-Alias ist ein einfacher Mechanismus, mit dem Sie nach Belieben eigene Namen für Befehle anlegen können, die genau das machen, was Sie möchten.

So setzen wir zum Beispiel wirklich gern das Flag -a bei jeder Verzeichnisausgabe mit ls, weshalb wir hierfür einen Alias erzeugen:

```
$ alias ls="/bin/ls -a"
```

Damit wird bei jeder Eingabe von ls in der Shell der Befehl /bin/ls ausgeführt, und das Flag -a wird automatisch gesetzt. Soll dies auch in Ihrer nächsten Sitzung verfügbar sein, müssen Sie den Alias in Ihre *.profile*-Datei einfügen.

Sie können mit Aliasen auch schnell zu häufig benutzten Stellen springen, unter Mac OS X ein besonders hilfreicher Trick:

```
$ alias desktop="cd ~/Desktop"
```

In Kapitel 4 finden Sie eine Beschreibung der Befehle cp, mv und rm, mit denen Sie Dateien kopieren, verschieben, umbenennen und entfernen können. Diese Befehle unterstützen jeweils das Argument -i, mit dem vor dem Überschreiben oder Löschen einer Datei eine Warnung ausgegeben wird. Sie können diese Funktion über Aliase generell einschalten:

```
$ alias rm="rm -i"
$ alias cp="cp -i"
$ alias mv="mv -i"
```

Sie können die aktiven Aliase aufführen, indem Sie alias ohne Argumente eingeben:

```
$ alias
alias cp='cp -i'
alias desktop='cd ~/Desktop'
alias ls='/bin/ls -a'
alias m2u='tr '\''\015'\'' '\''\012'\'''
alias u2m='tr '\''\012'\'' '\''\015'\'''
```

Sie haben einen Alias, den Sie unbedingt weglassen möchten? Verwenden Sie hierfür unalias. So würde zum Beispiel unalias ls das Flag -a aus dem Befehl entfernen.

Den Terminal-Titel festlegen

Sie können den aktuellen Titel von Terminal über die folgende kryptische Zeichensequenz ändern:

```
echo '^[]2;Mein Fenster-Titel^G'
```

Die Zeichen ^[erhalten Sie unter *bash* mit der Tastenfolge Ctrl-V Escape. (Drücken Sie Ctrl-V und lassen Sie die Tasten los, drücken Sie danach die Escape-Taste.) Für ^G verwenden Sie Ctrl-V Ctrl-G. Der Editor vi unterstützt dieselben Tastensequenzen.

Diese kryptischen Zeichensequenzen heißen *ANSI-Escape-Sequenzen*. Eine ANSI-Escape-Sequenz ist ein spezieller Befehl, der sich auf eine bestimmte Eigenschaft des Terminals wie zum Beispiel den Titel auswirkt. ^[ist das ASCII-ESC-Zeichen (dadurch wird die Sequenz eingeleitet), und ^G ist das ASCII-BEL-Zeichen (das BEL-Zeichen beendet in diesem Fall die Escape-Sequenz).

Terminal über AppleScript anpassen

AppleScript ist eine leistungsfähige Programmiersprache, mit der Mac OS X-Anwendungen automatisiert werden können. Das Mac OS X Terminal ist so eine Anwendung. Sie können AppleScript-Befehle am Shell-Prompt über das Utility *osascript* aufrufen. Das Zeichen \ teilt der Shell mit, dass Sie einen bestimmten Befehl auf mehreren Zeilen eingeben möchten (in diesem Fall gibt die Shell einen ?-Prompt aus):

```
osascript -e \
'tell app "Terminal" to set option of first window to value'
```

Wenn Sie Ihr aktuelles Terminal-Fenster zum Beispiel minimieren möchten, geben Sie Folgendes ein:

```
$ osascript -e \
> 'tell app "Terminal" to set miniaturized of first window to true'
$
```

Eine vollständige Liste aller Eigenschaften, die Sie mit AppleScript anpassen können, finden Sie im Programm Skripteditor (*/Programme/AppleScript*). Wählen Sie ABLAGE → VERZEICHNIS ÖFFNEN. Öffnen Sie das Verzeichnis TERMINAL und sehen Sie sich die Eigenschaften unter *window* an. Ist eine Eigenschaft mit [r/o] markiert, so ist nur Lesezugriff erlaubt, was bedeutet, dass Sie diese Eigenschaft nicht einfach schnell mal modifizieren können.

Mit .term-Dateien arbeiten

Eine recht nützliche Fähigkeit des Terminals besteht darin, ein Terminal-Fenster zu öffnen, dessen Erscheinungsbild und Verhalten anzupassen und diese Konfiguration dann für die spätere Verwendung in einer *.term*-Datei zu sichern. Später brauchen Sie die *.term*-Datei nur mit einem Doppelklick zu öffnen und können sofort in der zuvor gesicherten Umgebung weiterarbeiten. Noch besser ist die Möglichkeit, mehrere Fenster auf einmal einzurichten und deren Einstellungen in einer gemeinsamen *.term*-Datei zu speichern. Bei einem späteren Start von Terminal können die Fenster wieder hergestellt werden.

Um Ihnen von diesen Möglichkeiten ein Beispiel zu geben, haben wir das Terminal-Hauptfenster ganz nach unserem Geschmack eingerichtet – groß, mit blauem Text auf weißem Hintergrund – und wollen diese Einstellung nun in einer *.term*-Datei speichern. Hierfür wählen Sie ABLAGE → SICHERN UNTER.... Sie erhalten einen Dialog, wie in Abbildung 1-12 gezeigt.

Die vermutlich interessanteste Option ist hierbei die Checkbox »Diese Datei beim Start von Terminal öffnen«. Jetzt können Sie sich Ihre Umgebung ganz nach Ihrem Geschmack einrichten und bei jedem erneuten Start gleich damit weiterarbeiten.

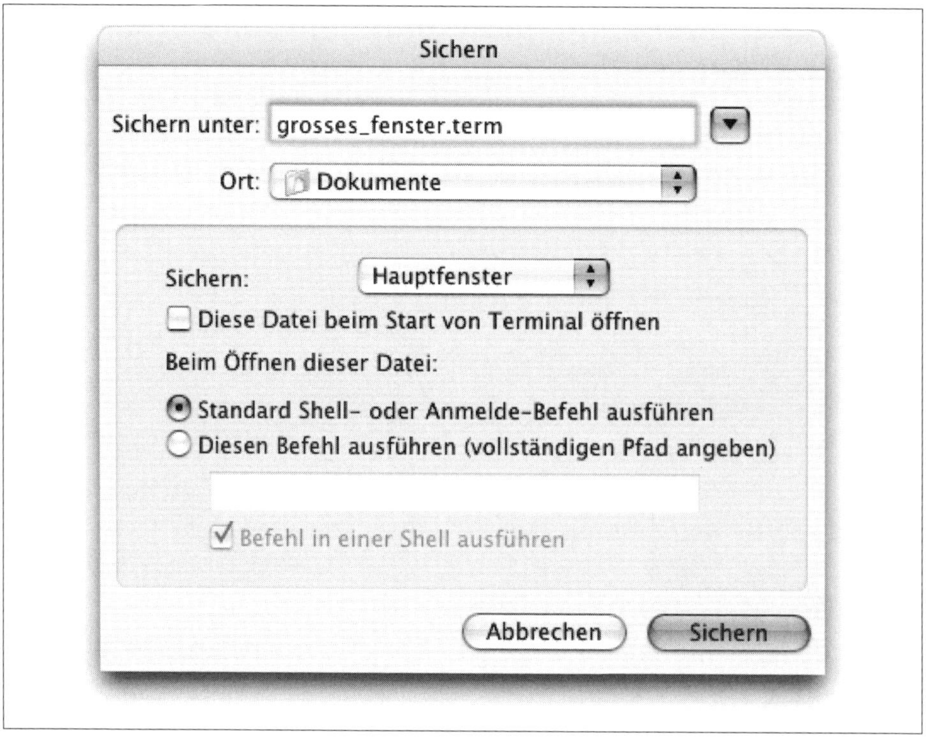

Abbildung 1-12: Sichern einer .term-Datei

Auf diese Weise haben Sie gleich zu Beginn das halbe Dutzend Terminal-Fenster mit unterschiedlichen Größen und Farben auf Ihrem Schreibtisch zur Verfügung. Beachten Sie hierbei auch, dass Sie anstelle einer Shell gleich mit der Ausführung bestimmter Befehle beginnen können. Beliebt hierfür sind die Befehle top oder tail -f /var/log/system.log, mit denen Sie überprüfen können, wie hoch die aktuelle Systemleistung gerade ist. Beschäftigen Sie sich auch ruhig ein wenig mit dem Aufklappmenü. Hier können Sie auswählen, ob die Einstellungen für ein einzelnes oder mehrere Fenster in einer *.term*-Datei abgelegt werden sollen. Für die zweite Option wählen Sie »Alle Fenster«, wodurch alle Einstellungen in einer gemeinsamen *.term*-Datei gesichert werden.

Weitere Anpassungen

Viel mehr, als wir Ihnen in diesem Kapitel gezeigt haben, können Sie mit der Terminal-Anwendung nicht machen. Aber die Möglichkeiten bei der *bash*-Shell (oder der von Ihnen gewählten Shell) sind unbegrenzt. Näheres zum Anpassen Ihrer Shell finden Sie mit dem Befehl man in der Shell-Manpage. Seien Sie jedoch gewarnt: Die Manpage für *bash* ist über 4700 Zeilen lang!

Weitere Informationen zum Anpassen der *bash*-Shell finden Sie in *Learning the bash Shell* von Cameron Newham und Bill Rosenblatts oder auch in *Unix Power Tools* von Jerry Peek, Tim O'Reilly und Mike Loukides, beide erschienen bei O'Reilly.

KAPITEL 2

Das Terminal benutzen

Bei einem normalen Unix-System muss ein Administrator einen Unix-*Account*, also ein Benutzerkonto, für Sie einrichten, damit Sie loslegen können. Bei Mac OS X erzeugt jedoch jede Installation des Betriebssystems automatisch einen Standardbenutzer-Account. Der Account wird mit Ihrem *Benutzernamen* (username) gekennzeichnet, der normalerweise aus einem einzelnen Wort oder einer Abkürzung besteht. Betrachten Sie diesen Account als Ihr Büro – er ist Ihr persönlicher Platz in der Unix-Umgebung.

Wenn Sie sich bei Ihrem Mac OS X-System anmelden, werden Sie auch automatisch in Ihren Unix-Account eingeloggt. Ihr Desktop und andere spezielle Features Ihrer Mac OS X-Umgebung haben sogar entsprechende Gegenstücke in der Unix-Umgebung. Sie können auf Ihre Dateien und Programme entweder über den Mac-Finder oder über eine Reihe von Utilities der Unix-Befehlszeile zugreifen, die Sie über das Terminal-Fenster von Mac OS X aus erreichen können.

Die Arbeit mit dem Terminal

Die Unix-Umgebung erreichen Sie, indem Sie die Terminal-Anwendung starten (über FINDER → PROGRAMME → DIENSTPROGRAMME → TERMINAL). Wenn Sie das Terminal häufig verwenden möchten, ziehen Sie das Terminal-Symbol aus dem Finder-Fenster auf das Dock. Sie können das Terminal danach mit einem einfachen Klick starten. Ist das Terminal hochgefahren, sehen Sie ein Fenster wie das in Abbildung 2-1.

Wenn Sie ein offenes Fenster vor sich haben und Befehle eintippen, sollten Sie wissen, dass die normalen Befehle zum Kopieren und Einfügen von Mac OS X hier funktionieren. Es ist deshalb einfach, einem Kollegen eine E-Mail mit Ihren letzten Unix-Aktivitäten zu senden oder etwas Text aus einer Webseite in eine Datei einzufügen, die Sie mit einem Unix-Texteditor wie vi bearbeiten.

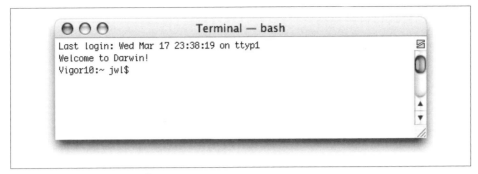

Abbildung 2-1: Das Terminal-Fenster

Sie können auch eine ganze Reihe unterschiedlicher Terminal-Fenster öffnen, wenn dies Ihrer Arbeitsweise entgegenkommt. Öffnen Sie ein Fenster einfach mit ⌘-N und springen Sie mit ⌘-~ von einem Fenster zum nächsten, ohne hierbei die Hände von der Tastatur zu nehmen.

Möchten Sie auf etwas zugreifen, das in Ihrem Zeilenpuffer abgelegt ist, verwenden Sie hierfür ⌘-F (wählen Sie SUCHEN → SUCHEN aus dem Menü BEARBEITEN) und geben Sie den gewünschten Text ein. Mit ⌘-G (SUCHEN → WEITERSUCHEN (vorwärts)) können Sie im Zeilenpuffer zum nächsten Vorkommen springen und mit ⌘-Shift-G (SUCHEN → WEITERSUCHEN (RÜCKWÄRTS)) zum vorangegangenen Vorkommen wechseln. Sie können einen Suchvorgang auch starten, indem Sie eine Textpassage markieren, ⌘-E (AUSWAHL FÜR SUCHE ÜBERNEHMEN) eingeben oder mit ⌘-J (AUSWAHL ANZEIGEN) zum gewählten Material springen. Mit dem Befehl ABLAGE → TEXT SICHERN ALS... können Sie eine vollständige Terminal-Sitzung auch in einer Datei sichern oder mit dem Befehl ABLAGE → DRUCKEN ausdrucken. Am besten sehen Sie sich einmal die Tastaturkombinationen im ZEILENPUFFER-Menü genauer an (siehe Abbildung 2-2).

Abbildung 2-2: Steuersequenzen aus dem Zeilenpuffer-Menü

Im ZEILENPUFFER-Menü gibt es einige Symbole, die Sie bei Ihren Erkundungen von Mac OS X vielleicht noch nicht gesehen haben. Der diagonal nach oben zeigende Pfeil für das Scrollen an den Anfang des Zeilenpuffers entspricht der Top- oder Home-Taste auf Ihrer Tastatur; der nach unten zeigende diagonale Pfeil steht für ein Scrollen an das Ende des Puffers beziehungsweise die End-Taste. (Power Macs haben dafür eigene Tasten mit den entsprechenden Symbolen.) Mit den Tasten Seite-nach-oben bzw. Seite-nach-unten können Sie im Puffer um eine Seite nach vorn bzw. nach hinten springen. Sie können sich zeilenweise in der Anzeige bewegen über die Tastenkombination ⌘-»Pfeil-nach-oben« bzw. ⌘-»Pfeil-nach-unten«.

Innerhalb des Terminal-Fensters arbeiten Sie mit einer so genannten *Shell*. Die Shell interpretiert die Befehlszeilen, die Sie eingeben, ruft die Programme auf, die Sie anfordern, und koordiniert im Allgemeinen alles, was zwischen Ihnen und dem Unix-Betriebssystem vor sich geht. Als Standard-Shell unter Mac OS X Panther wird die *bash* genannte Shell verwendet, weitere mögliche Shells sind unter anderem die Bourne-Shell (*sh*), die C-Shell (*csh*), die Tabbed C-Shell (*tcsh*) und die Z-Shell (*zsh*). Wie Sie die vom Terminal verwendete Shell ändern, ist im Abschnitt »Terminal starten« in Kapitel 1 beschrieben.

Um herauszufinden, welche Shell auf Ihrem System benutzt wird, können Sie den Befehl echo $SHELL auf der Befehlszeile ausführen. (Wie das funktioniert, zeigen wir im Abschnitt »Einen Befehl eingeben« weiter hinten in diesem Kapitel.) Die Antwort (sehr wahrscheinlich */bin/bash* oder etwas Ähnliches) enthält den Pfadnamen und Namen Ihrer Shell.

Der Shell-Prompt

Ist das System zur Ausführung eines Befehls bereit, gibt die Shell einen so genannten *Prompt* aus, der Ihnen mitteilt, dass Sie einen Befehl eingeben können.

Der Standard-Prompt in der *bash* besteht aus dem Namen Ihres Rechners (dieser kann auch automatisch erzeugt werden und lautet dann etwa dhcp-254-108 oder es ist ein Name, den Sie Ihrem System gegeben haben), dem gegenwärtigen Verzeichnis (das auch aus einer Tilde (~) bestehen kann, was die Unix-Kurzform für Ihr Home-Verzeichnis ist), Ihrem Login-Namen und einem Dollarzeichen. Ein vollständiger Prompt könnte also etwa so aussehen: limbo:~ taylor$. Der Prompt kann an die eigenen Bedürfnisse angepasst werden; das heißt, Ihr Prompt sieht eventuell anders aus. Wie Sie den Prompt an Ihre Bedürfnisse anpassen, haben wir Ihnen ja bereits in Kapitel 1 gezeigt.

Ein Prompt, der mit einem Doppelkreuz endet (#), weist im Normalfall darauf hin, dass Sie als *Superuser* angemeldet sind. Beim Superuser fallen die in Unix für die Standardbenutzer eingebauten Schutzmechanismen weg. Wenn Sie Unix nicht gut kennen, können Sie unbeabsichtigt Ihre Systemsoftware beschädigen, wenn Sie als Superuser angemeldet sind. In diesem Fall empfehlen wir, dass Sie die Arbeit einstellen, bis Sie herausgefunden haben, wie Sie auf Ihren persönlichen Unix-Account zugreifen können. Am einfachsten öffnen Sie ein neues Terminal-Fenster (ABLAGE → NEUES SHELL-FENSTER) und arbeiten in diesem Fenster. Wenn Sie dann immer noch einen Superuser-Prompt erhalten, kann das entweder daran liegen, dass Sie sich bei Mac OS X als Superuser angemeldet haben oder dass Ihr Shell-Prompt so angepasst wurde, dass er auch dann auf einem Doppelkreuz endet, wenn Sie nicht der Superuser sind. Versuchen Sie in diesem Fall, sich vom Mac OS X abzumelden (Apfel-Menü → <BENUTZERNAME> ABMELDEN...) und mit Ihrer eigenen Benutzerkennung wieder anzumelden.

Einen Befehl eingeben

Durch die Eingabe eines Befehls am Shell-Prompt teilen Sie dem Computer mit, was er zu tun hat. Jede Befehlszeile enthält den Namen eines Unix-Programms. Wenn Sie Return drücken, interpretiert die Shell Ihren Befehl und führt das Programm aus.

Das erste Wort, das Sie am Shell-Prompt eingeben, ist immer ein Unix-Befehl (oder -Programmname). Wie unter Unix üblich, spielt auch bei Programmnamen die Groß- und Kleinschreibung eine Rolle; ist der Programmname kleingeschrieben (was meist der Fall ist), müssen Sie ihn auch so eingeben. Manche einfache Befehle bestehen aus nur einem Wort, dem Programmnamen. Näheres finden Sie im Abschnitt »Die Syntax der Unix-Befehlszeile« weiter hinten in diesem Kapitel.

date

Ein Beispiel für einen solchen Ein-Wort-Befehl ist date. Nach Eingabe des Befehls date werden das aktuelle Datum und die aktuelle Uhrzeit ausgegeben:

```
$ date
Thu Feb 19 15:33:51 CET 2004
$
```

Während Sie Ihre Befehlszeile tippen, sammelt das System einfach nur Ihre Tastatureingabe. Durch Betätigen der Return-Taste teilen Sie der Shell mit, dass Sie die Texteingabe beendet haben und das Programm nun gestartet werden kann.

who

Ebenfalls ein einfacher Befehl ist who. Dieser Befehl gibt eine Liste mit allen angemeldeten Benutzern aus, inklusive Benutzername, Terminal-Nummer und Login-Zeit. Wenn Sie möchten, können Sie den Befehl gleich einmal ausprobieren.

Das who-Programm kann Ihnen auch mitteilen, welcher Account momentan das Terminal-Programm verwendet, wenn Sie mehrere Benutzer-Accounts auf Ihrem Mac eingerichtet haben. Die entsprechende Befehlszeile lautet who am i. Diese Befehlszeile besteht aus dem Befehl (who, dem Programmnamen) und aus Argumenten (am i). (Argumente erklären wir im Abschnitt »Die Syntax der Unix-Befehlszeile« weiter hinten in diesem Kapitel.) Ein Beispiel:

```
$ who am i
jwl      ttyp1    Feb 19 14:02
```

Die Ausgabe in diesem Beispiel bedeutet:

- »jwl« ist der Benutzername. Dieser entspricht dem Kurznamen, den Sie beim Anlegen eines neuen Benutzers in SYSTEMEINSTELLUNGEN → BENUTZER → + angeben.

- Terminal p1 ist in Benutzung. Die kryptische Syntax, ttyp1, stammt noch aus den Anfangstagen von Unix. Als Unix-Einsteiger müssen Sie nur wissen, dass sich die Nummer am Ende des Namens jeweils erhöht, wenn Sie ein neues Terminal-Fenster öffnen. Das erste heißt ttyp1, das zweite ttyp2 und so weiter. Die Terminal-ID erscheint auch in der Titelleiste des Terminal-Fensters.

- Am 19. Februar um 14:02 Uhr wurde ein neues Terminal-Fenster geöffnet.

Bereits eingegebene Befehle wiederverwenden

Moderne Unix-Shells merken sich die Befehle, die Sie eintippen. Sie können sich sogar an Befehle aus früheren Sitzungen erinnern. Dieses praktische Feature kann Ihnen bei Allerweltsbefehlen eine Menge Tipparbeit ersparen. Wie meistens unter Unix kann man auf dieses Feature auf mehrere Arten zugreifen; wir können sie an dieser Stelle nicht alle zeigen und erklären. Sie können aus den in Kapitel 10 genannten Quellen Näheres erfahren.

Nachdem Sie einige Befehle eingegeben und ausgeführt haben, sollten Sie mal die »Pfeil-nach-oben«-Taste auf Ihrer Tastatur drücken. Es erscheint der zuletzt eingegebene Befehl nach Ihrem Shell-Prompt genau so, wie Sie ihn eingegeben haben. Drücken Sie die Pfeiltaste erneut, erscheint der davor eingegebene Befehl und so weiter. Mit der »Pfeil-nach-unten«-Taste können Sie erwartungsgemäß auf neuere Befehle zugreifen.

Zum erneuten Ausführen einer dieser älteren Befehlszeilen drücken Sie lediglich die Return-Taste (Ihr Cursor braucht sich dabei nicht am Ende der Befehlszeile zu befinden).

Erneut aufgerufene Befehlszeilen können Sie bei Bedarf auch ändern. Wenn Sie einen erneut aufgerufenen Befehl doch nicht ausführen möchten, können Sie ihn mit ⌘-. oder mit Ctrl-C abbrechen. Im nächsten Abschnitt besprechen wir beide Varianten.

Einen Befehl korrigieren

Was passiert, wenn Sie beim Eingeben einer Befehlszeile einen Fehler machen? Nehmen wir an, Sie tippen dare anstelle von date und drücken die Return-Taste, bevor Ihnen das auffällt. Ihre Shell gibt eine Fehlermeldung aus:

```
$ dare
bash: dare: command not found
$
```

Machen Sie sich über Fehlermeldungen nicht allzu viele Gedanken. Manchmal erhalten Sie eine Fehlermeldung, obwohl Ihre Eingabe scheinbar richtig ist. Dies kann passieren, wenn unbeabsichtigt Steuerzeichen eingegeben werden, die nicht am Bildschirm erscheinen. Geben Sie nach dem Erscheinen des Prompts Ihren Befehl einfach noch einmal ein.

Wie bereits im Abschnitt »Die Arbeit mit dem Terminal« erwähnt wurde, können Sie bei den meisten modernen Shells auf bereits eingegebene Befehlszeilen zugreifen und diese bearbeiten. Mit der »Pfeil-nach-oben«-Taste gelangen Sie zu einem älteren Befehl zurück.

Beim Bearbeiten der Befehlszeile können Sie Ihren Cursor mit den Tasten »Pfeil-nach-links« und »Pfeil-nach-rechts« an die Stelle bewegen, an der Sie eine Änderung vornehmen möchten. Mit der Löschtaste können Sie die Zeichen links neben dem Cursor löschen und dann die notwendigen Änderungen eingeben.

Haben Sie sich von einem entfernten System aus bei Ihrem Macintosh angemeldet (siehe Kapitel 8), funktioniert Ihre Tastatur eventuell anders. Die Zeichen-Lösch-taste ist je nach System und Account unterschiedlich belegt und kann vom Benutzer angepasst werden. Am häufigsten findet man:

- Delete oder Del
- Ctrl-H

Mit Ctrl-C oder ⌘-. kann man ein laufendes Programm unterbrechen oder die Befehlszeile ohne Ausführung abschließen, und Sie können sie oft (aber nicht immer) verwenden, wenn Sie einen laufenden Befehl abbrechen möchten.

Weitere häufig benutzte Steuerzeichen sind:

Ctrl-U
Löscht die gesamte Zeile, und Sie können neu beginnen.

Ctrl-S
Hält die Bildschirmausgabe eines laufenden Programms an. Das kann Verwirrung stiften; wir empfehlen, Ctrl-S nicht zu verwenden, aber Sie sollten wissen, was dieses Steuerzeichen bewirkt.

Ctrl-Q
> Reaktiviert die Bildschirmausgabe nach Unterbrechung mit Ctrl-S.

Ctrl-D
> Signalisiert bei manchen Programmen (wie cat, siehe den Abschnitt »Text in eine Datei umleiten« in Kapitel 6), dass die Eingabe beendet ist, und bietet Ihnen den Shell-Prompt an. Wenn Sie direkt am Shell-Prompt Ctrl-D eingeben, wird Ihre Shell beendet. Abhängig von Ihren Voreinstellungen, wird in diesem Fall das Terminal-Fenster geschlossen oder bleibt einfach ohne weiteren Nutzen offen, bis Sie es manuell schließen.

Die Sitzung beenden

Am Ende einer Unix-Sitzung müssen Sie sich bei der Shell abmelden. Sie sollten eine Sitzung *nicht* einfach beenden, indem Sie die Terminal-Anwendung verlassen oder das Terminal-Fenster schließen. Es könnte sein, dass noch ein Prozess im Hintergrund läuft (siehe Kapitel 7) und dass dieser durch das Schließen des Fensters abgebrochen wird. Geben Sie stattdessen am Shell-Prompt exit ein. Daraufhin wird sich das Fenster entweder von selbst schließen, oder es wird einfach kein Prompt mehr angezeigt. Nun können Sie Terminal sicher beenden. Wenn Sie noch einen Hintergrund-Prozess laufen haben, werden Sie stattdessen eine der im folgenden Abschnitt beschriebenen Meldungen erhalten.

Checkliste bei Problemen

Bei den ersten Gehversuchen mit Mac OS X werden Sie wahrscheinlich nicht über die folgenden Probleme stolpern. Aber später, wenn Sie sich mit ausgefeilteren Dingen beschäftigen, könnten diese Situationen durchaus auftreten:

Sie erhalten wieder einen Shell-Prompt oder die Meldung »logout: not login shell«.
> Sie haben eine Sub-Shell verwendet (eine Shell, die von Ihrer ursprünglichen Terminal-Shell erzeugt wurde). Diese müssen Sie zuerst beenden, und zwar mit exit (oder tippen Sie einfach nur Ctrl-D), bis das Terminal-Fenster sich schließt.

Die Shell meldet Ihnen »There are stopped jobs« oder »There are running jobs«.
> Mac OS X und viele andere Unix-Systeme bieten eine so genannte *Job-Kontrolle*, mit der Sie Programme vorübergehend unterbrechen oder separat im »Hintergrund« laufen lassen können. Wenn am Ende einer Sitzung ein oder mehrere Programme im Hintergrund laufen oder vorübergehend unterbrochen (gestoppt) wurden, erhalten Sie diese Meldung. Mit fg können Sie diese Programme aktivieren und danach ordnungsgemäß abschließen (in Kapitel 9 finden Sie Näheres hierüber).

Die Terminal-Anwendung kann nicht beendet werden, und es erscheint die Meldung
»Closing this window will terminate the following processes inside it:«, gefolgt von
einer Liste mit Programmen.

Das Terminal hilft Ihnen und wird nicht beendet, wenn Sie mitten in einem Befehlsablauf sind. Schließen Sie das Dialogfenster und beenden Sie eventuell noch laufende Programme, die Sie vergessen hatten.

Die Syntax der Unix-Befehlszeile

Unix-Befehlszeilen können ganz einfach sein und nur aus einem Wort bestehen, wie zum Beispiel der Befehl date. Sie können auch komplizierter sein; eventuell müssen Sie mehr als nur den Befehl oder Programmnamen eingeben.[1]

Ein Unix-Befehl kann mit *Argumenten* versehen werden. Ein Argument ist zum Beispiel eine Option oder ein Dateiname. Das allgemeine Format für eine Unix-Befehlszeile ist:

```
befehl option(en) dateiname(n)
```

Für die Zusammensetzung von Unix-Befehlen und -Argumenten gibt es keine starren Regeln; folgende Richtlinien funktionieren aber in den meisten Fällen:

- Befehle werden in Kleinbuchstaben eingegeben.

- Mit *Optionen* kann man die Wirkung eines Befehls verändern. Oft bestehen Optionen nur aus einem Minuszeichen und einem Buchstaben. Mehrere Optionen werden durch Leerzeichen oder Tabstopps voneinander getrennt (zum Beispiel -a -b). In den meisten Fällen kann man mehrere Optionen hinter einem gemeinsamen Minuszeichen zusammenfassen (zum Beispiel -ab), aber meistens schweigt sich die Befehlsdokumentation über diese Möglichkeit aus; dann hilft nur Ausprobieren.

  Manche Befehle haben Optionen, die aus ganzen Wörtern oder Ausdrücken bestehen; diese beginnen mit zwei Minuszeichen, wie etwa --delete oder --confirm-delete. Sie können in einer Befehlszeile diese Art von Option, die einfachen Buchstabenoptionen (mit nur einem Minuszeichen) oder eine Kombination aus beiden verwenden.

- Das Argument *dateiname* ist der Name der Datei, die Sie bearbeiten möchten. Die meisten Unix-Programme akzeptieren auch mehrere Dateinamen, die durch Leerzeichen voneinander getrennt oder über Wildcards (siehe Kapitel 4) formuliert werden können. Wenn Sie einen Dateinamen falsch eingeben, erhalten Sie

---

1 Der Befehl kann ein Unix-Programmname (wie zum Beispiel date) oder ein Shell-spezifischer Befehl (wie exit) sein. Der Unterschied braucht Sie im Moment aber nicht zu kümmern.

eventuell eine Fehlermeldung wie »*dateiname*: no such file or directory« oder »*dateiname*: cannot open«.

Manche Befehle wie who (who haben Sie weiter vorn in diesem Kapitel bereits kennen gelernt) haben Argumente, die keine Dateinamen sind.

- Sie müssen zwischen Befehlen, Optionen und Dateinamen Leerzeichen einfügen. Dateinamen, die Leerzeichen enthalten, müssen in »Anführungszeichen« gesetzt werden. Näheres hierzu finden Sie im Abschnitt »Datei- und Verzeichnisnamen« in Kapitel 4.

- Die Optionen stehen vor den Dateinamen.

- In bestimmten Fällen gehört ein weiteres Argument zu einer Option; geben Sie dieses Spezialargument direkt hinter der entsprechenden Option ein. Diese Art von Optionen ist recht selten, aber Sie sollten wissen, dass es sie gibt. Der Befehl sort ist ein Beispiel für dieses Feature: Sie können sort anweisen, den sortierten Text unter einem Dateinamen abzulegen, den Sie nach seiner -o-Option angeben. Im folgenden Beispiel liest sort die Datei *sortiermich* (die als Argument angegeben wird) und schreibt das Ergebnis in die Datei *sortiert* (diese wird nach der Option -o angegeben):

      $ sort -o sortiert -n sortiermich

  Wir verwenden in diesem Beispiel auch die Option -n. Aber -n ist eine allgemeinere Option; sie hat nichts mit dem letzten Argument sortiermich in dieser Befehlszeile zu tun. Wir hätten den Befehl also auch so schreiben können:

      $ sort -n -o sortiert sortiermich

  Sie brauchen sich im Moment nicht allzu sehr mit diesen Spezialfällen zu befassen. Wenn ein Befehl eine solche Option benötigt, wird dies in der Dokumentation erwähnt.

- Befehlszeilen können auch andere Sonderzeichen enthalten, von denen Sie später einige kennen lernen werden. Befehlszeilen können auch mehrere Einzelbefehle enthalten. So können Sie zum Beispiel zwei oder mehr Befehle in einer Befehlszeile unterbringen und diese jeweils durch ein Semikolon (;) voneinander trennen. So eingegebene Befehle werden von der Shell der Reihe nach ausgeführt.

In Mac OS X gibt es jede Menge Befehle! Versuchen Sie erst gar nicht, sie alle auswendig zu lernen. Wahrscheinlich müssen Sie nur wenige Befehle und ihre Optionen kennen. Im Laufe der Zeit werden Sie mit diesen Befehlen vertraut und wissen, wie Sie sie am besten für den gewünschten Zweck einsetzen. In späteren Kapiteln sehen wir uns einige Befehle genauer an.

Sehen wir uns einen Beispielbefehl an. Das Programm ls zeigt eine Dateiliste auf dem Bildschirm an. Sie können es mit oder ohne Optionen und Argumente verwenden.

Wenn Sie

```
$ ls
```

eingeben, erscheint eine Liste mit Dateinamen. Aber wenn Sie

```
$ ls -l
```

eingeben, bekommen Sie zu jeder Datei eine ganze Zeile mit Informationen. Die Option -l (ein Minuszeichen und ein kleines »L«) bewirkt, dass die normale Ausgabe von ls in einem längeren Format erscheint. Sie können auch Informationen über eine bestimmte Datei abrufen, indem Sie den Dateinamen als zweites Argument angeben. Möchten Sie sich zum Beispiel Informationen über die Datei *kap1* ansehen, geben Sie Folgendes ein:

```
$ ls -l kap1
```

Viele Unix-Befehle haben mehrere Optionen. Der Befehl ls bietet zum Beispiel die Option -a (alle), mit der verborgene Dateien mit aufgezählt werden. Sie können mehrere Optionen auf verschiedene Arten kombinieren:

```
$ ls -a -l
$ ls -al
```

Zwischen dem Befehlsnamen und dem Minuszeichen, mit dem die Optionen beginnen, muss ein Leerzeichen eingefügt werden. Wenn Sie **ls-al** eingeben, antwortet die Shell mit »ls-al: command not found«.

Übung: Befehle eingeben

Auch beim Terminal wird man durch Übung zum Meister. Sie führen einen Befehl aus, indem Sie ihn eintippen und danach die Return-Taste drücken. Denken Sie daran, dass Unix-Befehle stets kleingeschrieben werden.

Hier folgen ein paar Eingabeübungen:

Aufgabe	Befehl
Heutiges Datum anzeigen:	date
Angemeldete Benutzer anzeigen:	who
Genauere Informationen über die Benutzer anzeigen:	who -u, finger oder w
Herausfinden, wer am Terminal angemeldet ist:	who am i
Zwei Befehle in derselben Zeile eingeben:	who am i;date
Falschen Befehl eingeben:	woh

In dieser Übung haben Sie einige einfache Befehle ausprobiert und das jeweilige Ergebnis am Bildschirm bewundert.

Verschiedene Befehlsarten

Wenn Sie ein Programm verwenden, möchten Sie es steuern können. Wie können Sie ihm mitteilen, was es für Sie erledigen soll? Erteilen Sie die Anweisungen vor dem Programmstart oder während des Programmablaufs? Unter Mac OS X können Befehle generell auf mehrere verschiedene Weisen erteilt werden. Diese sollte man kennen.

Grafische Programme

Manche Programme funktionieren nur mit der grafischen Fensteroberfläche (bei Mac OS X »Aqua« genannt). Bei Mac OS X können Sie diese Programme über den Befehl open starten. Wenn Sie zum Beispiel open -a Chess am Shell-Prompt eingeben, startet das Schachprogramm. Es werden ein oder mehrere Fenster auf Ihrem Bildschirm geöffnet. Das Programm nimmt auf seine eigene Weise Befehle von Ihnen entgegen – zum Beispiel über Menüs und Optionstasten auf dem Bildschirm. Sie können diese Programme zwar nicht über die normalen Unix-Utilities betreiben, bei Mac OS X können Sie aber über das Utility *osascript* AppleScript-Befehle von der Unix-Shell aus ausführen.

Nicht-interaktive Unix-Programme

Sie haben im Abschnitt »Die Syntax der Unix-Befehlszeile« bereits gesehen, dass Sie viele Unix-Befehle an einem Shell-Prompt eingeben können. Diese Programme arbeiten in einem Window-System (von einem Terminal-Fenster aus) oder von einem beliebigen Terminal aus. Sie steuern diese Programme von der Unix-Befehlszeile aus – durch die Eingabe von Optionen und Argumenten über den Shell-Prompt, bevor das Programm gestartet wird. Nach dem Starten des Programms warten Sie einfach, bis es beendet ist; im Normalfall findet keine Interaktion statt.

Interaktive Unix-Programme

Manche Unix-Programme, die über das Terminal-Fenster laufen, haben ihre eigenen Befehle (Beispiele hierfür finden Sie in den Kapiteln 3 und 4). Diese Programme akzeptieren eventuell Optionen und Argumente in ihrer Befehlszeile. Ist ein solches Programm jedoch einmal gestartet, gibt es seinen eigenen Prompt und/oder seine eigenen Menüs aus und reagiert auf seinen eigenen Befehlssatz. Es nimmt über die Tastatur Anweisungen von Ihnen entgegen, die nicht in der Befehlszeile enthalten waren.

Wenn Sie zum Beispiel ftp an einem Shell-Prompt eingeben, erhalten Sie einen neuen Prompt für das ftp-Programm. Geben Sie hier FTP-Befehle zum Austausch von Dateien mit entfernten Systemen ein. Wenn Sie den Spezialbefehl quit zum Verlassen des ftp-Programms eingeben, verschwindet der ftp-Prompt. Dann erhalten Sie einen weiteren Shell-Prompt, an dem Sie andere Unix-Befehle eingeben können.

Mein Terminal reagiert nicht!

Während einer Unix-Sitzung passiert es manchmal, dass Ihr Terminal nicht reagiert, wenn Sie einen Befehl eingeben, oder dass die Bildschirmausgabe an einer ungewöhnlichen Stelle einfach aufhört. Das Terminal »hängt« oder ist »eingefroren«. Beachten Sie, dass sich die meisten Vorschläge in diesem Abschnitt auf Terminal-Fenster, nicht jedoch auf andere Anwendungen wie zum Beispiel Webbrowser beziehen.

Eine Sitzung kann aus mehreren Gründen einfrieren. Ihr Computer kann zum Beispiel überlastet sein; die Terminal-Anwendung muss warten, bis sie an der Reihe ist. In diesem Fall wird Ihre Sitzung nach ein paar Augenblicken fortgesetzt. Sie sollten hier *nicht* versuchen, die Sitzung über zusätzliche Befehle wieder »in Gang« zu bringen, da diese zusätzlichen Befehle alle ausgeführt werden, wenn das Terminal wieder zu sich kommt.

 Wenn auf Ihrem Bildschirm wirres Zeug erscheint, drücken Sie Ctrl-L. Dies löscht in der Shell den Bildschirminhalt und gibt wieder einen Prompt aus. Bei einem bildschirmfüllenden Programm wie einem Texteditor wird der Bildschirm neu aufgebaut.

Reagiert das System eine ganze Weile nicht (wie lange hängt von Ihrer jeweiligen Situation ab; fragen Sie andere Benutzer nach ihren Erfahrungen), helfen normalerweise die folgenden Lösungen. Versuchen Sie es mit den folgenden Schritten der Reihe nach, bis das System wieder antwortet:

Drücken Sie die Return-Taste einmal.

Vielleicht haben Sie eine Befehlszeile eingegeben, aber die Zeile noch nicht mit Return abgeschlossen und der Shell so mitgeteilt, dass der Befehl interpretiert werden soll.

Versuchen Sie es mit Job-Kontrolle (siehe Kapitel 7); drücken Sie Ctrl-Z.

So wird ein eventuell laufendes Programm vorübergehend unterbrochen und Sie erhalten einen Shell-Prompt. Jetzt können Sie mit dem Befehl jobs den Namen des Programms herausfinden und anschließend das Programm mit fg weiterlaufen lassen oder es mit kill abbrechen.

Drücken Sie Ctrl-C oder ⌘-..

So wird ein gerade laufendes Programm unterbrochen. (Wenn ein Programm nicht im Hintergrund läuft, wie im Abschnitt »Befehle im Hintergrund laufen lassen« in Kapitel 7 beschrieben, wartet die Shell auf das Ende des Hintergrundprogramms und gibt erst dann einen neuen Prompt aus. Wenn das Programm lange im Hintergrund läuft, kann es so aussehen, als ob es hängt.)

Wenn dies nichts bewirkt, versuchen Sie es noch einmal; meist hilft es aber nicht, diesen Befehl noch häufiger zu wiederholen.

Drücken Sie Ctrl-Q.

Wenn die Ausgabe mit Ctrl-S angehalten wurde, kann man sie mit Ctrl-Q wieder starten. Beachten Sie, dass manche Terminals automatisch ein Ctrl-S schicken, wenn sie nicht mehr nachkommen; vielleicht haben Sie das Zeichen gar nicht über die Tastatur eingegeben.

Drücken Sie Ctrl-D einmal am Anfang einer neuen Zeile.

Manche Programme (wie mail) erwarten eine Texteingabe vom Benutzer. Ein Programm wartet eventuell auf ein Eingabe-beendet-Zeichen von Ihnen, das ihm mitteilt, dass Sie mit der Texteingabe fertig sind. Mit Ctrl-D melden Sie sich eventuell ab, versuchen Sie dies deshalb nur zuallerletzt.

Wenn das alles nicht hilft, schließen Sie Ihr Terminal-Fenster (mit ⌘-W) und öffnen Sie ein neues.

KAPITEL 3

Unix verwenden

Sobald Sie das Terminal gestartet haben, stehen Ihnen alle Möglichkeiten von Mac OS X zur Verfügung. Als Systembenutzer haben Sie einen Account, der Ihnen Folgendes bietet:

- einen Platz im Dateisystem, an dem Sie Ihre Dateien ablegen können
- einen Benutzernamen, der Sie ausweist und über den Sie auf Ihre Dateien zugreifen können
- eine Umgebung, die Sie an Ihre Bedürfnisse anpassen können

Das Dateisystem von Mac OS X

Eine *Datei* enthält in Mac OS X die Daten, die gespeichert werden sollen. Eine Datei kann alles Mögliche enthalten: Text (einen Bericht, den Sie gerade schreiben, eine Einkaufsliste), ein Programm, digitalisierte Bilder oder Musik und so weiter. All diese Daten sind aber nur Folgen von nackten Bytes, bis sie vom entsprechenden Programm interpretiert werden.

Dateien werden in Verzeichnissen abgelegt, die im Aqua-Umfeld (der grafischen Oberfläche) des Mac üblicherweise als *Ordner* bezeichnet werden. Ein *Verzeichnis* (directory) ist genau genommen eine spezielle Art von Datei, in der das System Informationen über andere Dateien ablegt. Sie können sich ein Verzeichnis als einen Ort vorstellen – Dateien werden *in* Verzeichnissen abgelegt, und Sie arbeiten *innerhalb* eines Verzeichnisses. Hierbei sollte Ihnen klar sein, dass *in Unix alles eine Datei ist*. Ob Sie nun mit einem Verzeichnis (in dem Sie vielleicht Dateien verschieben) oder mit einem Dokument arbeiten – im Grunde betrachtet Unix alle diese Dinge als die gleiche Art von Informations-»Behälter«.

Ein *Dateisystem* enthält alle Dateien und Verzeichnisse eines »gemounteten« (aufgesetzten) Volumes, zum Beispiel Ihrer Festplatte oder Ihrer iDisk. Dieser Abschnitt stellt Ihnen das Dateisystem von Mac OS X vor. In Kapitel 4 erfahren Sie, wie Sie sich Dateien ansehen und sie schützen können.

Obwohl sich die Ordner, die Sie auf Ihrer Mac-Oberfläche sehen, und die Verzeichnisse im »Unix-Bauch« exakt entsprechen, ist das auf Ihrem deutschen Mac nicht immer ganz offensichtlich: Die schon für Sie angelegten Standardordner wie *Dokumente*, *Filme* und *Öffentlich* heißen auf Unix-Ebene *Documents*, *Movies* und *Public*, was sich im Terminal leicht nachprüfen lässt. Es handelt sich aber jeweils um ein und dasselbe Verzeichnis. In diesem Buch verwenden wir die Ordner- und Verzeichnisnamen, wie Sie sie tatsächlich auf Ihrem System vorfinden: Deutsch auf der Mac-Oberfläche und Englisch auf der Unix-Ebene.

Ihr Home-Verzeichnis

Wenn Sie das Terminal starten, landen Sie in Ihrem »privaten Ordner«, der unter Unix als *Home-Verzeichnis* bezeichnet wird. Dieses Verzeichnis, das Sie auch im Finder durch Anklicken des PRIVAT-Symbols öffnen können, enthält Ihre persönlichen Dateien, Ihre eigenen Programmeinstellungen und Anwendungsinformationen wie zum Beispiel Bookmarks. In Ihrem Home-Verzeichnis können Sie Ihre eigenen Dateien erzeugen. Wie Sie in Kürze sehen werden, können Sie in Ihrem Home-Verzeichnis auch Unterverzeichnisse anlegen. Wie in Ordnern in einem Aktenschrank können Ihre Dateien auf diese Weise geordnet abgelegt werden.

Ihr Arbeitsverzeichnis

Ihr *Arbeitsverzeichnis* (auch *aktuelles Verzeichnis* genannt) ist das Verzeichnis, in dem Sie gerade arbeiten. Nach dem Öffnen eines Terminal-Fensters ist Ihr Home-Verzeichnis das Arbeitsverzeichnis. Wenn Sie in ein anderes Verzeichnis wechseln, wird dieses neue Verzeichnis zum Arbeitsverzeichnis.

Sofern Sie nichts anderes angeben, beziehen sich alle eingegebenen Befehle auf die Dateien in Ihrem Arbeitsverzeichnis. Entsprechend werden auch alle neu erzeugten Dateien im Arbeitsverzeichnis angelegt, sofern Sie nichts Gegenteiliges angeben. Wenn Sie zum Beispiel den Befehl vi bericht eingeben, wird der vi-Editor aufgerufen, und eine Datei namens *bericht* wird in Ihrem Arbeitsverzeichnis erzeugt. Geben Sie hingegen zum Beispiel den Befehl vi /Users/john/Documents/bericht ein, wird eine *bericht*-Datei in einem anderen Verzeichnis erzeugt – das Arbeitsverzeichnis wird aber nicht verändert. Mehr darüber erfahren Sie in den Abschnitten zu Pfadnamen weiter hinten in diesem Kapitel.

Wenn Sie mehr als ein Terminal-Fenster geöffnet haben, hat jede Shell ihr eigenes Arbeitsverzeichnis. Das Ändern des Arbeitsverzeichnisses in einer Shell hat keinen Einfluss auf die anderen Terminal-Fenster.

Der Verzeichnisbaum

Alle Verzeichnisse in Mac OS X sind in einer hierarchischen Struktur untergebracht, die Sie sich wie einen Stammbaum vorstellen können. Das Urverzeichnis des Baums (also das Verzeichnis, das alle anderen Verzeichnisse enthält) ist das *Wurzelverzeichnis* (root directory) und wird mit einem Schrägstrich angegeben (/). Das Wurzelverzeichnis wird angezeigt, wenn Sie ein neues Finder-Fenster öffnen, das Computer-Icon anklicken und dann das Start-Volume öffnen.

Das Wurzelverzeichnis enthält noch einige andere Verzeichnisse. In Abbildung 3-1 sehen Sie die oberen Regionen eines Mac OS X-Verzeichnisbaums schematisch dargestellt: das Wurzelverzeichnis zuoberst, darunter einige weitere Verzeichnisse.

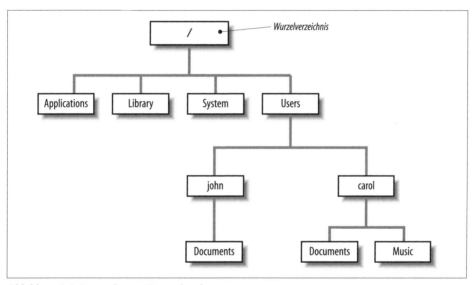

Abbildung 3-1: Beispiel eines Verzeichnisbaums

Applications, Library, System und *Users* gehören zu den *Unterverzeichnissen* (subdirectories, manchmal auch Kind-Verzeichnisse genannt) des Wurzelverzeichnisses. Einige andere Verzeichnisse sind im Finder nicht sichtbar, am Shell-Prompt jedoch schon (Sie können sie mit dem Befehl ls / betrachten). Diese Unterverzeichnisse sind Unix-Standardverzeichnisse: *bin, dev, etc, sbin, tmp, usr* und *var*; sie enthalten Unix-Systemdateien. So enthält *bin* zum Beispiel viele Unix-Programme.

In unserem Beispiel ist das übergeordnete Verzeichnis von *Users* (eine Ebene darüber, auch Eltern-Verzeichnis oder Parent-Verzeichnis genannt) das Wurzelverzeichnis. *Users* enthält zwei Unterverzeichnisse (eine Ebene tiefer), *john* und *carol*. Auf einem Mac OS X-System hat jedes Verzeichnis nur ein Eltern-Verzeichnis, es kann aber mehrere Unterverzeichnisse haben. (Das Wurzelverzeichnis an der Baumspitze ist *sein eigenes* Eltern-Verzeichnis.)

Ein Unterverzeichnis (wie *carol*) kann seine eigenen Unterverzeichnisse besitzen (wie *Documents* und *Music*).

Sie rufen eine Datei oder ein Verzeichnis auf, indem Sie den *Pfadnamen* eingeben. Ein Pfadname ist wie die Adresse des Verzeichnisses oder der Datei innerhalb des Dateisystems. Wir sehen uns Pfadnamen im nächsten Abschnitt genauer an.

Bei einem einfachen Mac OS X-System werden alle Dateien des Dateisystems auf Festplatten gespeichert, die mit Ihrem Computer verbunden sind. Mac OS X bietet eine Möglichkeit, auf Dateien auf anderen Computern zuzugreifen: ein *Netzwerk-Dateisystem*. Bei einem Netzwerk-Dateisystem erscheinen die Dateien eines anderen Rechners als Teil des Verzeichnisbaums auf Ihrem eigenen Rechner. Wenn Sie zum Beispiel Ihre iDisk mounten (wählen Sie GEHE ZU IDISK → MEINE IDISK IM FINDER), richtet Mac OS X Ihre iDisk auf dem Desktop ein und macht sie außerdem als Verzeichnis unter */Volumes* verfügbar. Sie können auch gemeinsam genutzte Verzeichnisse von anderen Macs oder Windows-Rechnern mounten (wählen Sie GEHE ZU → MIT SERVER VERBINDEN... im Finder). Auch diese Verzeichnisse erscheinen unter */Volumes*, ebenso wie andere Festplatten, zum Beispiel externe FireWire-Laufwerke.

Absolute Pfadnamen

Wie Sie bereits gesehen haben, organisiert das Unix-Dateisystem seine Dateien und Verzeichnisse in einer umgekehrten Baumstruktur, wobei das Wurzelverzeichnis an der Spitze steht. Ein *absoluter Pfadname* beschreibt den ganzen Weg durch den Baum, vom Wurzelverzeichnis bis zur gewünschten Datei. In einem Pfadnamen werden die Verzeichnisnamen durch Schrägstriche (/) voneinander getrennt.

So ist */Users/john* zum Beispiel ein absoluter Pfadname. Er bezeichnet ein (ganz bestimmtes) Verzeichnis. Hier die Details:

- Das erste Element ist das Wurzelverzeichnis (/).
- Darunter liegt das Verzeichnis *Users* (ein Unterverzeichnis von /).
- Noch eine Stufe tiefer finden wir *john* (ein Unterverzeichnis von *Users*).

 Beachten Sie, dass innerhalb eines Pfadnamens keine Leerzeichen vorkommen dürfen. Enthält einer der Verzeichnisnamen Leerzeichen, müssen Sie entweder den gesamten Verzeichnispfadnamen in Anführungszeichen setzen oder jedes Leerzeichen mit einem vorangestellten Backslash (\) kennzeichnen, damit die Shell versteht, dass die Leerzeichen zum Pfadnamen gehören.

In Abbildung 3-2 sehen Sie diese Struktur.

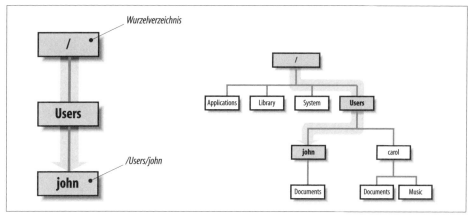

Abbildung 3-2: Absoluter Pfad des Verzeichnisses john

In Abbildung 3-2 sehen Sie auch, dass das Verzeichnis *john* ein Unterverzeichnis namens *Documents* besitzt. Der absolute Pfadname für dieses Verzeichnis lautet */Users/john/Documents*.

Das Wurzelverzeichnis erkennt man immer am Schrägstrich (/) zu Beginn eines Pfadnamens. Mit anderen Worten: Ein absoluter Pfadname beginnt immer mit einem Schrägstrich.

Relative Pfadnamen

Sie können auch über einen *relativen Pfadnamen* auf ein Verzeichnis oder eine Datei zugreifen. Ein relativer Pfadname gibt den Aufenthaltsort relativ zu Ihrem Arbeitsverzeichnis an.

Wenn Sie keinen absoluten Pfadnamen verwenden (der mit einem Schrägstrich beginnt), geht Unix von einem relativen Pfadnamen aus. Wie absolute Pfadnamen können sich auch relative Pfadnamen durch Angabe der entsprechenden Verzeichnisse über mehrere Verzeichnishierarchien erstrecken.

Wenn Sie sich zum Beispiel gerade im Verzeichnis *Users* (siehe Abbildung 3-2) befinden, lautet der relative Pfadname zum darunter liegenden Verzeichnis *carol* einfach *carol*. Der relative Pfadname zum darunter befindlichen Verzeichnis *Music* ist *carol/Music*.

Beachten Sie, dass keiner der beiden eben genannten Pfadnamen mit einem Schrägstrich beginnt. Sie sind ja auch relativ! Relative Pfadnamen gehen vom Arbeitsverzeichnis aus, nicht vom Wurzelverzeichnis. Mit anderen Worten: Relative Pfadnamen beginnen niemals mit einem Schrägstrich.

Übung: Pfadnamen

Hier eine kurze, aber wichtige Frage: Das vorherige Beispiel erklärte den relativen Pfadnamen *carol/Music*. Was würde Unix zu einem Pfadnamen wie */carol/Music* sagen? (Sehen Sie sich noch einmal Abbildung 3-2 an.)

Unix würde sagen: »No such file or directory«. Warum? (Bitte denken Sie darüber nach, bevor Sie weiterlesen. Es ist wichtig, denn wir behandeln hier einen der beliebtesten Einsteigerfehler.) Die Antwort lautet: Da der Pfadname */carol/Music* mit einem Schrägstrich beginnt, ist er ein absoluter Pfad, der vom Wurzelverzeichnis ausgeht. Unix soll also im Wurzelverzeichnis nach einem Unterverzeichnis namens *carol* suchen. Aber auf der Ebene direkt unter der Wurzel ist kein Unterverzeichnis *carol* vorhanden, und deshalb ist der Pfadname falsch. Der einzige absolute Pfadname zum Verzeichnis *Music* lautet */Users/carol/Music*.

Relative Pfade aufwärts verfolgen

Sie können sich mit der Kurznotation »..« für das Eltern-Verzeichnis im Verzeichnisbaum aufwärts bewegen. Wie bereits erklärt wurde, können Sie über die Namen von Unterverzeichnissen auch baumabwärts gehen. Trennen Sie in beiden Fällen (auf und ab) jede Verzeichnisebene mit einem Schrägstrich (/).

Abbildung 3-3 zeigt einen Ausschnitt von Abbildung 3-1. Wenn Ihr Arbeitsverzeichnis in dieser Abbildung *Documents* lautet, gibt es für das Unterverzeichnis *Music* von *carol* zwei mögliche Pfadnamen. Den absoluten können Sie bereits zusammenstellen, */Users/carol/Music*. Sie können auch eine Ebene nach oben zu *carol* gehen (mit ..) und von dort aus zu *Music* im Baum absteigen. Abbildung 3-3 veranschaulicht diesen Vorgang.

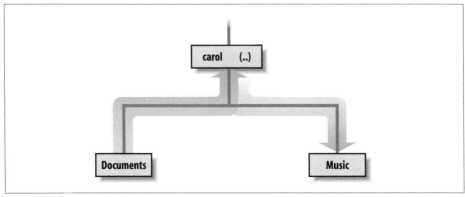

Abbildung 3-3: Relativer Pfadname von Documents nach Music

Der relative Pfadname lautet *../Music*. Es wäre falsch, die relative Adresse als *carol/Music* anzugeben. Der Pfadname *carol/Music* würde aussagen, dass *carol* ein Unterverzeichnis Ihres Arbeitsverzeichnisses ist, was aber hier nicht der Fall ist: Hier ist es das Eltern-Verzeichnis.

Absolute und relative Pfadnamen sind völlig austauschbar. Ein Unix-Programm folgt einfach dem Pfad durch den Verzeichnisbaum, ganz gleich wohin er führt. Wenn Sie einen absoluten Pfadnamen verwenden, wird vom Wurzelverzeichnis ausgegangen. Verwenden Sie einen relativen Pfadnamen, wird von Ihrem aktuellen Arbeitsverzeichnis ausgegangen. Sie können jeweils die einfachere Variante wählen.

Das Arbeitsverzeichnis wechseln

Wenn Sie den absoluten oder relativen Pfadnamen eines gewünschten Verzeichnisses kennen, können Sie im Dateisystem von Mac OS X nach oben oder unten gehen und so dorthin gelangen. Im folgenden Abschnitt besprechen wir ein paar hilfreiche Befehle für die Navigation durch den Verzeichnisbaum.

pwd

Mit dem Befehl pwd (»print working directory«), der den absoluten Pfadnamen Ihres Arbeitsverzeichnisses ausgibt, finden Sie heraus, in welchem Verzeichnis Sie sich gerade befinden. Der Befehl pwd akzeptiert keine Argumente.

```
$ pwd
/Users/john
$
```

cd

Sie können Ihr Arbeitsverzeichnis mit dem Befehl cd (change directory) in ein beliebiges anderes Verzeichnis ändern (auch in das eines anderen Benutzers, wenn Sie dazu berechtigt sind), und zwar so:

```
cd pfadname
```

Das Argument ist ein absoluter oder ein relativer Pfadname (was gerade einfacher ist) für das gewünschte Verzeichnis:

```
$ cd /Users/carol
$ pwd
/Users/carol
$ cd Documents
$ pwd
/Users/carol/Documents
$
```

Der Befehl cd ohne Argumente bringt Sie von einer beliebigen Stelle im Dateisystem wieder in Ihr Home-Verzeichnis zurück.

Beachten Sie, dass Sie nur jeweils in ein anderes Verzeichnis wechseln können. Sie können mit cd nicht auf einen Dateinamen zugreifen. Wenn Sie das versuchen, gibt Ihre Shell (in unserem Beispiel *bash*) eine Fehlermeldung aus:

```
$ cd /etc/manpath.config
-bash: cd: /etc/manpath.config:  Not a directory.
$
```

/etc/manpath.conf ist eine Datei, die Informationen über die Konfiguration des Befehls man enthält.

Ein netter Trick ist, dass Sie das Terminal stets dazu bringen können, den Pfad direkt einzugeben, indem Sie ein Datei- oder Ordnersymbol vom Finder auf das aktive Terminal-Fenster ziehen.

Zwei Möglichkeiten, Ihr Dateisystem zu erforschen

Jede Datei und jeder Ordner kann nicht nur im Finder betrachtet werden, sondern ist auch von der Unix-Shell aus zugänglich. Veränderungen, die in einer Umgebung erfolgen, werden (fast) unmittelbar danach in der anderen Umgebung angezeigt. So ist Ihr Schreibtisch-Ordner auch das Unix-Verzeichnis */Users/ihrname/Desktop*.

Öffnen Sie doch nur mal so zum Spaß ein Finder-Fenster, navigieren Sie zu Ihrem *Schreibtisch*-Ordner und lassen Sie ihn sichtbar auf Ihrem Bildschirm, während Sie die folgenden Befehle am Shell-Prompt eingeben:

```
$ cd
$ touch mac-rocks
```

Die Datei *mac-rocks* erscheint wie durch Zauberei. (Der Befehl touch erzeugt eine leere Datei mit dem angegebenen Dateinamen.)

Geben Sie nun Folgendes ein:

```
$ rm mac-rocks
```

Kehren Sie zum Finder zurück und sehen Sie, wie die Datei verschwindet. Der Befehl rm entfernt die Datei.

Dateien im Verzeichnisbaum

Ein Verzeichnis kann Unterverzeichnisse enthalten. Und es kann natürlich Dateien enthalten. In Abbildung 3-4 sehen Sie eine Nahaufnahme des Dateisystems um das Home-Verzeichnis von *john* herum. Sie sehen sechs Verzeichnisse zusammen mit der Datei *mac-rocks*, die wir mit Hilfe des Befehls touch angelegt haben, wie im Kasten »Zwei Möglichkeiten, Ihr Dateisystem zu erforschen« beschrieben.

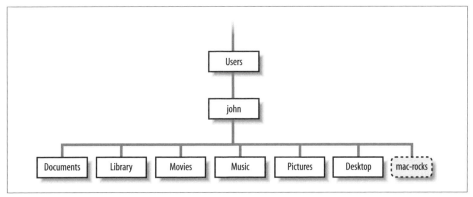

Abbildung 3-4: Dateien im Verzeichnisbaum

Für Pfadnamen zu Dateien gilt dasselbe wie für Pfadnamen zu Verzeichnissen. Wie bei Verzeichnissen können auch Pfadnamen zu Dateien absolut (vom Wurzelverzeichnis aus) oder relativ (vom Arbeitsverzeichnis aus) angegeben werden. Ist Ihr Arbeitsverzeichnis zum Beispiel *Users*, wäre der relative Pfadname zum darunter liegenden Verzeichnis *Documents* der Pfad *john/Documents*. Der relative Pfadname zur Datei *mac-rocks* wäre *john/mac-rocks*.

Unix-Dateisysteme können auch Objekte enthalten, die keine Verzeichnisse oder Dateien sind, zum Beispiel symbolische Links (dem Alias ähnlich), Geräte (das Verzeichnis */dev* enthält Einträge für alle am System angeschlossenen Geräte) oder Sockets (Netzwerk-Kommunikationskanäle). Vielleicht begegnen Ihnen solche Objekte beim Erkunden des Dateisystems. Wir besprechen diese fortgeschrittenen Themen in diesem Büchlein nicht.

Dateien mit ls anzeigen

Wenn Sie mit cd in ein anderes Verzeichnis wechseln wollen, müssen Sie wissen, welche Einträge in einem Verzeichnis Unterverzeichnisse sind und welche Dateien. Der Befehl ls gibt die Einträge im Verzeichnisbaum als Liste aus und zeigt Ihnen auch, um welche Einträge es sich jeweils handelt.

Wenn Sie ls eingeben, erhalten Sie eine Liste der Dateien und Unterverzeichnisse in Ihrem Arbeitsverzeichnis. Die Syntax lautet:

```
ls option(en) Verzeichnis-_oder_Dateiname(n)
```

Wenn Sie gerade in ein leeres Verzeichnis gewechselt sind und ls ohne Argumente eingeben, sehen Sie vielleicht gar nichts. Dies ist nicht weiter verwunderlich, da Sie noch keine Dateien in Ihrem Arbeitsverzeichnis angelegt haben. Ohne Dateien wird auch nichts angezeigt; Sie erhalten lediglich einen neuen Shell-Prompt:

```
$ ls
$
```

Aber wenn Sie in Ihrem Home-Verzeichnis sind, stellt ls die Namen der Dateien und Verzeichnisse in diesem Verzeichnis dar. Die Ausgabe hängt vom Inhalt Ihres Verzeichnisses ab. Der Bildschirm sollte ungefähr so aussehen:

```
$ ls
Desktop        Library        Music          Public         mac-rocks
Documents      Movies         Pictures       Sites
$
```

Manchmal stellt ls die Dateinamen in einer Spalte dar. Ist dies der Fall, können Sie mit der Option -C oder der Option -x auf mehrspaltige Darstellung umschalten. Für ls gibt es eine Menge Optionen, die die angezeigten Informationen und das Darstellungsformat beeinflussen.

Die Option -a (alle) zeigt Ihnen garantiert noch einige Dateien mehr, wie im folgenden Beispiel zu sehen ist:

```
$ ls -a
.                     .Trash         Library        Public
..                    .bash_history  Movies         Sites
.CFUserTextEncoding   Desktop        Music          mac-rocks
.DS_Store             Documents      Pictures
$
```

Mit dem Befehl ls -a werden immer zumindest zwei Einträge namens ».« (Punkt) und »..« (zwei Punkte) angezeigt. Wie bereits erwähnt wurde, ist »..« der relative Pfadname zum direkt übergeordneten Verzeichnis. Der einzelne Punkt steht für das Arbeitsverzeichnis; er ist für Befehle wie cp nützlich (siehe den Abschnitt »Dateien kopieren« in Kapitel 4). Eventuell sehen Sie auch andere Dateien wie *.bashrc* oder *.Trash*. Einträge, deren Name mit einem Punkt beginnt, sind verborgen, das heißt, sie werden nur dann angezeigt, wenn Sie ls -a eingeben.

Mehr Informationen über die von ls aufgeführten einzelnen Einträge erhalten Sie mit der Option -l (ein kleines »L« für »lang«). Diese Option kann allein oder zusammen mit -a verwendet werden, wie Sie in Abbildung 3-5 sehen können. Da *.bash_history* und *.Trash* verborgene Dateien sind, würden Sie nur *Desktop* und *Documents* sehen, wenn Sie dieses Verzeichnis im Finder betrachten.

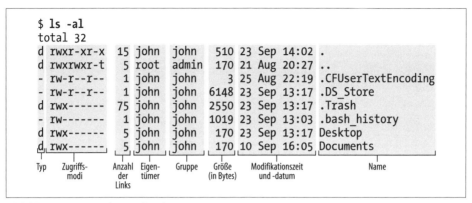

Abbildung 3-5: Ausgabe von ls -al

Das lange Format gibt zu jeder Datei die folgenden Informationen aus:

total *n*

Gibt an, wie viel Speicherplatz (*n*) von diesem Verzeichnis verbraucht wird (wird in *Blöcken* angegeben). Unter Mac OS X sind die Blöcke jeweils 1024 Byte groß.

Typ

Gibt an, ob der Eintrag ein Verzeichnis (d) oder eine einfache Datei (-) ist. (Es gibt aber auch noch eine Reihe weniger gebräuchliche Dateitypen.)

Zugriffsmodi

Geben für drei Arten von Benutzern (Sie selbst, Ihre Gruppe und alle anderen) die Berechtigung zum Lesen (r, read), Schreiben (w, write) und zum Ausführen (x, eXecute) Ihrer Dateien oder Verzeichnisse an. Wir besprechen den Zugriff noch genauer.

Links

Gibt die Anzahl der Dateien oder Verzeichnisse an, die mit diesem Verzeichnis über einen so genannten Link verbunden sind. (Hierbei handelt es sich nicht um Hyperlinks von Webseiten.)

Eigentümer

Gibt an, welcher Benutzer diese Datei oder dieses Verzeichnis angelegt hat bzw. der Eigentümer ist.

Gruppe

Gibt die Gruppe an, der diese Datei oder dieses Verzeichnis gehört.

Größe (in Bytes)

Gibt die Größe der Datei oder des Verzeichnisses an. (Ein Verzeichnis ist genau genommen eine spezielle Art von Datei. Hier ist die »Größe« eines Verzeichnisses die Größe der Verzeichnisdatei selbst, nicht die Größe des gesamten Inhalts aller Dateien in diesem Verzeichnis.)

Modifikationszeit und -datum

Gibt an, wann die Datei zuletzt verändert wurde oder wann sich der Verzeichnisinhalt zuletzt änderte (wann zuletzt etwas hinzugefügt, umbenannt oder entfernt wurde). Wurde ein Eintrag vor über sechs Monaten zuletzt modifiziert, zeigt ls das Jahr anstelle der Zeit an.

Name

Bezeichnet den Namen der Datei oder des Verzeichnisses.

Achten Sie vor allem auf die Spalten, in denen der Eigentümer, die Gruppe und die Zugriffsmodi (auch Zugriffsrechte genannt) ausgegeben werden. Der Benutzer, der eine Datei erzeugt, ist ihr Eigentümer; wenn Sie irgendwelche Dateien erzeugt haben, sollte in dieser Spalte Ihr Benutzername erscheinen. Außerdem sind Sie Mitglied einer Gruppe. Von Ihnen erzeugte Dateien werden entweder mit dem Namen Ihrer Gruppe oder machmal auch mit dem Namen der Gruppe gekennzeichnet, der das Verzeichnis gehört.

Die Zugriffsrechte zeigen an, wer eine Datei oder ein Verzeichnis lesen, verändern oder ausführen darf. Zugriffsberechtigungen sind 10 Zeichen lang. Das erste Zeichen zeigt die Dateiart an (d für Verzeichnis (directory), »-« für eine einfache Datei). Darauf folgen Dreiergruppen. Die erste Gruppe, Zeichen 2 bis 4, gibt die Zugriffsrechte für den Dateieigentümer an (das sind Sie, wenn Sie diese Datei erzeugt haben). Die zweite Gruppe, Zeichen 5 bis 7, zeigt die Zugriffsrechte für andere Mitglieder der Dateigruppe. Die dritte Gruppe, Zeichen 8 bis 10, zeigt die Zugriffsrechte für alle übrigen Benutzer.

Die Zugriffsrechte für *.DS_Store* in Abbildung 3-5 sind -rw-r--r--. Der erste Bindestrich zeigt an, dass es sich um eine normale Datei handelt. Die nächsten drei Zeichen, rw-, bedeuten, dass der Eigentümer *john* sowohl Lese- (r) als auch Schreibzugriff (w) hat. Die nächsten beiden Zugriffsrechte sind jeweils r--, was bedeutet, dass andere Benutzer in der Gruppe *staff* sowie alle anderen Benutzer des Systems die Datei nur lesen dürfen; sie haben keinen Schreibzugriff und können deshalb den Dateiinhalt nicht verändern. Niemand darf die Datei ausführen (x), dies ist aber auch nur bei ausführbaren Dateien (Programmen) und Verzeichnissen sinnvoll.

Bei Verzeichnissen bedeutet x die Zugriffserlaubnis auf das Verzeichnis – zum Beispiel für Befehle, die eine Datei in diesem Verzeichnis lesen, oder zum Zugriff auf ein Unterverzeichnis. Wie Sie sehen, ist das erste Verzeichnis in Abbildung 3-5, *Desktop*, als ausführbar (durchsuchbar) für *john* markiert, aber ansonsten für alle anderen Benutzer des Systems unzugänglich. Ein Verzeichnis mit Schreibzugriff (w) ermöglicht das Löschen, Umbenennen oder Hinzufügen von Dateien innerhalb dieses Verzeichnisses. Die Leseberechtigung (r) ermöglicht die Ausgabe des Verzeichnisinhalts über ls.

Sie können mit dem Befehl chmod die Zugriffsrechte für Ihre Dateien und Verzeichnisse verändern (siehe den Abschnitt »Zugriff auf Dateien erlauben und verhindern« weiter hinten in diesem Kapitel).

Wenn Sie nur wissen müssen, ob es sich jeweils um Verzeichnisse oder ausführbare Dateien handelt, können Sie hierfür die Option -F zusammen mit ls verwenden. Wenn Sie den Pfadnamen zu einem Verzeichnis angeben, gibt ls das Verzeichnis aus, ändert aber *nicht* Ihr Arbeitsverzeichnis. Der Befehl pwd macht dies deutlich:

```
$ ls -F /Users/andy
$ ls -F
Desktop/        Library/        Music/          Public/         mac-rocks
Documents/      Movies/         Pictures/       Sites/
$ pwd
/Applications
$
```

ls -F fügt jedem Verzeichnisnamen am Ende einen Schrägstrich hinzu (der Verzeichnisname enthält selbst keinen Schrägstrich, dies ist nur die Abkürzung, mit der ls -F ein Verzeichnis kennzeichnet). In unserem Beispiel sehen Sie, dass es sich demnach bei allen Einträgen außer »mac-rocks« um Verzeichnisse handelt. Dies können Sie überprüfen, indem Sie ls -l eingeben und nach dem d im ersten Feld der Ausgabe Ausschau halten. Dateien mit ausführbarem Inhalt (execute-Status, x), wie zum Beispiel Programme, werden mit einem Sternchen (*) gekennzeichnet.

Mit ls -R (»rekursiv«) wird ein Verzeichnis mit all seinen Unterverzeichnissen ausgegeben. Das kann eine sehr lange Liste ergeben, besonders wenn Sie sich ein Verzeichnis nahe an der Wurzel ansehen! (Sie können die Ausgabe auf ein Pager-Programm umleiten und das Problem so lösen. Ein Beispiel hierzu finden Sie im Abschnitt »Pipes zu einem Pager« in Kapitel 6.) Sie können andere Optionen mit -R kombinieren; zum Beispiel gibt ls -RF den Verzeichnis- und Dateityp aus und listet gleichzeitig rekursiv alle Dateien und Verzeichnisse auf.

Die Dateigröße berechnen

Sie können die Größe einer Datei mit dem Befehl du berechnen:

```
$ du Dokumente/Gliederung.doc
300     Dokumente/Gliederung.doc
```

Die Größe wird in Kilobyte angegeben, das Dokument *Gliederung.doc* ist also 300 KB groß. Geben Sie mit du einen Verzeichnisnamen an, berechnet der Befehl die Größe aller darin enthaltenen Dateien:

```
$ du Library
8        Library/Application Support/AddressBook/Images
120      Library/Application Support/AddressBook
3776     Library/Application Support/Chess
...
```

Wenn Sie die Gesamtgröße des Verzeichnisses benötigen, verwenden Sie -s (summarize, zusammenfassen):

```
$ du -s Library
56120    Library
```

Brauchen Sie die jeweiligen Größen aller Verzeichnisse und Dateien inklusive der verborgenen Dateien einzeln, verwenden Sie ein Wildcard-Muster, mit dem das ».«-Verzeichnis (das aktuelle Verzeichnis) und das »..«-Verzeichnis (das Eltern-Verzeichnis) ignoriert werden (siehe den Abschnitt »Relative Pfade aufwärts verfolgen« weiter vorn in diesem Kapitel):

```
$ du -s * .[^.]*
40       Desktop
2200     Documents
56120    Library
...
438048   .Trash
8        .bash_history
```

Sie können mit df -h auch den freien Platz auf Ihrer Festplatte berechnen (die Option -h gestaltet die Ausgabe benutzerfreundlicher):

```
$ df -h
Filesystem              Size   Used  Avail Capacity  Mounted on
/dev/disk2s10           7.3G   3.5G   3.7G    49%     /
devfs                   105K   105K    0B    100%     /dev
fdesc                   1.0K   1.0K    0B    100%     /dev
<volfs>                 512K   512K    0B    100%     /.vol
/dev/disk1s9             37G    17G    21G    45%     /Volumes/X
automount -nsl [273]      0B     0B     0B   100%     /Network
automount -fstab [290]    0B     0B     0B   100%     /automount/Servers
automount -static [290]   0B     0B     0B   100%     /automount/static
```

In der ersten Spalte (Filesystem) finden Sie den Unix-Gerätenamen des Speichermediums. Die zweite Spalte (Size) zeigt die gesamte Plattenkapazität an, und danach folgen der bereits belegte Speicherplatz (Used) sowie der noch verfügbare (Avail). In der Spalte Capacity sehen Sie die Auslastung in Prozent, gefolgt von der Angabe, wo das Volume gemountet ist (Mounted on).

/ ist die Wurzel Ihres Dateisystems (ein Volume, das standardmäßig als Macintosh HD bezeichnet wird). /dev enthält Dateien, die zu Hardware-Bestandteilen gehören, und /.vol zeigt einige Systeminterna des Mac OS X-Dateisystems, die so genannten *HFS+-Dateikennungen*. Der letzte Eintrag ist ein Volume namens Mac OS 9.

Datei- und Verzeichnisnamen automatisch vervollständigen

Die meisten Unix-Shells können teilweise eingegebene Datei- oder Verzeichnisnamen für Sie vervollständigen. Das funktioniert nicht bei allen Shells genau gleich. Wenn Sie die Standard-Shell von Mac OS X verwenden (z.B. *bash*), geben Sie die ersten paar Buchstaben des Namens ein und drücken danach die Tabulatortaste. Findet die Shell einen passenden Namen, vervollständigt sie Ihre Eingabe; Ihr Cursor erscheint am Ende des neuen Namens, wo Sie weitere Eingaben vornehmen oder den Befehl mit Return ausführen können (Sie können den vervollständigten Namen auch editieren oder löschen).

Was ist, wenn mehrere Datei- oder Verzeichnisnamen mit dem bereits eingegebenen Namensteil übereinstimmen? Die Shell gibt einen Piepton aus und teilt Ihnen auf diese Weise mit, dass keine Entsprechung gefunden werden konnte. Um eine Liste aller möglichen Entsprechungen anzeigen zu lassen, drücken Sie die Tabulatortaste ein weiteres Mal. Nun wird Ihnen eine Liste aller Namen angezeigt, die mit dem eingegebenen Zeichen beginnen. (Natürlich wird nur etwas angezeigt, wenn es auch Entsprechungen gab.) Hier ein Beispiel von der *bash*-Shell:

```
$ cd /usr/bin
$ ma<Tab><Tab>
mach_init    machine      mail       mailq      mailstat   makedbm    makeinfo
man          manpath
$ ma
```

Nun können Sie ein oder zwei weitere Zeichen eintippen – zum Beispiel ein i – und danach wieder die Tabulatortaste drücken, wenn Sie nur die Mail-bezogenen Befehle darstellen möchten.

Mehrere Befehle auf einer Befehlszeile angeben

Die Möglichkeit, mehr als einen Befehl auf einer Befehlszeile eingeben zu können, kann für die Arbeit mit einem Unix-System extrem hilfreich sein. Vielleicht wollen Sie einen Befehl eingeben und herausfinden, wie viel Zeit seine Ausführung beansprucht hat. Das geht beispielsweise, indem Sie vor und nach der Ausführung date aufrufen. Aber selbst wenn Sie nun versuchen, date möglichst zeitnah vor und nach dem Befehl selbst einzugeben, werden Ihre Ergebnisse nicht besonders genau ausfallen. Hier ist es wesentlich besser, alle drei Befehle nacheinander auf eine gemeinsame Befehlszeile zu schreiben:

```
$ cd ; date ; du -s . ; date
Tue Sep 23 14:36:42 MDT 2003
4396680   .
Tue Sep 23 14:36:57 MDT 2003
```

Hier sehen Sie vier Befehle, die alle auf einer gemeinsamen Befehlszeile stehen. (Dabei werden die einzelnen Befehle jeweils durch ein Semikolon voneinander getrennt. Zwischen den Befehlen darf ein Leerzeichen stehen, auch wenn dies nicht zwingend ist.) Als Erstes wechselt cd in Ihr Home-Verzeichnis, dann zeigt date das aktuelle Datum und die Uhrzeit an. Als Nächstes ermittelt der Befehl du -s, wie viel Platz vom Verzeichnis . (das aktuelle Verzeichnis) verbraucht wird; zum Schluss wird date ein zweites Mal aufgerufen. Wie Sie sehen, hat es 15 Sekunden gedauert, um den Platzbedarf Ihres Home-Verzeichnisses auf der Festplatte zu berechnen. Vergleichen Sie dies mit den 25 Sekunden, die Sie brauchen, um den Befehl einzugeben, du auszuführen und date erneut aufzurufen.

Übung: Das Dateisystem erforschen

Jetzt besitzen Sie das nötige Handwerkszeug, um Ihr Dateisystem mit den Befehlen cd, ls und pwd zu erforschen. Machen Sie einen kleinen Ausflug durch Ihre Verzeichnisse, bei dem Sie eine oder mehrere Ebenen gleichzeitig überspringen, indem Sie die Befehle cd und pwd zusammen benutzen.

Aufgabe	Befehl
Gehen Sie zu Ihrem Home-Verzeichnis:	cd
Bestimmen Sie Ihr aktuelles Arbeitsverzeichnis:	pwd
Wechseln Sie mit dem absoluten Pfadnamen in ein neues Arbeitsverzeichnis:	cd /bin
Geben Sie die Dateinamen im neuen Arbeitsverzeichnis aus:	ls
Wechseln Sie zum Wurzelverzeichnis und lassen Sie gleichzeitig die Dateien anzeigen (verwenden Sie das Trennzeichen für Befehle: »;«):	cd /; ls
Bestimmen Sie Ihr Arbeitsverzeichnis:	pwd
Wechseln Sie mit einem relativen Pfadnamen in ein Unterverzeichnis:	cd usr
Bestimmen Sie wieder Ihr Arbeitsverzeichnis:	pwd
Wechseln Sie in ein Unterverzeichnis:	cd lib
Bestimmen Sie Ihr Arbeitsverzeichnis:	pwd
Geben Sie einen falschen Pfadnamen ein:	cd xqk
Geben Sie die Dateien eines anderen Verzeichnisses aus:	ls /bin
Bestimmen Sie Ihr Arbeitsverzeichnis (beachten Sie, dass es durch **ls** nicht verändert wurde):	pwd
Kehren Sie in Ihr Home-Verzeichnis zurück:	cd

Inhalt von Dateien mit less betrachten

Inzwischen haben Sie es wahrscheinlich langsam satt, sich Dateien nur von außen anzusehen. Das ist wie der Besuch in einem Buchladen, bei dem Sie sich die

Umschläge ansehen, ohne dabei jemals die Bücher zu öffnen, um zu sehen, was darin steht. Sehen wir uns ein Programm an, mit dem man Textdateien lesen kann.

Wenn Sie eine lange Textdatei auf dem Bildschirm »lesen« möchten, können Sie mit dem Befehl less jeweils eine »Seite« Text (ein von oben bis unten gefülltes Terminal-Fenster) ausgeben lassen.

Wenn Ihnen less nicht gefällt, versuchen Sie es mal mit einem ähnlichen Programm namens more. Genau genommen ist less (engl. *weniger*) ein Wortspiel zu more (engl. *mehr*), das es zuerst gab (aber less bietet mehr Features als more). Die Syntax für less lautet:

```
less option(en) datei(en)
```

Mit less kann man in der Datei seitenweise oder auch zeilenweise vor- und zurück-blättern; Sie können auch zwischen zwei oder mehr Dateien, die Sie auf der Befehls-zeile angegeben haben, hin- und herspringen. Nach dem Aufruf von less erscheint die erste »Seite« der Datei. Ein Prompt erscheint am unteren Ende des Terminal-Fensters, wie im folgenden Beispiel zu sehen:

```
$ less kap3
Eine Datei ist unter Unix eine Speichereinheit, wie bei den meisten anderen
Systemen. Eine Datei kann beliebige Inhalte haben: Text (einen Bericht, den
.
.
.
:
```

Der einfachste Prompt bei less ist ein Doppelpunkt (:); bei der Anzeige der ersten Seite stellt less jedoch den Dateinamen als Prompt dar. Der Cursor befindet sich rechts neben diesem Prompt als Zeichen dafür, dass Sie less nun mit einem pro-grammspezifischen Befehl Anweisungen erteilen können. Sie verlassen das Pro-gramm mit q.

Wie fast alles bei less können Sie auch den Prompt an Ihre eigenen Bedürfnisse anpassen. Mit der Option -M auf der Kommandozeile zeigt Ihnen less den Dateina-men und Ihre Position in der Datei (in Prozent) am Prompt an.

 Möchten Sie diese Anzeige jedes Mal sehen, wenn Sie less verwen-den, dann setzen Sie in der Setup-Datei für Ihre Shell die Umge-bungsvariable LESS auf M (ohne Bindestrich – siehe den Abschnitt »Ihre Shell-Umgebung anpassen« in Kapitel 1).

Sie können die meisten Optionen vorübergehend vom less-Prompt aus ein- oder ausschalten. Haben Sie zum Beispiel den kurzen less-Prompt (einen Doppelpunkt) vor sich, dann können Sie während der Arbeit mit less die Option -M setzen. less antwortet »Long prompt (press Return)« und gibt bis zum Ende der Sitzung einen Prompt mit Dateiname, Zeilennummer und prozentualer Position innerhalb der betrachteten Datei aus.

Mit dem Befehl h (für »Hilfe«) können Sie sich während des Betriebs von less die auf Ihrem System verfügbaren Befehle und Optionen für less ansehen. In Tabelle 3-1 sind einige einfache (aber nützliche) Befehle aufgeführt.

Tabelle 3-1: Nützliche less-Befehle

Befehl	Beschreibung	Befehl	Beschreibung
Leertaste	Nächste Seite anzeigen	v	Startet den vi-Editor
Return	Nächste Zeile anzeigen	Ctrl-L	Aktuelle Seite erneut anzeigen
*n*f	*n* Zeilen vorwärts gehen	h	Hilfe
b	Vorherige Seite anzeigen	:n	Zur nächsten Datei auf der Befehlszeile gehen
*n*b	*n* Zeilen zurückgehen	:p	Zur vorherigen Datei auf der Befehlszeile gehen
/*wort*	Nach *wort* suchen		
?*wort*	Rückwärts nach *wort* suchen	q	less beenden

Zugriff auf Dateien erlauben und verhindern

Unter Mac OS X ist es für die verschiedenen Benutzer desselben Systems einfach, Dateien und Verzeichnisse anderen zugänglich zu machen. So können zum Beispiel alle Mitglieder einer Gruppe Dokumente in einem der Verzeichnisse des Gruppenleiters lesen, ohne sie zu kopieren, sofern der Gruppenleiter den Zugriff freigegeben hat. Wenn man über das Dateisystem direkt auf Dateien von anderen Benutzern zugreifen kann, braucht man solche Dateien nicht per E-Mail als Anlagen zu verschicken und dadurch unnötig duplizieren.

Jetzt folgt eine kurze Einführung in das Thema Zugriffsrechte auf Dateien und Verzeichnisse. Wenn Sie spezielle Sicherheitsfragen haben, wenden Sie sich an Ihren Systemadministrator oder konsultieren Sie ein aktuelles Buch über Unix-Sicherheit, wie zum Beispiel *Practical Unix & Internet Security* von Simson Garfinkel, Gene Spafford und Alan Schwartz (O'Reilly).

 Beachten Sie, dass jeder Systemadministrator mit dem Befehl sudo (siehe »Superuser-Privilegien mit sudo« weiter hinten in diesem Kapitel) uneingeschränkten Zugriff auf alle lokalen Dateien hat, ganz gleich wie die Zugriffsrechte eingestellt sind. Die Zugriffsrechte schützen also nicht vor dem Zugriff von *jedermann* – bleibt zu hoffen, dass Sie den Leuten, die Ihren Macintosh verwenden, vertrauen können!

Zugriffsrechte bei Verzeichnissen

Über die Zugriffsrechte bei Verzeichnissen können Sie den Zugriff auf Dateien und Unterverzeichnisse im jeweiligen Verzeichnis steuern:

- Wer Lesezugriff hat, kann das Verzeichnis mit ls einsehen und über Wildcards bestimmte Dateien finden.

- Wer Schreibzugriff auf ein Verzeichnis hat, kann die Dateien und Verzeichnisse darin umbenennen oder löschen sowie Dateien hinzufügen.

- Für den Zugriff auf ein Verzeichnis (um also Dateien in dem Verzeichnis zu lesen, zu verändern oder auszuführen, wenn es sich um Programme handelt) benötigt ein Benutzer das Execute-Zugriffsrecht (Ausführungsrecht) auf dieses Verzeichnis. Damit nicht genug: Er braucht *zusätzlich* das gleiche Execute-Zugriffsrecht auf alle Eltern-Verzeichnisse inklusive des Wurzelverzeichnisses!

 Bei Mac OS X gibt es ein gemeinsam genutztes Verzeichnis für alle Benutzer: */Users/Shared*.[1] Sie können in diesem Verzeichnis Dateien erzeugen und die Dateien modifizieren, die Sie dort untergebracht haben. Sie können aber nichts an Dateien verändern, deren Eigentümer Sie nicht sind.

Zugriffsrechte auf Dateien

Die Zugriffsrechte für Dateien legen fest, was mit dem *Inhalt* einer Datei geschehen darf. Die Zugriffsrechte auf das Verzeichnis bestimmen, ob die Datei umbenannt oder gelöscht werden kann. Wenn Sie dies verwirrend finden, stellen Sie sich das Verzeichnis als Dateiliste vor. Wenn Sie eine Datei hinzufügen, umbenennen oder löschen, ändern Sie eigentlich nur den Inhalt dieses Verzeichnisses. Wenn ein Verzeichnis nicht verändert werden darf, können Sie keine Änderungen an dieser Dateiliste vornehmen.

Wer Lesezugriff hat, darf den Inhalt der Datei lesen. Mit Schreibzugriff darf man den Inhalt einer Datei verändern. Der Execute-Zugriff sollte nur bei Programmdateien und Skripten eingerichtet werden.

Zugriffsrechte mit chmod setzen

Sobald Sie wissen, welche Zugriffsrechte eine Datei oder ein Verzeichnis haben soll – und wenn Sie der Eigentümer sind (und als solcher in der dritten Spalte der Ausgabe ls -l geführt werden) –, können Sie die Zugriffsrechte mit dem Programm chmod festlegen. Wählen Sie eine Datei oder ein Verzeichnis im Finder und danach ABLAGE

---

[1] Dieses Verzeichnis entspricht dem Ordner »Für alle Benutzer« auf Ihrer deutschen Benutzeroberfläche.

→ INFORMATIONEN EINBLENDEN. Dann können Sie im Abschnitt »Eigentümer & Zugriffsrechte« des INFORMATION-Dialogs ebenfalls die Zugriffsrechte ändern (siehe Abbildung 3-6).

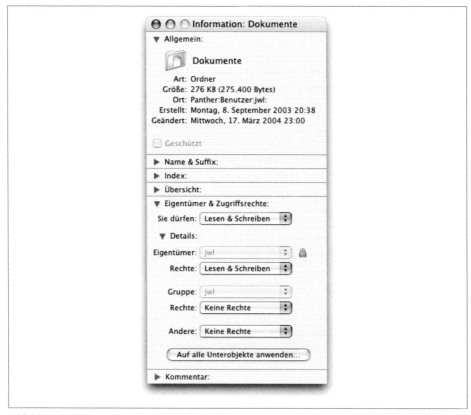

Abbildung 3-6: Der INFORMATION-Dialog im Finder

Zugriffsrechte können auf zwei Arten geändert werden: Sie können die Berechtigung zum Hinzufügen oder Löschen erteilen oder genaue Berechtigungen festlegen. Sind die Zugriffsrechte für ein Verzeichnis zum Beispiel fast richtig, muss aber die Gruppe Schreibzugriff auf das Verzeichnis haben, so können Sie chmod anweisen, eine Schreibberechtigung für die Gruppe einzurichten. Aber wenn Sie mehrere Zugriffsrechte ändern müssen – zum Beispiel, wenn Sie Lese- und Ausführungsrechte einführen, die Schreibberechtigung jedoch löschen möchten –, dann ist es einfacher, alle Berechtigungen in einer Anweisung explizit zu setzen, anstatt sie Schritt für Schritt abzuändern. Die Syntax lautet:

```
chmod zugriffsrechte datei(en)
```

Beginnen wir mit den Regeln; danach sehen wir uns die Beispiele an. Das Argument *zugriffsrechte* besteht aus drei Teilen, die Sie der Reihe nach und ohne Zwischenräume angeben müssen:

1. Zuerst definieren Sie die Kategorie der zu ändernden Rechte. Es gibt drei verschiedene: die Berechtigung des Eigentümers (wird von chmod »user«, abgekürzt u, genannt), die Berechtigung der Gruppe (g) und die Berechtigung aller anderen (o, others). Möchten Sie mehrere Kategorien ändern, so hängen Sie die entsprechenden Buchstaben aneinander, zum Beispiel go für »Gruppe und alle anderen«, oder verwenden Sie einfach a für »alle« (entspricht ugo).

2. Im zweiten Teil geben Sie an, ob Sie eine Berechtigung hinzufügen (+) oder entfernen möchten (-) oder ob Sie eine explizite Angabe machen möchten (=).

3. Im dritten Teil legen Sie fest, welche Zugriffsrechte beeinflusst werden sollen: Lese- (r), Schreib- (w) oder Ausführungsrechte (x). Wenn Sie mehrere Zugriffsrechte ändern möchten, hängen Sie die entsprechenden Buchstaben aneinander – zum Beispiel rw für Lese- und Schreibzugriff.

Mit ein paar Beispielen wird die Angelegenheit schnell klarer! In den folgenden Befehlszeilen können Sie *verzeichnis* und *dateiname* durch den tatsächlichen absoluten oder relativen Pfadnamen des Verzeichnisses oder der Datei ersetzen. Die Zugriffsrechte für das Arbeitsverzeichnis ändert man am einfachsten durch Angabe des relativen Pfadnamens, ».«, also zum Beispiel »chmod o-w.«. Man kann mehrere Zugriffsrechte auf einmal verändern, indem man die einzelnen Rechte durch Kommas getrennt aneinander hängt, wie es im letzten Beispiel gezeigt wurde.

- Wenn Sie vermeiden möchten, dass eine Datei versehentlich verändert wird, entziehen Sie allen Benutzern mit folgendem Befehl die Schreibberechtigung:

    chmod a-w *dateiname*

    Möchten Sie andererseits eine Ihrer eigenen nicht veränderbaren Dateien bearbeiten, die Zugriffsrechte anderer Benutzer jedoch beibehalten, können Sie über folgenden Befehl einen Schreibzugriff für den Eigentümer (user) einrichten:

    chmod u+w *dateiname*

- Möchten Sie verhindern, dass Sie selbst in einem Ihrer eigenen wichtigen Verzeichnisse unbeabsichtigt Dateien entfernen (oder hinzufügen oder umbenennen), löschen Sie Ihre eigene Schreibberechtigung mit dem Befehl:

    chmod u-w *verzeichnis*

    Haben auch andere Benutzer Schreibzugriff, könnten Sie diesen global außer Kraft setzen:

    chmod a-w *verzeichnis*

- Sie selbst und alle Mitglieder Ihrer Gruppe sollen alle Dateien in Ihrem Arbeitsverzeichnis lesen und bearbeiten können, diese Dateien haben jedoch die verschiedensten Zugriffsrechte, wodurch das Einrichten einzelner Berechtigungen recht mühsam wäre. In diesem Fall ist es viel einfacher, über den Operator = genau die Zugriffsrechte einzurichten, die Sie benötigen. Mit dem Wildcard-Zeichen * wenden Sie den Befehl auf alle Dateien in diesem Verzeichnis an (siehe den Abschnitt »Wildcards für Datei- und Verzeichnisnamen« in Kapitel 4); tippen Sie also:

  `chmod ug=rw *.`

- Enthält Ihr Arbeitsverzeichnis allerdings Unterverzeichnisse, wäre dieses Vorgehen falsch, weil dadurch den Verzeichnissen das Ausführungsrecht entzogen würde; die Verzeichnisse wären nicht mehr zugänglich. In diesem Fall verwendet man ein spezifischeres Wildcard-Zeichen. Sie können anstelle eines Wildcard-Zeichens auch einfach die Namen aller zu ändernden Dateien durch Leerzeichen getrennt aufzählen, zum Beispiel:

  `chmod ug=rw dateia dateib dateic`

- Möchten Sie in einem Verzeichnis alle Dateien und Unterverzeichnisse vor dem Zugriff anderer Systembenutzer schützen, *Ihre eigenen* Zugriffsrechte jedoch intakt lassen, könnten Sie folgenden Befehl verwenden:

  `chmod go-rwx verzeichnis`

  Damit werden die Lese-, Schreib- und Execute-Berechtigungen aller Gruppenmitglieder (»g«) und aller anderen Benutzer (»o«) gelöscht. Einfacher ist dies mit dem Befehl:

  `chmod go= verzeichnis`

  Damit werden den Gruppenmitgliedern und allen anderen Benutzern die Rechte komplett entzogen.

- Sie möchten vollen Zugriff auf ein Verzeichnis haben. Andere Mitarbeiter sollen die Möglichkeit haben, den Inhalt des Verzeichnisses einzusehen (und Dateien zu lesen und zu bearbeiten, wenn die Dateizugriffsrechte dies erlauben), jedoch Dateien weder umzubenennen noch zu löschen oder hinzuzufügen. Also geben Sie sich selbst alle Zugriffsrechte, für die Gruppe und alle übrigen Benutzer legen Sie jedoch nur Lese- und Execute-Rechte an. Der entsprechende Befehl lautet:

  `chmod u=rwx,go=rx verzeichnis`

Nachdem Sie die Zugriffsrechte geändert haben, empfiehlt es sich, die vorgenommenen Änderungen über `ls -l` *dateiname* oder `ls -ld` *verzeichnis* zu überprüfen. (Ohne die Option `-d` zeigt `ls` den Verzeichnisinhalt an, nicht die Zugriffsrechte und andere Informationen.)

Checkliste bei Problemen

Ich bekomme die Fehlermeldung»chmod: Not owner«.

Nur der Eigentümer einer Datei oder eines Verzeichnisses (und der Superuser) darf Zugriffsrechte verwalten. Mit ls -l finden Sie den Eigentümer heraus – oder Sie verwenden die Zugriffsrechte des Superusers (siehe den Abschnitt »Superuser-Privilegien mit sudo« weiter hinten in diesem Kapitel).

Eine Datei erlaubt zwar den Schreibzugriff, mein Programm meldet aber, dass die Datei nicht verändert werden kann.

Prüfen Sie zunächst die Dateizugriffsrechte mit ls -l, und sehen Sie nach, ob Sie sich in der Kategorie (»user«, »group« oder »others«) befinden, die Schreibzugriff hat.

Das Problem könnte auch bei den Zugriffsrechten des Verzeichnisses liegen, in dem sich die Datei befindet. Manche Programme benötigen für die Bearbeitung die Berechtigung, weitere Dateien (zum Beispiel temporäre Dateien) im selben Verzeichnis anzulegen oder Dateien umzubenennen (zum Beispiel, wenn eine Datei als Sicherungskopie gekennzeichnet wird). Kann der Schreibzugriff für das Verzeichnis ohne Sicherheitsrisiko eingerichtet werden (wenn keine anderen Dateien innerhalb des Verzeichnisses vor dem Entfernen oder Umbenennen geschützt werden müssen), versuchen Sie es damit. Ansonsten kopieren Sie die Datei in ein Verzeichnis mit Schreibzugriff (mit dem Befehl cp), bearbeiten sie dort und kopieren sie danach ins Originalverzeichnis zurück.

Eigentümer und Gruppe ändern

Mit den Gruppenzugriffsrechten kann man mehreren Benutzern Zugriff auf eine Datei oder ein Verzeichnis einräumen. Sie wollen vielleicht einer anderen Gruppe den Zugriff auf eine Datei ermöglichen. Mit dem Programm chgrp können Sie den Gruppeneigentümer einer Datei oder eines Verzeichnisses festlegen. Sie können als Gruppe eine beliebige Gruppe angeben, der Sie angehören. Da Sie wahrscheinlich Ihr eigener Systemadministrator sind, können Sie selbst bestimmen, in welchen Gruppen Sie Mitglied sind (manchmal bestimmt der Systemadministrator, zu welchen Gruppen Sie gehören). Das Programm groups gibt eine Liste der Gruppen aus, denen Sie angehören.

Sind Sie zum Beispiel ein Designer und möchten ein Verzeichnis namens *bilder* für mehrere Illustratoren anlegen, so könnte der ursprüngliche Gruppeneigentümer des Verzeichnisses zum Beispiel *admin* sein. Sie möchten aber, dass die Illustratoren, die alle einer Gruppe namens *mitarbeiter* angehören, auf dieses Verzeichnis Zugriff haben; die Mitglieder anderer Gruppen sollen keinen Zugriff haben. Verwenden Sie Befehle wie:

```
$ groups
erich admin
$ mkdir bilder
$ ls -ld bilder
drwxr-xr-x    2 erich  admin           68 Nov  6 09:53 bilder
$ chgrp mitarbeiter bilder
$ chmod o= bilder
$ ls -ld bilder
drwxr-x---    2 erich  mitarbeiter     68 Nov  6 09:53 bilder
```

 Unter Mac OS X können Sie auch den Gruppen-Eigentümer für ein Verzeichnis einstellen, so dass später in diesem Verzeichnis angelegte Dateien derselben Gruppe gehören wie das Verzeichnis selbst. Versuchen Sie es mit dem Befehl chmod g+s *verzeichnisname*. Eine Darstellung der Zugriffsrechte über ls -ld zeigt nun ein s anstelle des zweiten x, zum Beispiel drwxr- s---.

Das Programm chown legt den Eigentümer einer Datei oder eines Verzeichnisses fest. Nur der Superuser kann chown verwenden (siehe den Abschnitt »Superuser-Privilegien mit sudo« weiter unten).[2]

```
$ chown erich bilder
chown: changing ownership of `bilder': Operation not permitted
$ sudo chown erich bilder
Password:
$
```

Ihr Passwort ändern

Das in diesem Kapitel beschriebene Eigentums- und Zugriffssystem hängt von der Sicherheit Ihres Benutzernamens und Passworts ab. Findet jemand Ihren Benutzernamen und Ihr Passwort heraus, kann er sich auf Ihrem Account anmelden und dort alles machen, was Sie auch machen. Er kann vertrauliche Informationen lesen, wichtige Dateien zerstören oder löschen, E-Mails so verschicken, als kämen sie von Ihnen, und so weiter. Ist Ihr Computer mit einem Netzwerk verbunden – egal ob dies nun das Internet oder ein firmeninternes Netz ist –, kann sich ein Eindringling eventuell dort anmelden, ohne vor Ihrer Tastatur zu sitzen! Im Abschnitt »Remote Login« in Kapitel 8 zeigen wir Ihnen eine Möglichkeit, wie das geht.

Jeder kann Ihren Benutzernamen herausfinden – er ist zum Beispiel normalerweise Bestandteil Ihrer E-Mail-Adresse oder taucht unter der Rubrik »Dateieigentümer« in einer detaillierten Verzeichnisliste (ls -l) auf. Ihr Passwort ist es, das andere vom

---

2   Haben Sie jedoch die Berechtigung, eine Datei eines anderen Benutzers zu lesen, können Sie eine Kopie davon anlegen (mit cp; siehe den Abschnitt »Dateien kopieren« in Kapitel 4). Die Kopie gehört dann Ihnen.

Missbrauch Ihrer Rechte abhält (abgesehen von der zu erhoffenden Integrität eines Großteils der restlichen Benutzergemeinde – Anm.d.Ü.). Bewahren Sie Ihr Passwort nicht in der Nähe Ihres Computers auf. Geben Sie niemandem Ihr Passwort, außer Sie sind absolut sicher, dass Ihre Account-Sicherheit gewahrt bleibt. Senden Sie Ihr Passwort nicht in E-Mails; es kann ungeschützt auf anderen Systemen oder Backup-Medien gespeichert werden, wo andere es finden und damit in Ihren Account einbrechen können.

Wenn Sie glauben, dass jemand Ihr Passwort kennt, sollten Sie es am besten gleich ändern – haben Sie jedoch den Verdacht, dass ein Computer-»Cracker« (oder »Hacker«) sich über Ihren Account Zugang zu Ihrem System verschaffen will, sollten Sie möglichst zuerst Ihren Systemadministrator um Rat fragen. Sie sollten Ihr Passwort regelmäßig ändern. Alle paar Monate ist empfehlenswert.

Ein Passwort sollte für Sie leicht zu merken, aber für andere Leute (und Passwort-Hackerprogramme) schwierig zu erraten sein. Hier einige Richtlinien: Ein Passwort sollte zwischen sechs und acht Zeichen lang sein. Es sollte weder ein Wort in irgendeiner Sprache, ein Eigenname, Ihre Telefonnummer, Ihre Adresse noch irgendetwas anderes sein, was jemand eventuell erraten könnte. Am besten verwenden Sie Klein- und Großbuchstaben, Satzzeichen und Zahlen. Sie finden ein gut merkbares Passwort zum Beispiel dadurch, dass Sie sich einen Satz ausdenken, den nur Sie kennen, und danach mit dem ersten Buchstaben jedes Worts (inklusive Satzzeichen) das Passwort erzeugen. Was halten Sie zum Beispiel von »MwmLiFg!« (»Mir wurde mein Laptop in Florenz gestohlen!«)?

Es ist möglich, Ihr Passwort über Systemeinstellungen → Benutzer zu ändern, aber Sie können es auch von der Befehlszeile aus mit dem Befehl passwd ändern. Haben Sie den Befehl eingegeben, werden Sie nach dem neuen Passwort gefragt – zweimal, um Tippfehler auszuschließen.

```
$ passwd
Changing password for taylor.
Old password:
New password:
Retype new password:
```

Aus Sicherheitsgründen werden weder die alten noch die neuen Passwörter bei der Eingabe angezeigt.

Superuser-Privilegien mit sudo

Ihr Mac OS X-Benutzer-Account bietet nur eingeschränkte Rechte; auf bestimmte Teile des Dateisystems haben Sie keinen Zugriff, und bestimmte Dinge können Sie erst nach Eingabe eines Passworts ausführen. Wenn Sie zum Beispiel die Software-Aktualisierung aus den Systemeinstellungen aufrufen, fragt Mac OS X eventuell erst nach einem Passwort, bevor es das Programm startet. Diese zusätzliche Authentifizierung ermöglicht es, über SOFTWARE-AKTUALISIERUNG Installationsprogramme mit Superuser-Privilegien laufen zu lassen.

Die gleichen Privilegien können Sie auch auf der Befehlszeile genießen, wenn Sie Ihrem Befehl sudo vorausschicken; mit diesem Utility wird ein Passwort abgefragt und der Befehl mit Superuser-Rechten ausgeführt. Für die Verwendung von *sudo* müssen Sie als Admin-Benutzer eingetragen sein. Der Benutzer, den Sie beim Einrichten Ihres Macs erzeugt haben, ist ein Admin-Benutzer. Sie können neue Admin-Benutzer hinzufügen oder einem bereits bestehenden Benutzer in SYSTEMEINSTELLUNGEN → BENUTZER Admin-Status einräumen.

Was ist, wenn Sie Ihr Admin-Passwort nicht wissen? Haben Sie Ihr Passwort vergessen, folgen Sie den Anweisungen in der Mac OS-Hilfe. Eventuell müssen Sie Ihren Computer von Ihrer Mac OS X-Original-CD neu starten und danach im Installer Ihr Passwort zurücksetzen. Das Programm fragt Sie daraufhin nach einem neuen Passwort und richtet es auf Ihrem Rechner ein. Führen Sie danach noch einen Neustart durch (nicht von CD), und das Problem sollte gelöst sein.

Sie brauchen *sudo* eventuell zum Installieren von Unix-Utilities oder wenn Sie eine Datei modifizieren möchten, deren Eigentümer Sie nicht sind. Nehmen wir an, Sie haben versehentlich eine Datei im Verzeichnis */Users* erzeugt, während Sie als Superuser etwas anderes erledigt haben. Diese Datei können Sie mit den normalen Zugriffsrechten nicht verändern, weshalb Sie *sudo* verwenden müssen:

```
$ ls -l logdatei.out
-rw-r--r--    1 root      wheel       1784064 Nov  6 11:25 logdatei.out
$ rm logdatei.out
override rw-r--r--  root/wheel for logdatei.out? y
rm: logdatei.out: Permission denied
$ sudo rm logdatei.out
Password:
$ ls -l logdatei.out
ls: logdatei.out: No such file or directory
```

Wenn Sie *sudo* innerhalb von fünf Minuten erneut verwenden, werden Sie nicht nach dem Passwort gefragt. Gehen Sie aber vorsichtig mit *sudo* um, da Sie damit geschützte Dateien verändern können, die gerade deshalb geschützt sind, damit das System problemlos läuft.

Externe Laufwerke erforschen

Wie bereits erwähnt, werden zusätzliche Festplatten auf Ihrem System und auch die netzwerkbasierten Laufwerke im Verzeichnis *Volumes* in Ihr lokales Dateisystem eingebunden (»gemountet«). Wie das geht, wollen wir uns einmal etwas genauer ansehen:

```
$ ls /Volumes
110GB           Extra 30        Panther         X
$ ls -l /Volumes
total 8
drwxrwxrwx  29 taylor  staff     986 22 Sep 16:37 110GB
drwxrwxrwx  11 taylor  unknown   374  4 Sep 23:28 Extra 30
lrwxr-xr-x   1 root    admin       1 23 Sep 12:30 Panther -> /
drwxrwxr-t  61 root    admin    2074 22 Sep 16:51 X
```

Hier haben wir vier Festplatten, von denen eine das tatsächliche Root- (oder Start-) Volume ist: Panther. Wie Sie sehen, ist der erste Buchstabe des Eintrags für Panther ein l und kein d. Das heißt, der Eintrag für Panther ist ein Link (siehe »Mit Links arbeiten« in Kapitel 4). In der Ausgabe eines einfachen ls erscheint es einfach als Panther, während die lange Form auch den Wert des Links zeigt (tatsächlich zeigt der Link Panther auf das Wurzelverzeichnis /).

Wenn Sie nun eine CD oder DVD in Ihr Laufwerk einlegen, wird auch dieses Medium als Eintrag in *Volumes* angezeigt:

```
$ ls -l /Volumes
total 12
drwxrwxrwx  29 taylor   staff     986 22 Sep 16:37 110GB
dr-xr-xr-x   4 unknown  nogroup   136 17 Aug  2001 CITIZEN_KANE
drwxrwxrwx  11 taylor   unknown   374  4 Sep 23:28 Extra 30
lrwxr-xr-x   1 root     admin       1 23 Sep 12:30 Panther -> /
drwxrwxr-t  61 root     admin    2074 22 Sep 16:51 X
```

Das Anschließen eines iPod oder einer Digitalkamera hat folgende Auswirkungen:

```
$ ls -l /Volumes
total 44
drwxrwxrwx  29 taylor   staff      986 22 Sep 16:37 110GB
dr-xr-xr-x   4 unknown  nogroup    136 17 Aug  2001 CITIZEN_KANE
drwxrwxrwx  11 taylor   unknown    374  4 Sep 23:28 Extra 30
drwxrwxrwx   1 taylor   admin    16384 19 Aug 20:54 NIKON D100
lrwxr-xr-x   1 root     admin        1 23 Sep 12:30 Panther -> /
drwxrwxr-t  61 root     admin     2074 22 Sep 16:51 X
drwxr-xr-x  15 taylor   unknown    510 27 Apr 09:37 Zephyr
```

Hierbei ist Zephyr der Name des iPod und NIKON D100 ist die Kamera.

Mit einem kleinen Trick können wir Unix-Befehle benutzen, um uns die Dateien auf Zephyr anzusehen:

```
$ ls -F Zephyr
Calendars/              Icon?                   Norton FS Volume
Desktop DB              Norton FS Data          Norton FS Volume 2
Desktop DF              Norton FS Index         iPod_Control/
```

Hier sehen Sie die Dateien auf dem iPod. Aber wo ist die Musik hin? Vielleicht im Verzeichnis iPod_Control?

```
$ cd Zephyr/iPod_Control/
$ ls -F
Device/         Music/          iPodPrefs*       iTunes/
$ ls -F iTunes
DeviceInfo*             iTunes Temp 3*          iTunesControl*           iTunesPrefs*
iTunes Temp*            iTunes Temp 4*          iTunesDB*
iTunes Temp 1*          iTunes Temp 5*          iTunesEQPresets*
iTunes Temp 2*          iTunes Temp 6*          iTunesPlaylists*
$ ls -F Music
F00/    F02/    F04/    F06/    F08/    F10/    F12/    F14/    F16/    F18/
F01/    F03/    F05/    F07/    F09/    F11/    F13/    F15/    F17/    F19/
$ ls -F Music/F00
A Thousand Years.mp3*                Moody_s Mood For Love.mp3*
African Ripples.mp3*                 My One And Only.mp3*
All The Pretty Little Ponie.mp3*     My Thanksgiving.mp3*
Apollo.mp3*                          Nucleus.mp3*
Arrival.mp3*                         Oh_ Yes_ Take Another Guess.mp3*
...
```

Sie können leicht auf die Dateistruktur des iPod schließen, die sehr Unix-freundlich angelegt ist: Die eigentliche Musik selbst wird im Verzeichnis *iPod_Control/Music* abgelegt und in Unterverzeichnisse mit den Namen *F00* bis *F19* unterteilt.[3] Innerhalb jedes Verzeichnisses finden Sie eine Reihe von Audiodateien (in Formaten wie mp3, AIFF, AAC usw.). Diese Dateien lassen sich sogar mit den Befehlen, die wir im nächsten Kapitel behandeln, kopieren. Der iPod unterhält einen schwer zu manipulierenden Index der Audiodateien, weshalb ein Hinzufügen von Musik auf Ihren iPod mit Unix-Befehlen nicht ganz so einfach ist. Es ist aber auf jeden Fall möglich, in einem anderen Bereich Ihres iPod Verzeichnisse anzulegen, die Dateien dorthin zu kopieren und den iPod so als transportable Festplatte zu benutzen.

---

3 Überraschenderweise ist diese Festplattenstruktur auf allen iPods gleich, egal wie groß sie sind. Dies stellt einen Kompromiss dar zwischen den langsamen Suchvorgängen in einem einzelnen Verzeichnis für alle Daten und der unnötigen Komplexität eines eigenen Unterverzeichnisses für jedes Album (oder Interpreten).

KAPITEL 4

Dateiverwaltung

In Kapitel 3 haben wir Ihnen das Unix-Dateisystem vorgestellt. Hierzu gehörte auch eine ausführliche Beschreibung der Verzeichnisstruktur und eine Anleitung, wie Sie sich mit Hilfe von cd und pwd darin bewegen können. In diesem Kapitel geht es nun um die Konventionen, nach denen Dateien unter Unix benannt werden. Dies sind, wie Sie gleich sehen werden, nicht unbedingt die gleichen Namen, die Sie im Finder angezeigt bekommen. Wir zeigen, wie Sie diese Dateien umbenennen, editieren, kopieren und bewegen können. Außerdem werden Sie die Unix-basierten Hilfsprogramme zum Suchen von Dateien kennen lernen, die um einiges schneller sein können als Sherlock und andere GUI-basierte Suchprogramme.

Datei- und Verzeichnisnamen

Wie wir in Kapitel 3 beschrieben haben, werden sowohl Dateien als auch Verzeichnisse über ihre Namen angesprochen. Ein Verzeichnis ist letztlich auch nur eine besondere Art von Datei, die andere Dateinamen enthält. Darum gelten für Verzeichnisnamen die gleichen Regeln wie für Dateinamen.

Dateinamen dürfen alle Zeichen außer dem Schrägstrich / enthalten, der in Pfadnamen als Trennzeichen zwischen Verzeichnis- und Dateinamen fungiert. Dateinamen enthalten normalerweise aber nur Groß- und Kleinbuchstaben, Zahlen, ».« (Punkte) und »_« (Unterstriche). Andere Zeichen (auch Leerzeichen) sind zwar erlaubt, aber sie erschweren das Eintippen, und oft verwirren sie die Shell, weil sie für sie eine spezielle Bedeutung haben. Da Leerzeichen in den Datei- und Ordnernamen eines Macintosh jedoch sehr geläufig sind, können wir Ihnen zwar empfehlen, selbst nur Buchstaben, Zahlen, Punkte und Unterstriche in Dateinamen zu verwenden – Sie werden aber trotzdem mit Leerzeichen in Datei- und Verzeichnisnamen umgehen müssen.

Der Finder wiederum mag keine Doppelpunkte (die in älteren Versionen von Mac OS als Verzeichnistrennzeichen verwendet wurden, genau wie der Schrägstrich bei

Unix). Wenn Sie eine Datei namens *probier:mich* im Finder aufrufen, wird der Name stattdessen als *probier/mich* angezeigt. (Umgekehrt funktioniert es genauso: Erzeugen Sie eine Datei im Finder, in deren Name ein Schrägstrich enthalten ist, erscheint dieser Schrägstrich im Terminal als Doppelpunkt.)

 Die Versuchung, wie im Finder Leerzeichen in Dateinamen zu verwenden, ist recht groß. Wenn Sie jedoch planen, auch die Unix-Seite verstärkt zu benutzen, sollten Sie anstelle von Leerzeichen besser Bindestriche oder Unterstriche verwenden. Diese sind fast genauso gut lesbar, aber wesentlich leichter zu handhaben. Wenn Sie zudem möchten, dass Ihre Dateien im Finder und unter Unix korrekt dargestellt werden, sollten Sie sich angewöhnen, die korrekten Dateinamenerweiterungen zu verwenden, also ».doc« für Microsoft Word-Dokumente, ».txt« für reine Textdateien, ».xls« für Excel-Tabellen und so weiter. Zudem erleichtern Sie Ihren weniger glücklichen Freunden (die mit Windows-Systemen arbeiten müssen) das Leben, wenn Sie ihnen Dateien schicken.

Wenn ein Dateiname Leerzeichen enthält, bekommt die Shell Schwierigkeiten mit der Befehlszeile. Die Shell teilt nämlich die Befehlszeile bei den Leerzeichen in einzelne Stücke auf: in einen Befehl und eine Argumentliste. Wenn Sie nicht wollen, dass ein Argument durch ein Leerzeichen aufgeteilt wird, setzen Sie es entweder in Anführungszeichen (") oder fügen Sie vor jedem Leerzeichen einen Backslash (\) ein.

Mit dem Programm `rm`, das wir später in diesem Kapitel noch besprechen werden, kann man Unix-Dateien löschen. Möchten Sie nun zum Beispiel eine Datei namens *das verwirrt mich* löschen, funktioniert der erste `rm`-Versuch im folgenden Code-Abschnitt nicht, aber der zweite funktioniert. Beachten Sie, dass Sie Leerzeichen auch mit einem Backslash »escapen« (also maskieren) können (damit die Shell sie richtig interpretiert), wie im dritten Beispiel gezeigt:

```
$ ls -l
total 2
-rw-r--r--   1 wolfram  staff   324 Feb  4 23:07 das verwirrt mich
-rw-r--r--   1 wolfram  staff    64 Feb  4 23:07 noch ein komischer name
$ rm das verwirrt mich
rm: das: no such file or directory
rm: verwirrt: no such file or directory
rm: mich: no such file or directory
$ rm "das verwirrt mich"
$ rm noch\ ein\ komischer\ name
$
```

Sie sollten auch vor den folgenden Sonderzeichen den Backslash (\) verwenden, weil diese für die Shell eine besondere Bedeutung haben: * # ` " ' \ $ | & ? ; ~ ( ) < > ! ^.

Ein Dateiname muss innerhalb seines Verzeichnisses eindeutig sein, aber in anderen Verzeichnissen können Dateien mit demselben Namen vorkommen. Es dürfen im

Verzeichnis *Users/carol/Documents* zum Beispiel ohne weiteres die Dateien *kap1* und *kap2* vorkommen, obwohl es im Verzeichnis *Users/carol/Desktop* andere Dateien mit denselben Dateinamen gibt.

Wildcards für Datei- und Verzeichnisnamen

Wenn Dateinamen in einer aufzählenden Weise vergeben worden sind (zum Beispiel *kap1* bis *kap12*) oder wenn Sie Dateinamen mit gemeinsamen Zeichen haben (zum Beispiel *aegaeis*, *aeonen* und *aerosol*), können Sie mit Wildcards (Jokerzeichen) mehrere Dateien auf einmal ansprechen. Diese Wildcards sind folgende Zeichen: * (Sternchen, Asterisk), ? (Fragezeichen) und [ ] (eckige Klammern). Werden Wildcards in Datei- oder Verzeichnisnamen verwendet, die als Argumente auf der Befehlszeile eingegeben werden, gelten die Regeln in Tabelle 4-1.

Tabelle 4-1: Wildcards auf der Befehlszeile

Schreibweise	Definition
*	Ein Sternchen steht für eine beliebige Anzahl von Zeichen im Dateinamen. Zum Beispiel ergeben sich aus ae* die Dateinamen *aegaeis, aeonen, aerosol* und so weiter, wenn das Verzeichnis diese Dateinamen enthält. Man kann sich damit auch Tipparbeit für einzelne Dateinamen sparen (zum Beispiel al* für *alphabet.txt*) oder aber für mehrere (wie beim Beispiel mit ae*). Ein einzelnes * liefert alle Datei- und Unterverzeichnisnamen in einem Verzeichnis, außer den Namen, die mit einem Punkt beginnen. Möchten Sie alle Punkt-Dateien abfragen, können Sie es mit .??* probieren.
?	Ein Fragezeichen steht für ein einzelnes Zeichen (also steht h?p zum Beispiel sowohl für *hop* als auch für *hip*, aber nicht für *help*).
[]	Eckige Klammern können mehrere Zeichen umschließen (zum Beispiel eine Zahl oder einen Buchstaben), die Sie finden möchten. [Kk]apitel würde auf *Kapitel* und auch auf *kapitel* passen, aber kap[12] würde nur *kap1* oder *kap2* ergeben. Mit einem Bindestrich (-) können Sie aufeinander folgende Zeichen voneinander trennen. So würde kap[1-3] zum Beispiel auf *kap1, kap2* oder *kap3* zutreffen.

In den folgenden Beispielen sehen Sie die Verwendung von Wildcards. Im ersten Befehl werden alle Verzeichniseinträge aufgeführt und mit den darauf folgenden Befehlen nur jeweils eine Auswahl der Einträge. Das letzte Beispiel ist etwas trickreicher; es liefert Dateien, die im Namen mindestens zweimal den Buchstaben *a* enthalten.

```
$ ls
kap0.txt        kap2.txt        kap5.txt        kalt.txt
kap1a.alt.txt   kap3.alt.txt    kap6.txt        haha.txt
kap1b.txt       kap4.txt        kap7.txt        altes_zeug
$ ls kap?.txt
kap0.txt        kap4.txt        kap6.txt
kap2.txt        kap5.txt        kap7.txt
$ ls kap[3-7]*
kap3.alt.txt    kap4.txt        kap5.txt        kap6.txt        kap7.txt
$ ls kap??.txt
kap1b.txt
```

```
$ ls *alt*
kap1a.alt.txt   kap3.alt.txt   kalt.txt        altes_zeug
$ ls *a*a*
haha.txt        kap3.alt.txt   kalt.txt
```

Wildcards kann man nicht nur für Dateilisten verwenden. Die meisten Unix-Befehle können mit mehreren Dateinamen umgehen, und mit Wildcards können Sie auf einfache Weise mehrere Dateinamen auf der Befehlszeile angeben.Zum Beispiel stellen sowohl cat als auch less Dateien auf dem Bildschirm dar. cat liefert den Dateiinhalt bis zum Dateiende, und less zeigt jeweils einen bildschirmfüllenden Abschnitt der Datei. Nehmen wir an, Sie wollen die Dateien *kap3.alt.txt* und *kap1a.alt.txt* aufrufen. Anstatt diese Dateien einzeln anzugeben, könnten Sie den Befehl so formulieren:

```
$ less *.alt.txt
```

Dies entspricht less kap1a.alt.txt kap3.alt.txt.

Wildcards liefern auch Verzeichnisnamen. Sie können überall in einem Pfadnamen – relativ oder absolut – Wildcards angeben, aber die Verzeichnisebenen müssen Sie immer noch durch Schrägstriche (/) voneinander trennen. Nehmen wir an, Sie haben Unterverzeichnisse namens *Jan*, *Feb*, *Mar* und so weiter. In jedem findet sich eine Datei namens *bericht*. Sie könnten nun alle Berichtdateien mit dem Befehl less */bericht lesen. Dies entspricht fast dem Befehl less Jan/bericht Feb/bericht. Bei der Benutzung von less */bericht gibt es allerdings einen wichtigen Unterschied: Die Namen werden nämlich alphabetisch aufgelistet, so dass *Apr/bericht* als Erstes ausgegeben wird.

Dateien erzeugen und bearbeiten

Eine Möglichkeit, unter Unix eine Datei zu erzeugen, ist die so genannte *Eingabe-/Ausgabeumleitung* (I/O redirection, E/A-Umleitung), die wir in Kapitel 6 besprechen. Hierbei wird die Ausgabe eines Programms direkt in eine Datei umgeleitet, und zwar entweder in einer neuen Datei gespeichert oder an eine bereits bestehende angehängt.

Eine normale Textdatei erzeugt und bearbeitet man normalerweise mit einem Texteditor. Texteditoren sind nicht ganz dasselbe wie Textverarbeitungsprogramme.

Texteditoren und Textverarbeitungsprogramme

Mit einem Texteditor lassen sich Textdateien auf einfache Weise verändern. Drei beliebte Unix-Editoren sind in Mac OS X enthalten: *vi* (»Wie-Ei« ausgesprochen), *Pico* und *Emacs* (»Ih-Mäks«).

Sie sollten einen Editor wählen, der Ihnen zusagt. vi hat den Vorteil, dass er auf fast allen Unix-Systemen vorhanden ist, aber Emacs ist auch sehr häufig verfügbar. Wenn Sie nur selten relativ einfache Editieraufgaben vornehmen, ist Pico die richtige Wahl. Emacs und vi sind zwar wesentlich vielseitiger, aber dafür ist Pico viel einfacher zu erlernen. In diesem Buch sollen uns jedoch die Grundlagen von vi genügen, da dies der am weitesten verfügbare Unix-Editor ist. Eine sehr gute Version namens *vim* liegt Mac OS X bereits bei.

Keiner der einfachen Texteditoren bietet den Leistungsumfang eines Textverarbeitungsprogramms, aber vi und Emacs sind hoch entwickelte, extrem flexible Editoren für alle möglichen reinen Textdateien: Programme, E-Mail-Nachrichten und so weiter.

Selbstverständlich können Sie auch mit einem grafischen Texteditor, wie beispielsweise BBEdit oder TextEdit, gute Resultate erzielen, wenn Sie beim Editieren im Terminal den zusätzlichen Arbeitsschritt nicht scheuen. Versuchen Sie es in diesem Fall mit dem Befehl open innerhalb von Terminal, und öffnen Sie so die gewünschte Textdatei gleich mit. Zum Beispiel öffnet der Befehl open -e meine_datei.txt die angegebene Datei direkt in TextEdit. Allerdings sollten Sie hierbei bedenken, dass verborgene Dateien (mit vorangestelltem Punkt im Dateinamen) im Finder nicht mit angezeigt werden.

Mit »reinen Textdateien« sind hier Dateien gemeint, die nur aus Buchstaben, Zahlen und Sonderzeichen wie Satzzeichen bestehen (also Text ohne Formatierungen wie Punktgröße, fett und kursiv oder eingebettete Bilder). Unix-Systeme benutzen reine Textdateien an vielen verschiedenen Stellen: für umgeleitete Ein- und Ausgaben von Unix-Programmen (siehe Kapitel 6), als Setup-Dateien für die Shell (siehe Kapitel 1), für Shell-Skripten (siehe Kapitel 10), zur Konfigurierung des Systems und vieles mehr. Dateien dieser Art werden mit einem Texteditor bearbeitet. Wenn Sie hierfür eine Textverarbeitung verwenden, sieht auf dem Bildschirm vielleicht zunächst alles richtig aus, aber zwischen den normalen Textzeichen verbergen sich unsichtbare Steuerzeichen, die für die Formatierung verantwortlich sind. Das ist sogar oft dann der Fall, wenn Sie die Datei in der Textverarbeitung unter »Save as plain text« oder »Als Textdatei speichern« sichern. Unsichtbare Zeichen kann man mit less einfach sichtbar machen; suchen Sie nach Zeichen, die invers dargestellt sind (also in der Regel weiß auf schwarz), nach Codes wie <36> und so weiter.

Wenn Sie Textverarbeitungsaufgaben erledigen müssen – Dokumente erstellen, Umschläge drucken und so weiter –, sollten Sie lieber mit einem Programm arbeiten, das für diese Aufgaben entwickelt wurde, zum Beispiel Microsoft Office X oder das mächtige Programm TextEdit, das Panther beiliegt und ebenfalls Word-Dateien lesen und schreiben kann.

Die lästigen Zeilenumschaltungszeichen in Ordnung bringen

Das einzige Problem beim Wechseln zwischen den Programmen im Finder der Mac-Oberfläche und den Unix-Werkzeugen zu Editierzwecken ist, dass man eventuell zwischendurch einmal die Dateiformate übersetzen muss. Dies ist glücklicherweise unter Unix ganz einfach.

Einer der eher schwierigen Aspekte beim Aufsetzen einer grafischen Mac-Umgebung auf einen Unix-Kern war für Apple, dass die beiden Systeme verschiedene Zeilenende-Zeichen verwenden. Wenn Sie einmal in einer Finder-Anwendung eine Datei öffnen und an jedem Zeilenende eine Menge kleiner Kästchen sehen oder wenn Sie unter Unix eine Datei bearbeiten möchten und sich herausstellt, dass die Datei von ^M-Steuersequenzen durchzogen ist, dann sind Sie auf das Zeilenende-Problem gestoßen.

Sie beheben dieses Problem, indem Sie in vi die Datei *.profile* bearbeiten, die `bash`-Konfigurationsdatei:

```
$ vi ~/.profile
```

Fügen Sie die folgenden Zeilen an einer beliebigen Stelle in die Datei ein:

```
alias m2u="tr '\015' '\012'"
alias u2m="tr '\012' '\015'"
```

Sichern Sie die Datei, schließen Sie Ihr aktuelles Terminal-Fenster und öffnen Sie ein neues (bei jedem Öffnen eines neuen Terminal-Fensters arbeitet `bash` den Inhalt dieser Datei ab).

Von nun an können Sie, wenn Sie mit einem Unix-Editor arbeiten und eine für den Mac formatierte Datei umwandeln müssen, einfach den Befehl `m2u` (Mac to Unix) verwenden, zum Beispiel:

```
$ m2u < mac-format-datei > unix-freundliche-datei
```

Und wenn das Gegenteil der Fall ist und Sie eine Unix-Datei mit Zeilenumschaltungszeichen in einem Mac-Editor bearbeiten möchten, dann machen Sie es andersherum und geben vor dem Editieren den Befehl Unix to Mac innerhalb des Terminal ein:

```
$ u2m < unix-freundliche-datei > mac-format-datei
```

Ebenfalls erwähnenswert ist der hilfreiche Befehl `tr`, mit dem man auf einfache Weise alle Vorkommen eines Zeichens in ein anderes Zeichen umwandeln kann. Mit `man tr` erfahren Sie mehr über dieses leistungsstarke Utility.

Der Texteditor vi

Der Editor vi wurde von Bill Joy an der University of California in Berkeley entwickelt. Er ist einfach in der Bedienung, wenn man einmal das Grundkonzept von modalen Editoren durchschaut hat. Die Mac OS X beiliegende Version von vi mit dem Namen *vim* enthält übrigens eine Reihe nützlicher Zusatzfunktionen. In diesem Abschnitt wollen wir uns nur mit den wichtigsten Befehlen befassen. Wenn Sie jedoch ein echter vi-Meister geworden sind, werden Sie die mächtigen Erweiterungen von vim zu schätzen wissen.

Die Modus-Struktur kann man am besten am Beispiel des Autoradios erklären. Wenn Sie eine Kassette (oder eine CD) laufen lassen, hat die Taste »1« eine bestimmte Funktion, aber wenn Sie Radio hören, hat dieselbe Taste eventuell eine ganz andere Funktion (vielleicht springt man damit zum ersten programmierten Sender). Beim vi-Editor ist es genau dasselbe: Im *Befehlsmodus* (command mode) wechselt man mit i zum Einfügemodus (insert mode), aber im *Einfügemodus* selbst wird dann tatsächlich ein »i« in den Text eingefügt. Die praktischste Taste auf Ihrer Tastatur beim Erlernen von vi ist auf alle Fälle ESC: Im Einfügemodus gelangen Sie mit ESC wieder zurück in den Befehlsmodus, und im Befehlsmodus piepst die Taste nur und sagt Ihnen so, dass alles in Ordnung ist. Verwenden Sie ESC häufig, bis Sie sich ganz sicher sind, in welchem Modus Sie sich gerade befinden.

Starten Sie vi, indem Sie den Namen als Befehl eingeben; als Argument dient der Name der Datei, die Sie erzeugen oder bearbeiten möchten. Möchten Sie zum Beispiel Ihre Setup-Datei *.profile* bearbeiten, so wechseln Sie mit cd in Ihr Home-Verzeichnis und geben Folgendes ein:

```
$ vi .profile
```

Das Terminal-Fenster wird mit dem Dateiinhalt gefüllt (und weil die Beispieldatei nur kurz ist, auch mit ein paar Leerzeilen, die durch ein ~ am Zeilenanfang erkennbar sind), wie in Abbildung 4-1 gezeigt.

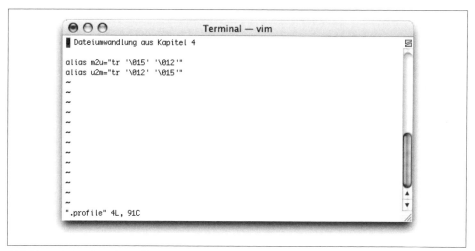

Abbildung 4-1: Editierdarstellung von vi

Die unterste Zeile des Fensters ist die Statuszeile, die anzeigt, welche Datei Sie gerade bearbeiten: *.profile*. Weiterhin gibt die Zeile an, dass die Datei vier Zeilen lang ist und 91 Zeichen enthält. Beenden Sie das Programm im Befehlsmodus durch die Eingabe von :q und drücken Sie die Return-Taste.

Kleine Rundreise durch vi

Sehen wir uns vi etwas genauer an. In diesem Beispiel erzeugen Sie eine neue Datei. Sie können diese Datei beliebig benennen, sollten aber nur Buchstaben und Zahlen im Dateinamen verwenden. Um zum Beispiel eine Datei namens *sample* zu erstellen, geben Sie den Befehl vi sample ein. Beginnen wir unsere Tour:

1. Ihr Bildschirm sollte ungefähr wie in Abbildung 4-1 aussehen, aber der Cursor sollte sich in der obersten Zeile befinden und die restlichen Zeilen sollten mit ~ gekennzeichnet sein. Geben Sie i ein und Sie gelangen vom Befehlsmodus in den Einfügemodus, in dem Sie Text eingeben können.

2. Schreiben Sie ein paar Zeilen Text. Geben Sie einige kurze Zeilen ein (drücken Sie Return, bevor die Zeile den rechten Rand erreicht) und einige lange Zeilen; Sie können dann sehen, wie vi lange Zeilen umbricht. Wenn Sie ein weiteres Terminal-Fenster mit etwas Text oder ein anderes Aqua-Programm geöffnet haben, können Sie Ihre Maus benutzen, um Text aus einem dieser Fenster zu kopieren und in Ihr vi-Fenster einzufügen. (Hierzu müssen Sie jedoch stets im Einfügemodus sein, oder Ihre Datei wird eventuell irreparabel beschädigt.) Fügen Sie denselben Text einfach mehrmals ein, um einen längeren Probetext zu erhalten.

3. Üben wir nun das Navigieren in der Datei. Dazu müssen Sie den Einfügemodus verlassen, indem Sie einmal ESC drücken. Wenn Sie ESC erneut drücken, hören Sie einen Piepton, der Sie daran erinnert, dass Sie bereits im Befehlsmodus sind. Sie können sich nun mit den Pfeiltasten in der Datei bewegen, aber bei vi können Sie Ihre Finger auch auf der Tastatur lassen und die Buchstaben h, j, k und l als Bewegungstasten (nach links, unten, oben und rechts) verwenden. Sofern Sie nicht in TERMINAL-INFORMATION → EMULATION die Option »Wahltaste+Klicken, um Cursor zu positionieren« markiert haben, wird vi Ihre Maus ignorieren, wenn Sie versuchen, damit den Cursor zu bewegen. Wenn Sie eine ganze Menge Text eingegeben haben, können Sie mit verschiedenen Bewegungsbefehlen experimentieren: Mit H springen Sie zur ersten Zeile auf dem Bildschirm, mit G zum Dateiende. Probieren Sie auch die Befehle w und b, mit denen Sie sich wortweise vorwärts und rückwärts bewegen können. Außerdem springt 0 (null) zum Zeilenanfang und $ zum Zeilenende.

   Mit dem Suchbefehl von vi, /begriff, finden Sie schnell das gewünschte Wort. Er ist sogar in kleinen Dateien praktisch, wo es eventuell schneller ist, / und ein Wort einzugeben, als die Cursor-Befehle zu verwenden. Anhand des search-Befehls von vi kann man auch sehr deutlich sehen, wie der Cursor in die Status-zeile bewegt wird, damit Sie mehr Informationen eingeben können. Probieren

Sie ihn aus und geben Sie / ein. Ihr Fenster sollte ungefähr wie Abbildung 4-2 aussehen.

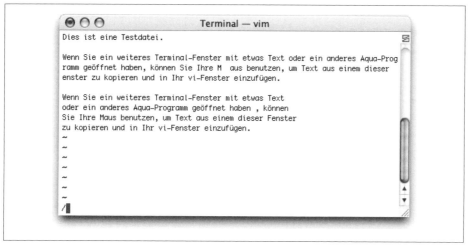

Abbildung 4-2: vi-Darstellung beim Suchen

4. Beachten Sie, dass der Cursor an das Fensterende gesprungen ist (das sich seit dem Aufruf von vi verändert hat) und nun neben einem / sitzt. Sie können nun den gewünschten Suchbegriff als Wort oder Zeichen eingeben und danach mit Return den Suchvorgang auslösen. Nach Beendigung der Suche können Sie die Suche mit n wiederholen.

5. Wenn Ihr Text keine Absätze aufweist, die durch Leerzeilen voneinander getrennt sind, teilen Sie ihn in ein paar Absätze auf. Positionieren Sie den Cursor an der gewünschten Stelle und rufen Sie mit i wieder den Einfügemodus auf. Dann drücken Sie zweimal Return (das erste erzeugt einen Zeilenumbruch, das zweite eine Leerzeile).

6. Jetzt können Sie einen Absatz im Blocksatz ausrichten. Positionieren Sie den Cursor am Absatzanfang und tippen Sie !}fmt (die Statuszeile von vi ändert sich erst, wenn Sie das Zeichen } eingeben). Nun sollten die Zeilen des Absatzes sauber bis zum jeweiligen Rand reichen.

7. Text kann mit x gelöscht werden, wodurch das Zeichen gelöscht wird, das sich gerade unter dem Cursor befindet, oder mit dem leistungsfähigen Befehl d. dd löscht Zeilen, dw löscht einzelne Wörter, d$ löscht bis zum Zeilenende, d0 löscht bis zum Zeilenanfang und dG löscht bis zum Dateiende. Wenn Sie hier ein Muster erkennen und glauben, der Befehl lautet d + *bewegungskennung*, dann haben Sie messerscharf kombiniert. Mit u machen Sie die Löschung rückgängig. Sie können den gelöschten Text auch mit p einfügen.

8. Beim Kopieren müssen Sie zunächst den Cursor positionieren. Der Kopierbefehl (wird auch als »yank« bezeichnet) funktioniert ähnlich wie der Löschbefehl. yw kopiert ein Wort, yy die Zeile, y1 ein einzelnes Zeichen und y*nw* kopiert *n* Wörter. Bewegen Sie den Cursor in die Zeile, die Sie kopieren möchten, und drücken Sie yy. Nachdem Sie den Cursor dorthin bewegt haben, wo der Text eingefügt werden soll, drücken Sie p und fügen den Text damit ein.

9. Wie bei jedem Texteditor ist es auch hier ratsam, alle fünf oder zehn Minuten zu sichern. Geht etwas mit dem Computer oder dem Netzwerk schief, dann können Sie retten, was sich seit dem letzten Sichern im Puffer befand. Beim erneuten Starten von vi können Sie mit der Option -r und einem *dateinamen* den Editierpuffer retten, wobei *dateiname* für den Namen der Datei steht, die Sie bearbeitet haben.

   Versuchen Sie, Ihre Arbeit mit :w, gefolgt von Return, zu speichern. Am unteren Fensterrand erscheint der gesicherte Dateiname und die Anzahl an Zeilen und Zeichen in der Datei.

   Dieser Teil verwirrt vi-Neulinge manchmal. Möchten Sie die Datei unter dem gleichen Namen abspeichern, den sie beim Öffnen hatte, drücken Sie einfach nur :w und Return. Das war es schon! Sie können auch einen anderen Dateinamen wählen, und zwar mit :w, gefolgt von dem neuen Namen. Drücken Sie Return und schon wird gespeichert.

10. Nehmen Sie ein, zwei kleinere Änderungen vor. Verlassen Sie das Programm danach mit :q. vi warnt Sie, dass die Datei noch nicht gesichert wurde. Wenn Sie die Warnung ignorieren möchten, tippen Sie **:q!**. Es gibt auch eine Abkürzung: :wq schreibt Ihre Änderungen in die Datei und schließt vi.

Und das war's auch schon. Natürlich gibt es noch wesentlich mehr zu lernen. In Tabelle 4-2 finden Sie eine praktische Liste der gebräuchlichsten vi-Befehle und ihrer Beschreibungen. Für diejenigen, die zu richtigen vi-Experten werden wollen, gibt es bei O'Reilly zwei sehr hilfreiche Bücher: *Learning the vi Editor* von Linda Lamb und Arnold Robbins und *vi-Editor – kurz & gut* von Arnold Robbins. Auch wenn sich diese Bücher auf vi konzentrieren, werden ausführliche Informationen zu vim gegeben, die Sie schnell auf den Weg bringen werden.

Tabelle 4-2: Gebräuchliche vi-Editierbefehle

Befehl	Bedeutung
/begriff	Vorwärtssuche nach dem angegebenen Begriff. Die Suche wird mit n wiederholt.
:q	Arbeitssitzung beenden.
:q!	Arbeitssitzung ohne Sicherung beenden.
:w	Alle Änderungen in die Datei schreiben (sichern).
:wq oder ZZ	Alle Änderungen in die Datei schreiben, dann Sitzung beenden (Abkürzung).
a	In den Anhängemodus wechseln (wie Einfügemodus, nur wird nach dem Cursor anstatt davor eingefügt).

Tabelle 4-2: Gebräuchliche vi-Editierbefehle (Fortsetzung)

Befehl	Bedeutung
b	Ein Wort zurück.
w	Ein Wort vorwärts.
d1G	Löscht von der aktuellen Cursor-Position bis zum Dateianfang.
dd	Löscht die aktuelle Zeile.
dG	Löscht bis zum Dateiende.
dw	Löscht das nachfolgende Wort.
ESC	Wechselt in den Befehlsmodus.
h	Ein Zeichen zurück.
l	Ein Zeichen vorwärts.
i	Wechselt in den Einfügemodus (mit ESC gelangen Sie in den Befehlsmodus zurück).
j	Eine Zeile nach unten.
k	Eine Zeile nach oben.
O	Eine Zeile über der aktuellen Zeile einfügen und in den Einfügemodus wechseln.
o	Eine Zeile unter der aktuellen Zeile einfügen und in den Einfügemodus wechseln.
P	Gelöschten Text vor dem Cursor einfügen.
p	Gelöschten Text hinter dem Cursor einfügen.
X	Löscht das Zeichen links vom Cursor.
x	Löscht das Zeichen unter dem Cursor.
yw	Kopiert (yank) von der Cursor-Position bis zum Ende des aktuellen Worts. Sie können danach mit p oder P einfügen.
yy	Kopiert (yank) die aktuelle Zeile. Sie können danach mit p oder P einfügen.

Eine schlichtere Alternative zu vi: Pico

Wenn der Abschnitt über vi bei Ihnen die Sehnsucht nach der Sicherheit und Logik der grafischen Welt geweckt hat, wollen Sie sich alternativ dazu vielleicht einmal Pico, einen schlichten kleinen Texteditor, ansehen. Eigentlich wurde Pico als Teil des textbasierten E-Mail-Systems Pine entwickelt, hat aber mittlerweile ein Eigenleben entwickelt und wird als Teil vieler Unix-Distributionen, inklusive Mac OS X, verteilt. In Abbildung 4-3 sehen Sie die Testdatei aus dem vorigen Beispiel, wie sie in Pico dargestellt wird.

Pico arbeitet beim Editieren mit einem menübasierten Ansatz, der auch eine Online-Hilfe mit einschließt. Er ist wesentlich freundlicher als vi, der bei einem Fehler Ihrerseits nur lakonisch piept. Pico schließt hierbei die Lücke zwischen Texteditoren wie TextEdit und den knallharten Unix-Werkzeugen wie vi. Pico ist ein freundlicher Editor, den Sie von der Befehlszeile starten und benutzen können, ohne dabei jemals

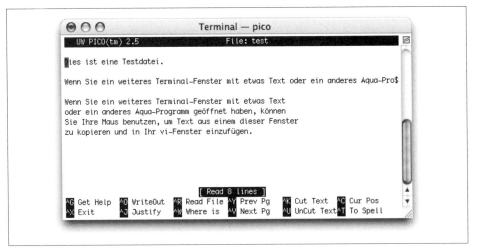

Abbildung 4-3: Pico, eine einfache Alternative zu vi

Ihre Hände von der Tastatur nehmen zu müssen. Wenn Sie mehr über Pico lernen möchten, geben Sie innerhalb des Editors den Befehl Ctrl-G ein oder benutzen Sie direkt von der Befehlszeile den Befehl man pico, um sich die Manpage anzeigen zu lassen.

Dateien verwalten

Die Baumstruktur des Unix-Dateisystems macht es Ihnen leicht, Ihre Dateien zu ordnen. Wenn Sie einige Dateien erzeugt und bearbeitet haben, werden Sie diese von einem Verzeichnis in ein anderes kopieren oder verschieben wollen, oder Sie möchten Dateien umbenennen, damit Sie alte Versionen von aktuellen unterscheiden können, und so weiter. Vielleicht möchten Sie für jedes neue Projekt ein eigenes Verzeichnis anlegen. Beim Kopieren lohnt sich ein Blick auf die ausgefeilten Befehle cp und CpMac: Wenn Sie eine Datei in ein Verzeichnis kopieren, wird automatisch an der neuen Stelle der alte Dateiname verwendet. Das spart eine Menge Tipparbeit!

Im Verzeichnisbaum können sich im Laufe der Zeit alte Dateien ansammeln, die Sie nicht mehr brauchen. Möchten Sie Dateien oder Verzeichnisse loswerden, können Sie sie löschen und so Speicherplatz auf Ihrer Festplatte gewinnen. In den folgenden Abschnitten erklären wir, wie Verzeichnisse und Dateien erstellt und gelöscht werden.

Verzeichnisse mit mkdir anlegen

Verwandte Dateien gruppiert man am besten in einem Verzeichnis. Wenn Sie an einem Krimi schreiben, wollen Sie die einzelnen Kapiteldateien doch wohl kaum zusammen mit Ihren Restaurantverzeichnissen aufbewahren. Sie könnten zwei Verzeichnisse anlegen: eines für die Kapitel Ihres Buches (zum Beispiel *krimi*) und ein weiteres für die Restaurants (*muenchen.essen*).

Ein neues Verzeichnis legen Sie mit `mkdir` an. Die Syntax lautet:

```
mkdir verzeichnisname(n)
```

verzeichnisname ist der Name des neuen Verzeichnisses. Wenn Sie mehrere Verzeichnisse anlegen möchten, fügen Sie zwischen den Namen jeweils ein Leerzeichen ein. Für unser Beispiel würden Sie also eingeben:

```
$ mkdir krimi muenchen.essen
```

Dateien kopieren

Vor dem Bearbeiten einer Datei sollten Sie vielleicht eine Sicherungskopie anlegen. Dadurch haben Sie leichten Zugriff auf die Originalversion. Sie sollten das Programm `cp` zum Kopieren von normalen Dateien und von Verzeichnissen, die nur normale Dateien enthalten, verwenden. Bei Dateien mit Resource Fork (zum Beispiel Programmen) sollte man `CpMac` verwenden.

cp

Mit dem Befehl `cp` (von copy, kopieren) kann im gleichen oder in einem anderen Verzeichnis eine Kopie einer Datei angelegt werden. `cp` hat keinen Einfluss auf die Originaldatei und ist deshalb sehr gut für identische Sicherungskopien geeignet.

Verwenden Sie zum Kopieren folgenden Befehl:

```
cp alt neu
```

Dabei ist `alt` ein Pfadname zur Originaldatei und *neu* der Pfadname für die gewünschte Kopie. Möchten Sie zum Beispiel die Datei */etc/passwd* als Datei *password* in Ihr Arbeitsverzeichnis kopieren, würden Sie Folgendes eingeben:

```
$ cp /etc/passwd password
$
```

Sie können auch folgende Schreibweise verwenden:

```
cp alt verzeichnisname
```

Damit wird eine Kopie der Originaldatei *alt* im bereits bestehenden Verzeichnis *verzeichnisname* angelegt. Die Kopie erhält denselben Dateinamen wie das Original.

Ist bereits eine Datei mit dem für die Kopie vorgesehenen Namen vorhanden, ersetzt `cp` die alte Datei durch Ihre neue Kopie. Das ist praktisch, wenn Sie eine alte Kopie durch eine neuere ersetzen möchten, kann jedoch zu Problemen führen, wenn Sie aus Versehen eine Version überschreiben, die Sie eigentlich noch brauchen. Sehen Sie sich sicherheitshalber vor dem Kopieren stets mit `ls` den Verzeichnisinhalt des Zielverzeichnisses an.

Außerdem können Sie cp mit der Option -i (interaktiv) benutzen, um das Überschreiben existierender Dateien zuvor zu bestätigen. Das geht so:

```
$ cp -i master existierende-datei.txt
overwrite existierende-datei.txt? no
$
```

Sie können mehrere Dateien auf einmal in ein bestimmtes Verzeichnis kopieren, wenn Sie die Pfadnamen der jeweiligen Dateien und am Ende der Befehlszeile das Zielverzeichnis angeben. Es sind absolute und relative Pfadnamen (siehe den Abschnitt »Das Dateisystem von Mac OS X« in Kapitel 3) sowie einfache Dateinamen erlaubt. Nehmen wir zum Beispiel an, Ihr Arbeitsverzeichnis heißt */Users/carol* (aus dem Diagramm in Abbildung 3-1). Wenn Sie die Dateien *kap1*, *kap2* und *kap3* aus */Users/john* in ein Unterverzeichnis namens *Documents* kopieren wollen (also nach */Users/carol/Documents*), lautet der entsprechende Befehl:

```
$ cp ../john/kap1 ../john/kap2 ../john/kap3 Documents
```

Sie können auch Wildcards benutzen und der Shell das Zusammensuchen der Dateien überlassen. Diesmal geben wir sicherheitshalber die Option -i an:

```
$ cp -i ../john/kap[1-3] Documents
cp: overwrite Documents/kap2? n
```

Es gibt bereits eine Datei namens *kap2* im Verzeichnis *Documents*. Wenn cp nachfragt, antworten Sie mit n, damit die schon vorhandene Datei *kap2* erhalten bleibt. Mit y würde die alte Datei *kap2* überschrieben werden. Wie Sie aus dem Abschnitt »Relative Pfadnamen« in Kapitel 3 bereits wissen, bezieht sich die Kurzform . auf das Arbeitsverzeichnis, während .. die Kopie im Elternverzeichnis ablegt. Der folgende Befehl legt die Kopien im Arbeitsverzeichnis ab:

```
$ cp ../john/kap[1-3] .
```

Und noch eine Möglichkeit: Wenn Sie mit Home-Verzeichnissen (in */Users*) arbeiten, können Sie die Abkürzung ~*Benutzername* verwenden, um Johns oder Carols Home-Verzeichnis anzusprechen (~ bezeichnet Ihr eigenes Home-Verzeichnis). Daraus folgt die nächste Möglichkeit, die drei Dateien zu kopieren:

```
$ cp ~john/kap[1-3] Documents
```

cp kann auch ganze Verzeichnisbäume kopieren, und zwar mit der Option -R (»rekursiv«). Die Option benötigt zwei Argumente: den Pfadnamen des obersten Verzeichnisses des Baums, den Sie kopieren möchten, und danach den Pfadnamen zu dem Verzeichnis, in dem die Kopie abgelegt werden soll. Nehmen wir an, die neue Mitarbeiterin Asha benötigt eine Kopie von Johns Verzeichnis *Documents/beruf* in ihrem eigenen Home-Verzeichnis */Users/asha*. Sofern Asha noch kein *beruf*-Verzeichnis besitzt, könnte sie folgenden Befehl verwenden:

```
$ cd /Users
$ cp -R john/Documents/beruf asha/beruf
```

Oder sie hätte von ihrem Home-Verzeichnis aus cp -R ../john/Documents/beruf beruf eingeben können. In beiden Fällen entsteht ein neues Unterverzeichnis namens */Users/asha/beruf* mit einer Kopie aller Dateien und Unterverzeichnisse aus */Users/ john/Documents/beruf.*

 Wenn Sie bei cp -R die Pfadnamen falsch angeben, wird der Verzeichnisbaum eventuell in sich selbst hineinkopiert – und läuft so lange, bis Ihr gesamtes Dateisystem voll ist!

Checkliste bei Problemen

Das System gibt eine Meldung wie »cp: cannot copy file to itself« aus.
Befindet sich die Kopie im gleichen Verzeichnis wie das Original, muss ein anderer Dateiname gewählt werden.

Das System gibt eine Meldung wie »cp: filename: no such file or directory« aus.
Das System kann die gewünschte Originaldatei nicht finden. Überprüfen Sie Ihren Befehl auf Tippfehler. Befindet sich eine Datei nicht im Arbeitsverzeichnis, müssen Sie den entsprechenden Pfad angeben.

Das System gibt eine Meldung wie »cp: permission denied« aus.
Sie haben eventuell nicht die Berechtigung, eine Datei zu kopieren, die von jemand anderem erzeugt wurde, oder etwas in ein Verzeichnis hineinzukopieren, das Ihnen nicht gehört. Mit ls -l stellen Sie die Eigentümer- und Zugriffsrechte für die Datei fest und mit ls -ld die Rechte für das Verzeichnis. Sind Sie der Ansicht, dass eine bestimmte Datei für Sie kopierbar sein sollte, fragen Sie den Eigentümer der Datei oder verwenden Sie sudo (siehe den Abschnitt »Superuser-Privilegien mit sudo« in Kapitel 3), um ihre Zugriffsrechte zu ändern.

Xcode

Wenn Sie unter Mac OS X mit Programmen und anderen komplexen Strukturen arbeiten, wollen Sie vermutlich gerne die Befehle CpMac und MvMac benutzen. Diese stehen allerdings nur zur Verfügung, wenn Sie zuvor das Entwicklerwerkzeug Xcode installiert haben. Glücklicherweise ist Xcode leicht zu bekommen und zu installieren. Wenn Sie Mac OS X als Paket gekauft haben, sollte Xcode auf einer separaten CD-ROM enthalten sein. Wenn Sie einen neuen Macintosh gekauft haben, auf dem Mac OS X bereits installiert ist, finden Sie Xcode sehr wahrscheinlich unter */Applications/ Installers.* Die aktuellste Version der Werkzeuge steht Mitgliedern der Apple Developer Connnection (ADC) auch im Web zur Verfügung (*http://connect.apple.com/*). Melden Sie sich dort für einen kostenlosen Account an und Sie können Xcode selbst herunterladen und installieren.

Mac-Dateien mit Resource Forks kopieren

Das Programm cp funktioniert mit normalen Dateien und Verzeichnissen sehr gut, aber das Macintosh-System speichert bei Programmen noch zusätzliche Informationen mit ab. Diese Attribute werden als *Resource Forks* bezeichnet und kommen bei Classic-Programmen und Dokumenten häufig vor (Sie finden sie auch an verschiedenen Stellen im Dateisystem von Mac OS X).

Wenn Sie ein Mac OS 9-Veteran sind, erinnern Sie sich vielleicht, dass sich die Ressourcen in den Resource Forks der Dateien ausschließlich mit ResEdit bearbeiten ließen und ansonsten im System versteckt waren. Unter Mac OS X finden Sie existierende Resource Forks in einer eigenen Datei über den speziellen Pfad *dateiname/rsrc*. Microsoft Word hat zum Beispiel folgende Resource Fork:

```
$ cd /Applications
$ ls -l Microsoft\ Word
-rwxrwxr-x  1 taylor  taylor  10508000  2 Jul 00:00 Microsoft Word
$ ls -l Microsoft\ Word/rsrc
-rwxrwxr-x  1 taylor  taylor  2781444  2 Jul 00:00 Microsoft Word/rsrc
$ cd Microsoft\ Word
```

Das oben stehende Listing ist vermutlich recht verwirrend. Die Datei *Microsoft Word* ist eigentlich kein Verzeichnis und dennoch enthält sie eine Datei, als wäre sie ein Verzeichnis (*rsrc*). Sie können auch nicht mit cd in das Pseudo-Verzeichnis wechseln, um es zu untersuchen. Seltsam. Aber es geht noch weiter: Wenn Sie nämlich versuchen, *Microsoft Word* per cp zu kopieren, wird der Inhalt der Resource Fork nicht mitkopiert (das Verzeichnis */tmp* wird in diesem Beispiel benutzt, um temporäre Dateien zu speichern):

```
$ cp Microsoft\ Word /tmp
$ ls -l /tmp/Microsoft\ Word
-rwxr-xr-x  1 bjepson  wheel  10568066 Nov 10 14:35 /tmp/Microsoft Word
$ ls -l /tmp/Microsoft\ Word/rsrc
-rwxr-xr-x  1 bjepson  wheel         0 Nov 10 14:35 /tmp/Microsoft Word/rsrc
```

Es gibt eine spezielle Version von cp für Dateien mit Resource Fork. Dieses Programm, CpMac, ist Bestandteil von XCode. Sie finden es unter */Developer/Tools*, wenn Sie die Mac OS X Developer Tools installiert haben. Möchten Sie *Microsoft Word* mit Resource Fork kopieren, gehen Sie wie folgt vor:

```
$ /Developer/Tools/CpMac Microsoft\ Word /tmp
$ ls -l /tmp/Microsoft\ Word
-rwxrwxrwx  1 bjepson  wheel  10568066 Nov 10 14:37 /tmp/Microsoft Word
$ ls -l /tmp/Microsoft\ Word/rsrc
-rwxrwxrwx  1 bjepson  wheel   2781434 Nov 10 14:37 /tmp/Microsoft Word/rsrc
```

 Außer einer Resource Fork haben manche Dateien auch so genannte HFS-Metadaten. HFS-Metadaten sind ein Vermächtnis von älteren Mac OS-Versionen und enthalten Informationen über eine Datei in den ersten paar Bytes der Datei selbst. Der Finder von Mac OS X verwendet diese Daten zum Teil immer noch, zum Beispiel den Creator-Code und den Type-Code, die bei Dateien ohne Erweiterung wie *.mp3* das Dateisymbol und die Standardapplikation zum Öffnen per Doppelklick bestimmen. Eine Dokumentdatei, deren Metadaten verloren gehen, hat eventuell nur ein allgemeines Dateisymbol, und der Finder weiß dann nicht, mit welcher Applikation die Datei geöffnet werden soll.

Dateien mit mv umbenennen und verschieben

Verwenden Sie zum Umbenennen einer Datei den Befehl mv (move). Das Programm mv kann eine Datei auch von einem Verzeichnis in ein anderes verschieben.

Der Befehl mv hat dieselbe Syntax wie cp:

```
mv alt neu
```

alt ist der Name der alten Datei und *neu* ist der neue Name. mv überschreibt bereits bestehende Dateien, was beim Aktualisieren von alten Dateiversionen praktisch ist. Möchten Sie eine alte Datei nicht überschreiben, sollten Sie darauf achten, dass der neue Name eindeutig ist. Die Mac OS X-Version von mv bietet die Sicherheitsoption -i:

```
$ mv kap1 intro
$ mv -i kap2 intro
mv: overwrite `intro'? n
$
```

Dieses Beispiel änderte den Dateinamen *kap1* auf *intro* ab und versuchte danach dieselbe Operation an *kap2*, die Antwort n (no) brach diese Operation ab. Wenn Sie sich Ihre Dateien mit ls ansehen, werden Sie feststellen, dass *kap1* verschwunden ist, *kap2* und *intro* jedoch noch vorhanden sind.

Mit mv kann man eine Datei auch von einem Verzeichnis in ein anderes verschieben. Wie bei cp müssen Sie, sofern Sie den Dateinamen beibehalten möchten, nur noch den Namen des Zielverzeichnisses angeben.

Es gibt auch den Befehl MvMac, der analog zum bereits besprochenen Befehl CpMac funktioniert. Suchen Sie auch hier vor dem Verlagern wieder nach einer Resource-Datei */rsrc* und verwenden Sie bei Bedarf MvMac.

 Wenn Sie die Befehle CpMac oder MvMac häufiger benutzen möchten, sollten Sie Ihre Umgebungsvariable PATH um den Pfad */Developer/Tools* erweitern, damit Sie nicht immer den vollständigen Pfad zu diesen Werkzeugen eingeben müssen. Informationen hierzu finden Sie in Kapitel 1 im Abschnitt »Ihre Shell-Umgebung anpassen«.

Dateien suchen

Beim Organisieren Ihrer Dateien hilft eine Verzeichnisstruktur ungemein, besonders wenn Sie viele Dateien haben. Manchmal wird es dann aber schwer, eine Datei in einem stark verästelten Verzeichnisbaum zu finden. Mit dem Programm find können Sie Dateien nach ganz verschiedenen Kriterien suchen; wir besprechen hier zwei von ihnen.

Wechseln Sie in Ihr Home-Verzeichnis, damit find dort mit der Suche beginnt. Geben Sie danach sorgfältig einen der folgenden find-Befehle ein (die Syntax ist seltsam und hässlich – aber find macht das schon richtig!)

```
$ cd
$ find . -type f -name "kap*" -print
./kap2
./alt/kap10b
$ find . -type f -mtime -2 -print
./beruf/to_do
```

Der erste Befehl sucht in Ihrem Arbeitsverzeichnis (.) und all seinen Unterverzeichnissen nach gewöhnlichen Dateien (-type f), die mit *kap* beginnen. (find versteht Wildcards, aber Sie müssen wie im Beispiel das Suchwort mit den Wildcards in einfache oder doppelte Anführungszeichen setzen.) Im zweiten Befehl suchen wir nach allen Dateien, die in den letzten zwei Tagen (-mtime -2) erstellt oder verändert wurden. find gibt die gefundenen Dateien mit einem relativen Pfadnamen aus, der mit einem Punkt beginnt (./), das können Sie ignorieren. Zu bemerken wäre noch, dass -print das Ergebnis an Ihren Bildschirm ausgibt, nicht an Ihren Drucker.

Unter Mac OS X gibt es außerdem das Programm locate, mit dem sich Dateien schnell auffinden lassen. Mit locate können Sie das Dateisystem in Teilen oder vollständig nach einer Datei mit einem bestimmten Namen durchsuchen.

Hierfür müssen Sie als Erstes eine Datenbank der verfügbaren Dateinamen anlegen. Benutzen Sie dafür den Befehl:

```
$ sudo /usr/libexec/locate.updatedb
```

Dieser Vorgang kann etwas dauern, weil er sämtliche Verzeichnisse auf Ihrem Rechner nach Dateien durchsucht und deren Namen speichert. Die Datenbank wird einmal pro Woche automatisch aktualisiert. Sollten Sie einmal eine große Anzahl von Dateien angelegt haben, die noch nicht in der Datenbank gespeichert sind, führen Sie einfach diesen Befehl erneut aus, um die neuen Dateien der Datenbank hinzuzufügen.

Nachdem Sie die Datenbank angelegt haben, können Sie den Befehl locate verwenden, um darin nach Dateien zu suchen. Wenn Sie zum Beispiel nach einer Datei namens *alpha-test*, *alphatest* oder so ähnlich suchen, können Sie es damit versuchen:

```
$ locate alpha
/Users/alan/Desktop/alpha3
/usr/local/projects/mega/alphatest
```

Sie erhalten die absoluten Pfadnamen von Dateien und Verzeichnissen, die im Namen den Begriff *alpha* aufweisen. (Erhalten Sie recht viele Dateien, dann sollten Sie eine Pipe zu less hinzufügen. Siehe den Abschnitt »Pipes zu einem Pager« in Kapitel 6.) locate führt geschützte, persönliche Dateien eventuell nicht auf; außerdem sind seine Ergebnisse normalerweise nicht völlig auf dem neuesten Stand. Der wichtigste Unterschied zwischen den beiden Programmen ist, dass Sie mit find nach Dateiart, -inhalt und noch vielem mehr suchen können, wohingegen locate lediglich eine Liste aller Dateinamen auf einem System liefert. Wenn Sie mehr über find und locate erfahren wollen, lesen Sie die dazugehörigen Manpages oder das entsprechende Kapitel in *Mac OS X in a Nutshell* (O'Reilly).

Dateien und Verzeichnisse entfernen

Vielleicht haben Sie die Arbeit an einer Datei oder einem Verzeichnis beendet und benötigen die entsprechenden Daten nicht mehr, oder der Inhalt ist nicht mehr aktuell. Durch regelmäßiges Löschen kann man nicht mehr benötigte Dateien und Verzeichnisse entfernen und so Speicherplatz schaffen.

rm

Das Programm rm dient zum Entfernen von Dateien. Anders als beim Verschieben von Dateien in den Papierkorb haben Sie bei rm keine Möglichkeit mehr, etwas aus dem Papierkorb zu retten, bevor Sie ihn »leeren«.

Die Syntax ist einfach:

```
rm dateiname(n)
```

rm entfernt die genannten Dateien, wie im folgenden Beispiel zu sehen ist:

```
$ ls
altjunk    kap10      kap2       kap5
haha       kap1a.alt  kap3.alt   kap6
kalt       kap1b      kap4       kap7
$ rm *.alt kap10
$ ls
altjunk    kalt       kap2       kap5       kap7
haha       kap1b      kap4       kap6
$ rm k*
$ ls
altjunk    haha
$
```

Seien Sie vorsichtig, wenn Sie Wildcards mit rm verwenden! Löschen Sie aus Versehen eine Datei, die Sie noch benötigen, können Sie diese nicht wiederherstellen, wenn Sie nicht in einem anderen Verzeichnis oder bei Ihren Sicherungen eine Sicherungskopie aufbewahrt haben.

Gehen Sie mit rm * nicht sorglos um. Dieser Befehl löscht alle Dateien in Ihrem Arbeitsverzeichnis.

Ein Fehler, der häufig vorkommt: Sie möchten einen Befehl wie rm c* (alle Dateinamen entfernen, die mit »c« beginnen) aufrufen, geben aber stattdessen rm c * (die Datei c und alle anderen Dateien entfernen!) ein.

Es zahlt sich aus, sich die Dateien vor dem Löschen mit ls anzusehen. Wenn Sie die Option -i (interactive) verwenden, fragt rm vor dem Entfernen jeder Datei noch einmal nach.

rmdir

So wie Sie neue Verzeichnisse mit mkdir anlegen können, können Sie diese mit rmdir auch wieder entfernen. Sicherheitshalber lässt rmdir Sie keine Unterverzeichnisse löschen; das Verzeichnis muss leer sein. (Der Befehl rm -r löscht ein Verzeichnis und dessen gesamten Inhalt. Für Neueinsteiger ist das nicht ganz ungefährlich.)

Die Syntax lautet:

```
rmdir verzeichnisname(n)
```

Enthält ein Verzeichnis, das Sie entfernen möchten, noch Dateien, erhalten Sie eine Nachricht wie »rmdir: *verzeichnisname* not empty«.

Möchten Sie ein Verzeichnis löschen, das noch Dateien enthält, tun Sie Folgendes:

1. Wechseln Sie mit cd *verzeichnisname* in das gewünschte Verzeichnis.
2. Löschen Sie mit rm * alle Dateien in diesem Verzeichnis.
3. Wechseln Sie mit cd .. in das Eltern-Verzeichnis.
4. Löschen Sie mit rmdir *verzeichnisname* das unerwünschte Verzeichnis.

Checkliste bei Problemen

Ich erhalte die Nachricht »verzeichnisname not empty« auch, nachdem ich alle Dateien gelöscht habe.

Prüfen Sie mit ls -a, ob noch verborgene Dateien vorhanden sind (Dateinamen, die mit einem Punkt beginnen) – abgesehen von . und .. (dem Arbeitsverzeichnis und seinem Eltern-Verzeichnis). Mit dem folgenden Befehl können Sie verborgene Dateien beseitigen, die nicht mit einem einfachen Wildcard wie * gefunden werden. Es werden alle verborgenen Dateien außer . (dem aktuellen Verzeichnis) und .. (dem Eltern-Verzeichnis) gefunden:

```
$ rm -i .[^.]*
```

Mit Links arbeiten

Wenn Sie bereits einige Zeit mit dem Mac gearbeitet haben, werden Sie sich mit Aliasen auskennen, leeren Dateien, die auf andere Dateien auf dem System verweisen. Häufig werden Aliase benutzt, um eine Kopie eines Programms auf dem Desktop anzulegen. Innerhalb der grafischen Umgebung erzeugen Sie einen Alias durch die Tastenkombination ⌘-Klick und das Auswählen der Funktion ALIAS ERZEUGEN aus dem Kontextmenü. Das Ergebnis ist ein neuer Alias dieser Datei. In Unix wird ein Alias so dargestellt:

```
$ ls -l *3*
-rw-r--r-- 1 taylor  taylor  1546099 23 Sep 20:58 fig0403.pdf
-rw-r--r-- 1 taylor  taylor        0 24 Sep 08:34 fig0403.pdf alias
```

In diesem Fall ist die Datei *fig0403.pdf alias* ein Aqua-Alias, der auf die Datei *fig0403.pdf* im gleichen Verzeichnis verweist. Das wird hier aber nicht sofort klar, weil der Alias als leere Datei mit einer Größe von null Bytes dargestellt wird.

Unter Unix funktionieren Aliase ein wenig anders. Hier sprechen wir von Links und nicht von Aliasen. Diese Unix-Links gibt es in zwei verschiedenen Geschmacksrichtungen: so genannte *harte* Links und *symbolische* Links. Beide Arten werden mit dem Befehl ln angelegt.

Die Schreibweise lautet:

```
ln [-s] Quelle Ziel
```

Die Option -s gibt an, dass hier ein symbolischer Link angelegt werden soll. Um eine zweite Datei als Link auf *fig0403.pdf* anzulegen, lautet der Befehl daher:

```
$ ln -s fig0403.pdf super-bild.pdf
```

Das Ergebnis wäre:

```
$ ls -l *pdf
-rw-r--r-- 1 taylor  taylor  1532749 23 Sep 20:47 fig0401.pdf
-rw-r--r-- 1 taylor  taylor  1539493 23 Sep 20:52 fig0402.pdf
-rw-r--r-- 1 taylor  taylor  1546099 23 Sep 20:58 fig0403.pdf
lrwxr-xr-x 1 taylor  taylor       18 24 Sep 08:40 super-bild.pdf@ ->
     fig0403.pdf
```

Sie können sich symbolische Links als eine Art Aufkleber vorstellen, auf denen steht: »Die Informationen, die Sie suchen, finden Sie in Datei X.« Das bringt uns zu einem speziellen Problem mit symbolischen Links (und Aqua-Aliasen): Verschieben oder löschen Sie eine Datei, auf die verwiesen wird, oder ändern Sie ihren Namen, »verwaist« der Link, und die Verbindung funktioniert nicht mehr. Das System entfernt oder aktualisiert symbolische Links nicht automatisch.

Die andere Variante der Unix-Links bezeichnet man als *harte* Links, mit denen einfach ein zweiter Name für den gleichen Inhalt angelegt wird. Wenn wir einen harten

Link auf *fig0403.pdf* erzeugen, können wir also die Originaldatei guten Gewissens löschen, und der Inhalt ist weiterhin über den zweiten Dateinamen erreichbar – wie zwei Türen in den gleichen Raum (im Gegensatz zu dem Aufkleber, der Sie anwies, die andere Tür zu benutzen, wie bei den symbolischen Links). Harte Links legen Sie an wie symbolische Links, ohne allerdings das Flag -s anzugeben:

```
$ ln mypic.pdf kopie2.pdf
$ ls -l mypic.pdf kopie.pdf
-rw-r--r--  2 taylor   taylor  1546099 24 Sep 08:45 kopie2.pdf
-rw-r--r--  2 taylor   taylor  1546099 24 Sep 08:45 mypic.pdf
$ rm mypic.pdf
$ ls -l kopie.pdf
-rw-r--r--  1 taylor   taylor  1546099 24 Sep 08:45 kopie2.pdf
```

Wie Sie sehen, haben beide Dateien bei der Verwendung eines harten Links exakt die gleiche Größe. Das ist verständlich, denn schließlich handelt es sich eigentlich nur um zwei verschiedene Namen für die gleichen zugrunde liegenden Daten. Daher sollten ihre Größen auch absolut identisch sein. Wird das Original gelöscht, leben die Daten dennoch weiter, wobei sie nun allerdings nur noch über den neuen Namen erreichbar sind.

Dateien komprimieren und archivieren

Benutzer der Aqua-Oberfläche verwenden häufig die Formate *.sit* und *.hqx* für Archivdateien, während Unix-Benutzer eine Menge weiterer entdeckenswerter Optionen haben. Mac OS X liegen drei Kompressionsprogramme bei, wobei das beliebteste vermutlich gzip ist (die anderen sind compress und bzip2; die Unterschiede sind in den Manpages beschrieben). Außerdem gibt es ein sehr beliebtes Unix-Archivformat namens tar, auf das wir ebenfalls kurz eingehen wollen.

gzip

Auch wenn Sie anfänglich denken könnten, dass gzip ein Teil der unter Windows verbreiteten Zip-Archivierungswerkzeuge ist, handelt es sich hierbei tatsächlich um ein Kompressionsprogramm, das sehr gut geeignet ist, um *einzelne* Dateien für eine Speicherung oder Übertragung zu schrumpfen. Wenn Sie jemandem mit einer einfachen Modemverbindung beispielsweise eine Datei schicken wollen, kann eine Behandlung mit gzip die Dateigröße erheblich verringern und die Übertragung so wesentlich beschleunigen. Ebenso kann gzip Ihnen helfen, Plattenplatz zu sparen, indem Sie Dateien, die Sie selten benutzen, aber trotzdem behalten wollen, komprimieren. Dabei arbeitet gzip besonders gut mit dem Werkzeug tar zusammen, wie wir gleich sehen werden.

Die Schreibweise lautet:

```
gzip [-v] Datei(en)
```

Durch das Flag -v erhalten Sie ausführliche Ausgaben über die Tätigkeit des Werkzeugs. Hierbei wird auch angegeben, wie viel Platz Sie durch die Komprimierung der Datei tatsächlich gespart haben. Erwartungsgemäß also sehr hilfreiche Informationen!

```
$ ls -l ch06.doc
-rwxr-xr-x  1 taylor   taylor   138240 24 Sep 08:52 ch06.doc
$ gzip -v ch06.doc
ch06.doc:               75.2% -- replaced with ch06.doc.gz
$ ls -l ch06.doc.gz
-rwxr-xr-x  1 taylor   taylor   34206 24 Sep 08:52 ch06.doc.gz
```

Wie Sie sehen, hat gzip ganze Arbeit geleistet und die Datei um über 75% verkleinert. Gleichzeitig wurde der Dateiname automatisch um die Endung *.gz* erweitert, um zu zeigen, dass es sich nun um eine komprimierte Datei handelt. Um die Datei wieder zu dekomprimieren, verwenden Sie einfach gunzip:

```
$ gunzip ch06.doc.gz
$ ls -l ch06.doc
-rwxr-xr-x  1 taylor   taylor   138240 24 Sep 08:52 ch06.doc
```

tar

In der guten alten Zeit wurden Unix-Systembackups noch auf Speicherbändern durchgeführt (die Sie immer noch in alten Science-Fiction-Streifen aus den Sechzigern sehen können – diese großen Bandgeräte mit den rotierenden Spulen, die sich wie zufällig drehten, um auf die Daten zuzugreifen). Das Werkzeug der Wahl, um diese Backups durchzuführen, hieß tar (für tape archiver). Aber auch heutzutage und auch unter Mac OS X kann tar ein hilfreiches Werkzeug sein, wenn es darum geht, Dateien zu erzeugen, die Verzeichnisse und andere Dateien enthalten. Es funktioniert so ähnlich wie das Zip-Format, unterscheidet sich aber von gzip, weil seine Aufgabe darin besteht, mehrere Dateien in einer einzelnen Archivdatei zu speichern. gzip wird hingegen verwendet, um einzelne Dateien durch ein Kompressionsverfahren möglichst klein zu machen.

Besonders nützlich ist tar, wenn es zusammen mit gzip benutzt wird. Hierdurch wird das Anlegen von Archivkopien von ganzen Verzeichnissen sehr einfach und effizient. Noch besser: Wenn Sie tar mit dem -z-Flag aufrufen, ruft es automatisch gzip auf, um die Dateien ohne weitere Arbeitsschritte vor dem Archivieren zu komprimieren.

Die Schreibweise lautet:

```
tar [c|t|x] [flags] zu archivierende verzeichnisse und dateien
```

Leider ist tar zu komplex, um es hier im Einzelnen zu beschreiben. Daher zeigen wir nur die wichtigsten Einsatzmöglichkeiten. So wird mit dem Befehl tar -c ein Archiv angelegt, tar -t wird benutzt, um den Inhalt eines existierenden Archivs anzuzeigen, und tar -x packt die in einem Archiv enthaltenen Dateien und Verzeichnisse wieder aus. Mit dem Flag -f *dateiname* können Sie angeben, wie das neu erzeugte Archiv benannt werden soll, während das Flag -v sehr wortreiche Ausgaben produziert, die erläutern, was gerade passiert. Auch hier empfehlen wir die Lektüre der Manpages, um weitere Details zu erfahren. Der entsprechende Befehl lautet: man tar.

```
$ du -s Masters\ Thesis/
6704    Masters Thesis/
$ tar -czvf masters.thesis.tgz Masters\ Thesis
Masters Thesis/
Masters Thesis/.DS_Store
Masters Thesis/analysis.doc
...
Masters Thesis/Web Survey Results.doc
Masters Thesis/web usage by section.doc
$ ls -l masters.thesis.tgz
-rw-r--r--  1 taylor  staff  853574 24 Sep 09:20 masters.thesis.tgz
```

In diesem Beispiel hat das Verzeichnis *Masters Thesis* eine Größe von 6,7 MB und wurde schon seit längerer Zeit nicht mehr verändert – ein perfekter Kandidat für ein komprimiertes tar-Archiv. Hierfür kombinieren wir die Flags -c (create, anlegen), -z (mit gzip komprimieren), -v (verbose, wortreiche Ausgaben) und -f *dateiname* (Ausgabedatei; wir haben hier die Endung *.tgz* – kurz für *tar* + *gz* – angefügt, um Verwirrung über den Dateityp zu verhindern). In weniger als 10 Sekunden erhalten Sie eine neue Archivdatei, die kleiner als ein MB ist und dennoch alle Dateien und Verzeichnisse in archivierter Form enthält. Um das Archiv wieder auszupacken, benutzen Sie den Befehl tar -xvfz masters.thesis.tgz.

 Beachten Sie, dass wir tar hier den Namen eines Verzeichnisses anstelle einer Liste von Dateien übergeben haben. Dadurch stellen wir sicher, dass die Dateien beim Auspacken in einem neuen Verzeichnis abgelegt werden (*Masters Thesis*), anstatt das gegenwärtige Verzeichnis zu verstopfen.

Dateien auf anderen Betriebssystemen

Kapitel 8 enthält den Abschnitt »Dateien übertragen«, in dem erklärt wird, wie man Dateien über ein Netzwerk überträgt – eventuell auf Nicht-Unix-Betriebssysteme. Mac OS X kann mit einer Reihe von anderen Betriebssystemen über ein Netzwerk Verbindung aufnehmen, zum Beispiel mit Microsoft Windows, anderen Unix-Systemen und sogar webbasierten Dateisystemen.

Ist das Windows-Dateisystem innerhalb Ihrer anderen Dateisysteme gemountet, können Sie über einen Unix-ähnlichen Pfadnamen auf die darin enthaltenen Dateien zugreifen. Haben Sie das *C:*-Laufwerk eines entfernten Windows-Systems über *winc* gemountet, können Sie auf die Windows-Datei *C:\WORD\BERICHT.DOC* über den Pfadnamen */Volumes/winc/word/bericht.doc* zugreifen. Die meisten externen Volumes werden bereits automatisch im Verzeichnis */Volumes* gemountet.

KAPITEL 5

Drucken

Als Benutzer der Macintosh-Umgebung sind Sie an eine elegante Druckerschnittstelle gewöhnt, besonders unter Mac OS X, wo das Drucker-Dienstprogramm das Hinzufügen neuer und das Konfigurieren bestehender Drucker zum Kinderspiel macht. Bis zur Einführung des Common Unix Printing System (CUPS) hatte die Unix-Umgebung nie eine Druckerschnittstelle, die auch nur annähernd vergleichbar gewesen wäre. Seit Mac OS X 10.3 sind das Drucker-Dienstprogramm und CUPS auf eine Weise miteinander verbunden, die sowohl Befehlszeilen- als auch GUI-Liebhabern Freude macht.

 Wenn Sie mit dem Drucker-Dienstprogramm einen Drucker zum System hinzufügen, haben Sie sofort Zugriff auf die Treiber für Hunderte verschiedener Druckermodelle, die unter Panther unterstützt werden. Das Linux Printing-Archiv kennt sogar noch mehr Mac OS X-kompatible Druckertreiber (*http://www.linuxprinting.org/*).

Befehle zum Formatieren und Drucken

Bevor Sie auf einem Unix-System eine Datei ausdrucken, möchten Sie diese Datei vielleicht etwas formatieren und die Ränder einstellen, Wörter hervorheben und so weiter. Die meisten Dateien können auch ohne zusätzliche Formatierung gedruckt werden, aber ein unformatierter Ausdruck sieht vielleicht nicht ganz so gut aus. Außerdem akzeptieren manche Drucker nur PostScript, und Sie müssen einen Post-Script-Filter wie `enscript` verwenden, wenn Sie gute Resultate erzielen möchten. Bevor wir also an den Ausdruck gehen, sehen wir uns deshalb die Programme `pr` und `enscript` an und erklären ihre Arbeitsweise.

PostScript ist eine Seitenbeschreibungssprache der Firma Adobe. PostScript-Drucker waren lange Zeit die Norm bei Macintosh-Benutzern und sind immer noch sehr beliebt. Wenn Sie einen günstigen USB-Tintenstrahl-Drucker oder einen Laserdrucker aus dem mittleren Preisbereich verwenden, kann es allerdings sein, dass Ihr Drucker kein PostScript versteht. Einige der in diesem Abschnitt beschriebenen Hilfsprogramme erfordern PostScript, andere nicht. Im Zweifelsfall sehen Sie in der Dokumentation Ihres Druckers (oder auf der Website des Herstellers) nach.

Wenn Sie keinen PostScript-fähigen Drucker besitzen und unter Unix arbeiten, ist das kein Grund zur Sorge: Die meisten Dinge unter Unix sind sowieso textorientiert und selbst ein einfacher Tintenstrahldrucker kann Codelistings, einfache E-Mail-Nachrichten und Manpages ausdrucken, ohne sich gleich daran zu verschlucken.

pr

Das Programm pr übernimmt kleinere Formatieraufgaben und formatiert Dateien auf dem Terminal oder für einen Drucker. Wenn Sie zum Beispiel eine lange Namensliste in einer Datei haben, können Sie diese auf dem Bildschirm in zwei oder mehr Spalten unterteilen.

Die Syntax lautet:

```
pr option(en) dateiname(n)
```

pr verändert das Dateiformat nur auf dem Bildschirm oder im Ausdruck; es nimmt keine Änderungen an der Originaldatei vor. In Tabelle 5-1 finden Sie einige Optionen von pr.

Tabelle 5-1: Einige pr-Optionen

Option	Beschreibung
-k	Erzeugt *k* Ausgabespalten.
-d	Ausgabe mit doppeltem Zwischenraum.
-h *kopfzeile*	Druckt *kopfzeile* an jedem Seitenanfang.
-t	Druckt ohne Kopfzeile und oberen/unteren Rand.

Weitere Optionen ermöglichen die Angabe der Spaltenbreite, der Seitenlänge und so weiter. Eine komplette Liste mit allen Optionen finden Sie auf der entsprechenden Manpage, man pr.

Bevor wir pr auf die Datei *essen* anwenden, zeigen wir zuerst den Inhalt dieser Datei:

```
$ cat essen
Naschkatze
```

```
Bangkok-Wok
Mandalay
Persische Spezialitäten
Semarang Java-Küche
Big Apple Feinkost
Sushi und Sashimi
Tio Pepe's
$
```

Wir erstellen nun über die Optionen von pr einen zweispaltigen Bericht mit der Überschrift »Restaurants«:

```
$ pr -2 -h "Restaurants" essen

Sep 24 12:41 2003 Restaurants Page 1

Naschkatze                      Semarang Java-Küche
Bangkok-Wok                     Big Apple Feinkost
Mandalay                        Sushi und Sashimi
Persische Spezialitäten         Tio Pepe's
.
.
$
```

Der Text wird in zweispaltigen Seiten ausgegeben. Am Seitenanfang erscheinen jeweils das Datum und die Uhrzeit, die Kopfzeile (oder der Dateiname, wenn keine Kopfzeile angegeben wurde) und eine Seitennummer. Wenn Sie diese Ausgabe nicht an den Bildschirm, sondern an den Standarddrucker von Mac OS X senden möchten, erzeugen Sie eine Pipe zum Druckerprogramm lpr:

```
$ pr -2 -h "Restaurants" essen | lpr
```

Im Abschnitt »Pipes und Filter« in Kapitel 6 finden Sie mehr Informationen zum Thema Pipes. Wir werden später in diesem Kapitel noch näher auf das Programm lpr eingehen.

pr benötigt keinen PostScript-Drucker.

enscript

Einer der Gründe für den Erfolg des Macintosh ist die integrierte PostScript-Unterstützung für Drucker. Mit ihrer Fähigkeit, Bilder und Texte in sehr hoher Qualität auszugeben, sind PostScript-Drucker die Norm in der Macintosh-Welt. Dies ist allerdings aus Unix-Sicht etwas problematisch, weil Unix-Befehle mit normalem Text ohne spezielle PostScript-Formatierungen arbeiten.

Die Umwandlung von normalem Text in PostScript ist die Aufgabe von enscript. Das Programm enscript bietet eine bemerkenswerte Anzahl verschiedener Befehls-Flags, mit denen Sie auf all die Layout- und Konfigurationsoptionen zugreifen können, die Sie von den Seitenaufbau- und Druckdialogen unter Aqua gewohnt sind.

Die hilfreichsten Befehls-Flags sind in Tabelle 5-2 zusammengefasst (Sie erfahren alles über die Optionen von enscript auf der Manpage von enscript). Eine typische Anwendung besteht im Senden einer Datei an den Drucker:

```
$ enscript -p - Sample.txt | lpr
[ 1 pages * 1 copy ] left in -
$
```

Enscript ist außerdem in der Lage, PostScript-Ausgabedateien für die elektronische Weitergabe zu erzeugen. So übersetzt der Befehl enscript -p beispiel.eps beispiel. txt die Datei *beispiel.txt* ins PostScript-Format und speichert das Ergebnis in der Datei *beispiel.eps*.

Tabelle 5-2: Nützliche Optionen von enscript

Option	Beschreibung
-B	Keine Kopfzeilen drucken.
-f *schrift*	Textkörper in *schrift* drucken (Standardschrift ist Courier10).
-j	Spalten mit Umrandungen versehen (die mehrspaltige Ausgabe schalten Sie mit -1 oder -2 ein).
-p *datei*	Ausgabe an *datei* senden. Mit - wird auf die Standardausgabe ausgegeben (bei Pipes).
-r	Ausdruck wird um 90 Grad gedreht, wodurch im Quer- und nicht im Hochformat (der Standardein-stellung) gedruckt wird.
-W *sprache*	Ausgabe in der angegebenen Sprache. Die Standardeinstellung ist PostScript, aber enscript unter-stützt auch HTML und RTF.

lpr

Der allem zugrunde liegende Befehl zum Drucken unter Unix lautet lpr. Mit diesem Befehl werden Dateien oder der Eingabestrom an Ihren Standarddrucker (den Sie im Drucker-Dienstprogramm ausgewählt haben) übergeben. Die Syntax lautet:

```
lpr option(en) dateiname(n)
```

Nachdem Sie den Befehl zum Ausdruck einer Datei erteilt haben, kehrt der Shell-Prompt auf den Bildschirm zurück, und Sie können einen weiteren Befehl erteilen. Das Erscheinen dieses Prompts bedeutet aber nicht, dass Ihre Datei bereits gedruckt wurde. Sie wurde der Druckerwarteschlange hinzugefügt und wird ausgedruckt, wenn sie an der Reihe ist.

Möchten Sie zum Beispiel eine Datei namens *rechnungen* auf den Standarddrucker ausgeben, verwenden Sie hierzu den Befehl lpr, und zwar so:

```
$ lpr rechnungen
$
```

lpr erzeugt keine Rückmeldung, wenn alles ordnungsgemäß übergeben und in die Warteschlange eingereiht werden konnte. Wenn Sie für Ihre lpr-Jobs eine Kennung brauchen, können Sie sich über das Programm lpq die Druckerwarteschlange ansehen (siehe den Abschnitt »lpq« weiter hinten in diesem Kapitel). Die Datei *rechnungen* wird an den Standardsystemdrucker geschickt. lpr hat eine ganze Reihe von Optionen, von denen die meisten in der Umgebung des Mac OS X-Unix aber nicht viel nutzen. In Tabelle 5-3 sehen Sie die nützlichsten Optionen.

Tabelle 5-3: Die nützlichsten Optionen für lpr

Befehl	Beschreibung
-P*drucker*	Den entsprechenden *drucker*-Namen verwenden, wenn mehrere Drucker zur Verfügung stehen. Die Druckernamen werden im Drucker-Dienstprogramm zugewiesen.
-#	Druckt # Exemplare der Datei.
-C*name*	Name des Druckauftrags angeben.
-p	Die zu druckende Datei wird mit einer schattierten Kopfzeile versehen, die den Dateinamen, das Datum, die Uhrzeit und die Seitenzahl enthält. Nur sinnvoll bei der Arbeit mit Textdateien.
-r	Dateien sollen nach Beendigung des Druckauftrags gelöscht werden (gilt nur für benannte Dateien).

Checkliste bei Problemen

lpr gibt die Meldung »jobs queued, but cannot start daemon« zurück.

Ihr System ist wahrscheinlich nicht richtig für einen lpr-Drucker konfiguriert. Haben Sie einen benannten lpr-Drucker, der funktioniert, dann versuchen Sie den Befehl noch einmal mit der Option -P*druckername*. Funktioniert das auch nicht, sollten Sie nochmals überprüfen, ob Ihr Drucker korrekt eingerichtet und im Drucker-Dienstprogramm als Standarddrucker ausgewählt ist. Alternativ können Sie es auch mit atprint probieren oder versuchen, Ihre Datei mit Text-Edit in der Aqua-Umgebung auszudrucken.

Mein Ausdruck ist noch nicht da.

Überprüfen Sie, ob der Drucker gerade druckt. Ist dies der Fall, haben vielleicht andere Benutzer vor Ihnen Druckaufträge an denselben Drucker geschickt, und Ihre Datei wird dann gedruckt, wenn sie an der Reihe ist. Im nächsten Abschnitt erfahren Sie, wie Sie die Druckaufträge überprüfen können. Benutzen Sie den Befehl lpq, um zu überprüfen, dass sich Ihr Druckauftrag noch in der Druckerwarteschlange befindet.

Wird gerade nichts gedruckt, überprüfen Sie den Papiervorrat des Druckers, die Verbindungskabel und den Netzschalter. Der Drucker könnte sich auch aufgehängt haben. Wenn dies der Fall ist, bitten Sie andere Benutzer oder den Systembetreuer um Hilfe.

Mein Ausdruck ist zerschossen oder sieht überhaupt nicht so aus wie die Datei in meinem Terminal-Fenster.

Eventuell ist der Drucker nicht für die von Ihnen geschickte Datei konfiguriert. Eine Datei im Nur-Text-Format sieht zum Beispiel in der Vorschau im Terminal-Fenster völlig in Ordnung aus, im Ausdruck jedoch erscheint nur wirres Zeug. Versteht der Drucker nur PostScript, müssen Sie das Nur-Text-Format mit enscript in das für den Drucker verständliche PostScript übersetzen.

lpr erfordert keinen PostScript-Drucker.

Die Druckerwarteschlange betrachten

Wenn Sie herausfinden möchten, wie viele Dateien oder Druckaufträge sich noch vor dem Ihrigen in der Druckerwarteschlange befinden, können Sie hierzu das Programm lpq verwenden. Mit dem Befehl lprm können Sie Druckaufträge aus der lpr-Warteschlange löschen.

Sie können den Status von Druckaufträgen auch über PROGRAMME → DIENSTPROGRAMME → DRUCKER-DIENSTPROGRAMME überprüfen. Wenn Sie auf den jeweiligen Drucker doppelklicken, erscheint die entsprechende Warteschlange.

lpq

Der Befehl lpq gibt Ihnen Auskunft darüber, was gerade gedruckt wird und was sich in der Warteschlange des Standarddruckers befindet:

```
$ lpq
LaserJet is ready and printing
Rank    Owner   Job    File(s)                    Total Size
1st     taylor  5      (stdin)                    1024 bytes
2nd     taylor  6      Microsoft Word - ch05.doc  190464 bytes
3rd     taylor  8      TINTIN.COM                 30720 bytes
$
```

Die erste Zeile zeigt den Druckerstatus. Ist der Drucker abgeschaltet oder hat er kein Papier, sehen Sie in dieser Zeile eventuell eine andere Nachricht. Hier erfahren Sie, dass der Drucker für neue Druckaufträge bereit ist und dass gerade etwas gedruckt wird. Die Druck-Jobs werden in der Reihenfolge ausgegeben, in der sie in der Ausgabe von lpq erscheinen. Die Jobnummer ist wichtig, weil Sie (als Eigentümer) mit ihr Druckaufträge über lprm aus der Warteschlange entfernen können.

lprm

lprm bricht lpr-Aufträge ab. Sie können entweder die ID des Auftrags (wird über lpq dargestellt) oder den Druckernamen angeben.

Wenn Sie die Auftrags-ID nicht haben, holen Sie sich diese über lpq und verwenden Sie danach lprm. Durch die Angabe der Auftrags-ID wird der Auftrag abgebrochen, sogar dann, wenn er gerade ausgedruckt wird:

```
$ lprm 8
```

Um den gerade aktuellen Druckauftrag abzubrechen, können Sie unabhängig von der jeweiligen Auftrags-ID einfach `lprm` und den Druckernamen eingeben:

```
$ lprm LaserJet
```

`lprm` gibt nur dann eine Meldung aus, wenn ein Fehler auftritt.

Die Arbeit mit AppleTalk-Druckern

Gelegentlich wollen Sie vielleicht einen AppleTalk-basierten Drucker oder einen Netzwerkdrucker, der über Ihr AppleTalk-Netzwerk erreichbar ist, verwenden. Für diesen Zweck gibt es eine Reihe von einfach zu benutzenden Unix-Befehlen, die mit AppleTalk umgehen können. Der wichtigste von ihnen ist `atprint`, mit dem Sie beliebige Unix-Ausgaben einfach auf einen Drucker umleiten können.

Rufen Sie vor der Benutzung der AppleTalk-Tools den Befehl `atlookup` auf, der Ihnen alle AppleTalk-Geräte nennt, die im Netzwerk erkannt werden (das können eine ganze Menge sein):

```
$ atlookup
Found 4 entries in zone *
ff41.d0.80      Dave Taylor's Computer:Darwin
ff01.04.08      LJ2100TN-via-AppleTalk:SNMP Agent
ff01.04.9d      LJ2100TN-via-AppleTalk:LaserWriter
ff01.04.9e      LJ2100TN-via-AppleTalk:LaserJet 2100
```

Sie sehen, dass der LJ2100TN-Drucker (ein HP LaserJet2100) mit zwei verschiedenen AppleTalk-Adressen erscheint. Das können Sie glücklicherweise getrost ignorieren, ebenso wie die anderen AppleTalk-Geräte, die in der Liste auftauchen. Wichtig ist hier nur, dass der Befehl `atlookup` bestätigt hat, dass auch wirklich ein AppleTalk-Drucker zur Verfügung steht.

Möchten Sie einen bestimmten AppleTalk-Drucker als Standarddrucker für den Befehl `atprint` festlegen, brauchen Sie dazu den seltsam benannten Befehl `at_cho_prn`. Der Trick an der Sache ist, dass Sie diesen Befehl als *Root-Benutzer* oder Administrator aufrufen müssen. Mit dem Befehl sudo (siehe den Abschnitt »Superuser-Privilegien mit sudo« in Kapitel 3) können Sie das Programm als *root* aufrufen:

```
$ sudo at_cho_prn
Password:
Zone:*??????@??`??Pp???????@??`??RH?????????RP?
  1: ff01.04.9dtLJ2100TN-via-AppleTalk:LaserWriter

ITEM number (0 to make no selection)?1
Default printer is:LJ2100TN-via-AppleTalk:LaserWriter@*
status: idle
```

Falls Sie in einem Netzwerk mit mehreren Zonen arbeiten, werden Sie vom Prompt zur Auswahl einer Zone aufgefordert.

Nun wird schließlich der LaserJet 2100-Drucker als Standarddrucker für AppleTalk ausgewählt, und alle nachfolgenden Aufrufe von atprint werden an den Drucker gesendet, ohne dass sie hierfür den genauen Druckernamen kennen müssen.

Da die meisten über AppleTalk verfügbaren Drucker in einem Macintosh-Netzwerk PostScript-Drucker sind, muss vor dem Ausdrucken das Programm enscript verwendet werden, damit die Ausgabe im PostScript-Format erfolgt. Als Beispiel drucken wir nun die Manpage zu *Intro* (eine Einführung in das Manpage-System) auf dem LaserWriter-Drucker, und zwar richtig im PostScript-Format:

```
$ man intro | enscript -p - | atprint
Looking for LJ2100TN-via-AppleTalk:LaserWriter@*.
Trying to connect to LJ2100TN-via-AppleTalk:LaserWriter@*.
[ 1 pages * 1 copy ] left in -
atprint: printing on LJ2100TN-via-AppleTalk:LaserWriter@*.
$
```

Pipes (Befehlsfolgen, die durch ein Pipe-Zeichen (|) voneinander getrennt sind) erläutern wir genauer in Kapitel 6.

atprint erfordert keinen PostScript-Drucker (außer es wird enscript verwendet), aber es wird ein AppleTalk-Drucker benötigt.

Nicht-PostScript-Drucker

Auch vor Mac OS X 10.3 Panther konnte lpr mit einer Reihe verschiedener Dateiformate umgehen (unter anderem PDF, Textdateien und viele Bildformate). Die Arbeit mit PostScript war allerdings nur möglich, wenn Sie auch einen PostScript-Drucker benutzten. Sofern Ihr Drucker PostScript nicht unterstützt, sind direkte PostScript-Ausgaben mit lpr nicht möglich. Dies bedeutet auch, dass Sie zum Ausdrucken kein enscript verwenden können.

Sofern Sie aber Fink installiert haben (siehe »Fink« in Kapitel 9), können Sie das Ghostscript-Paket installieren und Ihre PostScript-Datei dann mit dem Befehl ps2pdf in eine PDF-Datei umwandeln. Um enscript zum Beispiel mit der Datei *essen* zu benutzen, wandeln Sie die Datei in das PDF-Format um und drucken diese dann aus. Hierfür benutzen Sie Pipes zwischen den Befehlen enscript, ps2pdf und lpr, wie hier gezeigt:

```
$ enscript -o - essen | ps2pdf - - | lpr
```

Der Schalter -o - und das Pipe-Symbol (|) weisen enscript an, seine PostScript-Ausgabe an das Programm ps2pdf zu senden. Die Optionen - - und die Pipe weisen ps2pdf an, die Eingabe aus der Pipe zu lesen und seine Ausgabe an lpr zu übergeben, das die PDF-Datei an den Drucker schickt. Näheres zum Thema Pipes finden Sie in Kapitel 6.

KAPITEL 6

E/A-Umleitung

Viele Unix-Programme halten sich beim Lesen ihrer Eingaben (beispielsweise eine Datei) und Schreiben ihrer Ausgaben an bestimmte Standards, die ihnen die Zusammenarbeit ermöglichen. In diesem Kapitel werden wir einige dieser Werkzeuge besprechen und lernen, wie man Programme und Dateien auf neue und sehr effektive Weise miteinander verbinden können.

Die in diesem Kapitel besprochenen Methoden funktionieren im Allgemeinen *nicht* bei Programmen wie dem vi-Editor, die Ihr gesamtes Terminal-Fenster in Anspruch nehmen. (Die Programme less und more arbeiten aber dennoch auf diese Weise zusammen.) Sie beziehen sich auch nicht auf Programme mit grafischer Oberfläche wie Finder oder Safari, die ihre eigenen Fenster auf Ihrem Bildschirm öffnen.

Standardeingabe und Standardausgabe

Was passiert, wenn Sie bei einem Befehl auf der Befehlszeile keinen Dateinamen als Argument angeben? Die meisten Programme lesen stattdessen die Eingabe von Ihrer Tastatur (natürlich nachdem Sie das Programm mit Return gestartet haben). Die Tastatur Ihres Terminals ist die *Standardeingabe* des Programms.

Bei der Abarbeitung des Programms werden die Ergebnisse normalerweise auf Ihrem Terminal-Bildschirm dargestellt. Der Terminal-Bildschirm ist die *Standardausgabe* des Programms. Wenn Sie also nichts anderes angeben, lesen die Programme ihre Daten von der Standardeingabe und schicken die Ergebnisse an die Standardausgabe. Diese zwei Standardformen für Ein- und Ausgaben (E/A, engl. I/O, input/output) sind veränderbar. Man spricht dann von einer *E/A-Umleitung* (I/O redirection).

Wenn ein Programm in seine Standardausgabe schreibt, landen die Ausgaben in der Regel auf dem Bildschirm. Durch die Verwendung des Größer-als-Zeichens (>) als Umleitungs-Operator können Sie die Ausgaben aber auch in eine Datei umleiten.

Mit dem Pipe-Operator (|) können Sie die Standardausgabe eines Programms mit der Standardeingabe eines anderen Programms verbinden. Die Umleitung von Ein- und Ausgaben ist eines der mächtigsten und flexibelsten Unix-Merkmale.

Liest ein Programm nicht standardmäßig aus Dateien, sondern von der Standard-eingabe, können Sie den Inhalt von Dateien mit Hilfe des Kleiner-als-Zeichens (<) als Umleitungs-Operator übergeben. tr ist zum Beispiel so ein Programm. Sie können folgendermaßen in der Datei *to_do* mit dem Eingabe-Umleitungsoperator Kommas in Zeilenumbrüche umwandeln:

```
$ cat to_do
Mac OS X installieren,Unix lernen,???,Profit!
$ tr ',' '\n' < to_do
Mac OS X installieren
Unix lernen
???
Profit!
$
```

Können Sie sehen, was hier passiert ist? Der Befehl tr hat alle Kommas in der Einga-bedatei (*to_do*, die aufgrund der <-Notation die Standardeingabe ersetzt hat) durch Zeilenumbrüche ersetzt und das Ergebnis dann auf der Standardausgabe (dem Ter-minal-Fenster) ausgegeben.

Text in eine Datei umleiten

Anstatt ein Programm stets auf den Bildschirm schreiben zu lassen, können Sie die Ausgabe in eine Datei umleiten. Das ist von Nutzen, wenn Sie die Programmausgabe abspeichern möchten oder wenn Sie mehrere Dateien zu einer größeren Datei zusammenfassen möchten.

cat

Das Programm cat, eine Abkürzung von »concatenate« (aneinander hängen, verket-ten), liest Dateien nacheinander ein und gibt ihre Inhalte nacheinander, aber ohne Unterbrechung, auf die Standardausgabe aus.

Möchten Sie die Dateien auf der Standardausgabe (Ihrem Bildschirm) darstellen, so verwenden Sie:

```
cat datei(en)
```

Als Beispiel stellen wir den Inhalt der Datei */etc/bashrc* dar. Diese Systemdatei ist die globale Login-Datei für *bash*.

```
$ cat /etc/bashrc
# System-wide .bashrc file for interactive bash(1) shells.
PS1='\h:\w \u\$ '
$
```

Wenn die Ausgabe mehr als eine Bildschirmseite umfasst, können Sie nicht wie mit einem Pager (zum Beispiel less) zu den vorhergehenden Bildschirmseiten zurückblättern (es sei denn, Ihr Terminal-Fenster hat einen Scrollbalken). cat wird denn auch meistens im Zusammenhang mit der E/A-Umleitung benutzt, wie Sie gleich sehen werden.

Wenn Sie cat übrigens ohne Dateinamen eingeben, liest auch dieses Programm von der Tastatur (wie bereits erwähnt). Über Ctrl-D können Sie diesen Modus wieder verlassen.

Wenn Sie die Formulierung > *dateiname* an das Ende einer Befehlszeile schreiben, wird die Standardausgabe des Programms in eine Datei umgeleitet. Das Symbol > ist der *Ausgabe-Umleitungsoperator*.

Wenn Sie den Operator > benutzen, müssen Sie darauf achten, dass Sie nicht versehentlich einen Dateiinhalt überschreiben. Ihr System lässt die Umleitung der Ausgabe auf eine bereits existierende Datei eventuell zu. In diesem Fall ist der Inhalt der alten Datei für immer verloren (oder im Unix-Slang »clobbered«, also »völlig im Eimer«). Sie müssen aufpassen, dass Sie nicht eine wichtige Datei überschreiben!

Viele Shells können Sie vor diesem Risiko schützen. In der *bash* (die Standard-Shell unter Mac OS X) verwenden Sie dazu den Befehl set noclobber. Geben Sie diesen Befehl entweder auf der Befehlszeile ein oder schreiben Sie ihn in Ihre ~/.profile-Datei. Danach weigert sich die Shell, Ausgabe-Umleitungen auf bereits bestehende Dateien auszuführen.

Das schützt aber nicht vor dem Überschreiben mit Unix-Programmen wie cp; es bezieht sich nur auf den Ausgabe-Umleitungsoperator >. Noch besseren Schutz erreichen Sie durch das Setzen spezieller Unix-Zugriffsrechte (siehe Kapitel 4).

Im folgenden Beispiel verwenden wir den Ausgabe-Umleitungsoperator mit dem Befehl cat. Der Inhalt der Datei, der normalerweise auf dem Bildschirm (der Standardausgabe) zu sehen wäre, wird in eine Datei umgeleitet, die wir danach mit cat lesen (ohne Umleitung!):

```
$ cat /etc/bashrc > mybashrc
$ cat mybashrc
# System-wide .bashrc file for interactive bash(1) shells.
PS1='\h:\w \u\$ '
$
```

In einem früheren Beispiel haben wir gesehen, wie cat /etc/bashrc die Datei */etc/ bashrc* auf dem Bildschirm darstellt. Nun wird der Operator > hinzugefügt, wodurch die Ausgabe von cat in eine Datei namens *mybashrc* im Arbeitsverzeichnis umgeleitet wird. Wenn wir die Datei *mybashrc* auf dem Bildschirm darstellen, sehen wir, dass ihr Inhalt mit dem Inhalt der Datei */etc/bashrc* übereinstimmt (das Ergebnis entspricht also dem des Kopierbefehls cp /etc/bashrc mybashrc).

Der Ausgabe-Umleitungsoperator > kann mit jedem Programm benutzt werden, das auf die Standardausgabe schreibt – nicht nur mit cat. Ein Beispiel:

```
$ who > benutzer
$ date > heute
$ ls
mylogin   heute   benutzer   ...
```

Wir haben die Ausgabe von who in eine Datei namens *benutzer* umgeleitet und die Ausgabe von date in die Datei namens *heute*. Wenn wir das Verzeichnis anzeigen lassen, sehen wir die zwei neuen Dateien. Sehen wir uns die Ausgabe von who und date an, indem wir die zwei Dateien mit cat anzeigen lassen:

```
$ cat benutzer
taylor    console   Sep 24 07:58
taylor    ttyp1     Sep 24 08:00
$ cat heute
Wed Sep 24 09:41:07 MDT 2003
$
```

Mit cat und dem Operator > kann man auch kleine Textdateien erzeugen. Wir hatten schon erwähnt, dass Sie Ctrl-D eingeben müssen, wenn Sie versehentlich cat ohne Dateiname eingeben. Dies liegt daran, dass cat ohne weitere Parameter beliebige Tastatureingaben als Eingabe betrachtet. Mit dem Befehl

```
cat > dateiname
```

kann man daher das, was eingetippt wird, in eine Datei umleiten. Versuchen Sie es mit folgendem Beispiel:

```
$ cat > to_do
Bericht bis Mittag fertig machen
Mittagessen mit Xenia
Schwimmen heute um 17:30
^D
$
```

cat liest den eingegebenen Text (in diesem Beispiel die drei Zeilen, die mit Bericht, Mittagessen und Schwimmen beginnen) von der Tastatur ein, und der Operator > leitet die Ausgabe in die Datei *to_do* um. Wenn Sie *einmal* Ctrl-D in einer eigenen Zeile eintippen, signalisiert dies das Ende der Eingabe. Es sollte ein neuer Shell-Prompt erscheinen.

Sie können mit cat und dem Operator > auch mehrere kleine Dateien zu einer größeren zusammensetzen. Mit der Zeile

```
cat datei1 datei2 > neuedatei
```

wird eine Datei *neuedatei* angelegt, die aus dem aneinander gehängten Inhalt der Dateien *datei1* und *datei2* besteht.

```
$ cat heute to_do > termine
$ cat termine
Wed Sep 24 09:41:07 MDT 2003
Bericht bis Mittag fertig machen
Mittagessen mit Xenia
Schwimmen heute um 17:30
$
```

 Sie können mit der Ausgabe-Umleitung keine Datei, vielleicht zusammen mit anderen Dateien, an sich selbst anhängen. Sie könnten vielleicht denken, dass man mit dem folgenden Befehl die »To-do«-Liste von heute mit der von morgen zusammenführen kann. Das ist aber keine besonders gute Idee.

```
$ cat to_do to_do.morgen > to_do.morgen
```

Es funktioniert, läuft aber bis in alle Ewigkeit weiter, weil die Datei ständig wieder in sich selbst kopiert wird. Wenn Sie den Befehl mit Ctrl-C abbrechen und sich die Datei mit ls ansehen, erkennen Sie, dass sie schon recht groß geworden ist:

```
^C
$ ls -sk to_do.morgen
81704 to_do.morgen
```

ls -sk zeigt die Dateigröße in Kilobyte an, sie ist also schon ungefähr 80 Megabyte groß! Um es richtig zu machen, benutzen Sie stattdessen entweder eine temporäre Datei (wie das geht, zeigen wir in einem späteren Beispiel), oder Sie verwenden einfach einen Texteditor.

Sie können Text auch an eine bestehende Datei anhängen, ohne die alte Datei zu überschreiben. Dazu verwenden Sie den Operator >> (Umleitung zum Anhängen). Er wird genauso wie der Operator > (Ausgabe-Umleitung) verwendet. Der Befehl

```
cat datei2 >> datei1
```

hängt *datei2* an das Ende von *datei1* an. Dadurch wird der Inhalt von *datei2* nicht verändert. Aus *datei2* wird nur gelesen.

Zur Verdeutlichung hängen wir den Inhalt der Datei *benutzer* und das heutige Datum an das Ende der Datei *termine* an. Das sieht dann so aus:

```
$ cat benutzer >> termine
$ date >> termine
$ cat termine
Wed Sep 24 09:41:07 MDT 2003
Bericht bis Mittag fertig machen
Mittagessen mit Xenia
Schwimmen heute um 17:30
taylor    console   Sep 24 07:58
taylor    ttyp1     Sep 24 08:00
Wed Sep 24 11:21:35 MDT 2003
$
```

Unix kennt keinen Umleitungsoperator, mit dem man am Anfang einer Datei Text einfügen könnte. Man kann hierzu den neuen Text in einer temporären Datei speichern und diese temporäre Datei dann mit einem Texteditor am Anfang der gewünschten Datei einfügen. Dies können Sie auch mit einer temporären Datei und einer Umleitung erledigen. Vielleicht möchten Sie das Datum jeweils lieber am Anfang Ihrer *termine*-Datei haben. Benennen Sie zunächst die Datei *termine* einfach in *temp* oder etwas Ähnliches um. Erstellen Sie eine neue Datei *termine* mit den Einträgen von heute, und hängen Sie dann *temp* (mit dem alten Inhalt) an *termine* an:

```
$ mv termine temp
$ date > termine
$ cat benutzer >> termine
$ cat temp >> termine
$ rm temp
```

Dieses Beispiel könnte durch eine Kombination der beiden cat-Befehle noch verkürzt werden, indem Sie beide Dateinamen als Argumente an einen einzelnen cat-Befehl übergeben. Dieses Vorgehen funktioniert allerdings nicht, wenn Sie versuchen, mit einem anderen Befehl als cat benutzer einen richtigen Terminkalender anzulegen.

Pipes und Filter

Sie haben gesehen, wie man die Eingabe von einer Datei und die Ausgabe in eine Datei umleiten kann. Man kann auch zwei *Programme* so miteinander verketten, dass die Ausgabe des ersten Programms zur Eingabe des nächsten Programms wird. Werden zwei Programme auf diese Weise verknüpft, spricht man von einer so genannten *Pipe*. Eine Pipe wird erzeugt, indem man einen senkrechten Strich (|) zwischen den beiden Befehlen auf der Befehlszeile eingibt. Wenn zwischen zwei Befehlen ein Pipe-Zeichen steht, wird die Standardausgabe des Befehls links vom Pipe-Zeichen zur Standardeingabe des Befehls rechts vom Pipe-Zeichen. In einer Pipe können beliebige Programme verwendet werden, sofern das Programm links des Pipe-Zeichens auf die Standardausgabe schreibt und das Programm rechts davon von der Standardeingabe liest.

Wenn ein Programm seine Eingabe von einem anderen Programm übernimmt, die übernommenen Daten auf irgendeine Weise verändert und das Ergebnis auf die Standardausgabe schreibt (die dann wiederum per Pipe-Zeichen mit einem anderen Programm verbunden sein könnte), bezeichnet man es als *Filter*. Häufig werden Filter zum Modifizieren von Ausgabedaten verwendet. So wie ein herkömmlicher Filter unerwünschte Bestandteile aussondert, können Unix-Filter eine Ausgabe umstrukturieren.

Die meisten Unix-Programme sind für Pipes geeignet. Einige Programme, die häufig als Filter verwendet werden, beschreiben wir in den nächsten Abschnitten. Beachten Sie, dass diese Programme nicht nur als Filter oder Pipe-Bestandteile Verwendung finden. Sie können auch einzeln verwendet werden.

grep

Das Programm grep durchsucht den Inhalt von Dateien nach Zeilen, auf die ein bestimmtes Suchmuster zutrifft. Die Syntax lautet:

```
grep "suchmuster" datei(en)
```

Der Name »grep« leitet sich von dem ed-Befehl (ed ist ein Unix-Zeileneditor) g/ re/p ab, der für »globally search for a regular expression and print all matching lines containing it« steht (globale Suche nach einem regulären Ausdruck; gefundene Zeilen ausgeben). Ein *regulärer Ausdruck* kann nur aus einem einfachen Textabschnitt (zum Beispiel einem Wort) bestehen, kann aber auch spezielle Zeichen enthalten, mit denen man nach bestimmten Text-Mustern und -Eigenschaften suchen kann. Mit etwas Erfahrung kann man sehr komplexe reguläre Ausdrücke aufbauen und damit auch schwierige Suchaufgaben bewältigen.

grep versteht ausschließlich Klartext. Der SUCHEN...-Befehl im Finder kann auch Microsoft Word-Dateien durchsuchen, grep versteht jedoch nur unformatierten Text. Übergeben Sie trotzdem Dateien, die etwas anderes enthalten, sollten Sie sich auf einige recht interessante Ergebnisse gefasst machen. So enthalten die Dateien von Word und vielen anderen Programmen Zeichen, die die Anzeigen im Terminal auf unvorhersehbare Weise durcheinander bringen können. Wenn Sie auch diese Dateien von der Befehlszeile aus durchsuchen möchten, können Sie hierfür das Programm strings benutzen, um nur die druckbaren Zeichen herauszufiltern (Details dazu erhalten Sie durch die Eingabe des Befehls man strings).

Die einfachste Aufgabe von grep ist die Suche nach einem Muster, das aus einem einzigen Wort besteht. In einer Pipe kann dies so eingesetzt werden, dass nur die Zeilen der Eingabedatei, die einen bestimmten Textstring enthalten, an die Standardausgabe geschickt werden. Beginnen wir aber mit einem Beispiel, in dem Dateien lediglich durchsucht werden: Es sollen alle Dateien im Arbeitsverzeichnis nach einem Wort – sagen wir *Unix* – durchsucht werden. Wir benutzen die Wildcard * und übergeben so alle Dateinamen im Verzeichnis schnell an grep:

```
$ grep "Unix" *
kap01:Unix ist ein vielseitiges und flexibles Betriebssystem
kap01:Als die Entwickler von Unix begannen, ahnten sie wohl kaum,
kap05:Was kann Unix?
$
```

Durchsucht grep mehrere Dateien, zeigt es den Namen der Datei an, in der es die passende Textzeile gefunden hat. Wenn Sie grep jedoch keinen Dateinamen zu lesen geben, liest es von der Standardeingabe; so funktionieren alle Filterprogramme:

```
$ ls -l | grep "Jan"
drwx------    4 taylor  taylor   264  Jan 29 22:33 Movies/
drwx------    2 taylor  taylor   264  Jan 13 10:02 Music/
drwx------   95 taylor  taylor  3186  Jan 29 22:44 Pictures/
drwxr-xr-x    3 taylor  taylor   264  Jan 24 21:24 Public/
$
```

Zuerst zeigt unser Beispiel mit ls -l den Verzeichnisinhalt an. Die Standardausgabe von ls -l wird über eine Pipe an grep weitergeleitet, das nur die Zeilen ausgibt, die den String Jan enthalten (also alle Dateien und Verzeichnisse, die zuletzt im Januar geändert wurden, sowie alle anderen Zeilen, deren Text das Muster »Jan« aufweist). Da die Standardausgabe von grep nicht umgeleitet wird, erscheinen diese Zeilen im Terminal-Fenster.

Mit den Optionen von grep können Sie die Suchkriterien steuern. Tabelle 6-1 enthält einige dieser Optionen.

Tabelle 6-1: Einige Optionen von grep

Option	Beschreibung
-v	Gibt alle Zeilen aus, die das Muster nicht enthalten.
-n	Gibt die gefundene Zeile und ihre Zeilennummer aus.
-l	Gibt nur die Namen der Dateien aus, die passende Zeilen enthalten (Kleinbuchstabe »L«).
-c	Gibt nur die Anzahl der gefundenen Zeilen aus.
-i	Unterscheidet bei der Suche nicht zwischen Groß- und Kleinschreibung.

Nun weisen wir grep mit einem regulären Ausdruck an, nach Zeilen zu suchen, in denen das Wort *root*, gefolgt von null oder mehr Zeichen irgendeiner Art (im regulären Ausdruck mit .* abgekürzt), und schließlich das Wort Jan vorkommt:

```
$ ls -l | grep "root.*Jan"
drwxr-xr-x  12 root    staff   364  Jan  9 20:24 NetInfo/
$
```

 Der reguläre Ausdruck .* (»kein oder mehr Zeichen«) hat eine andere Bedeutung als das Wildcard-Zeichen für Dateien in der Shell, *. Näheres hierzu finden Sie im Abschnitt »Wildcards für Datei- und Verzeichnisnamen« in Kapitel 4. Leider reicht der Platz in diesem Buch nicht aus, um Ihnen die regulären Ausdrücke so detailliert nahe zu bringen, dass der genaue Unterschied klar wird. Bitte schlagen Sie hierfür in einem ausführlicheren Buch nach (zum Beispiel in *Reguläre Ausdrücke* von Jeffrey Friedl). Als Faustregel können Sie sich aber merken, dass das erste Argument für grep ein regulärer Ausdruck ist, während andere Argumente, falls vorhanden, Dateinamen sind, die Wildcards enthalten können.

Mehr zu regulären Ausdrücken finden Sie in den Referenzen im Abschnitt »Dokumentation« in Kapitel 10.

sort

Das Programm sort ordnet Textzeilen alphabetisch oder numerisch. Im folgenden Beispiel werden die Zeilen aus der Datei *essen* (aus dem Abschnitt »pr« in Kapitel 5) alphabetisch geordnet. sort verändert die Datei selbst nicht, sondern liest die Datei nur und gibt das Ergebnis auf der Standardausgabe (in diesem Fall das Terminal-Fenster) aus.

```
$ sort essen
Bangkok-Wok
Big Apple Feinkost
Mandalay
Naschkatze
Persische Spezialitäten
Semarang Java-Küche
Sushi und Sashimi
Tio Pepe's
```

Standardmäßig sortiert sort die Textzeilen alphabetisch. Es gibt eine ganze Menge Optionen, die das Sortierverhalten beeinflussen; ein paar von ihnen finden Sie in Tabelle 6-2.

Tabelle 6-2: Einige Optionen von sort

Option	Beschreibung
-n	Numerisch sortieren (zum Beispiel: 10 kommt nach 2); Leerzeichen und Tabulatoren werden ignoriert.
-r	Sortierreihenfolge umkehren.
-f	Beim Sortieren nicht zwischen Groß- und Kleinschreibung unterscheiden.
+x	Beim Sortieren werden die ersten *x* Felder ignoriert.

In einer Pipe können auch mehrere Befehle miteinander verkettet werden. Wenn wir von einem der vorherigen Beispiele mit grep ausgehen, können wir die im Januar modifizierten Dateien der Größe nach ordnen. Die folgende Pipe verwendet die Befehle ls, grep und sort:

```
$ ls -l | grep "Jan" | sort +4n
drwx------   2 taylor taylor  264  Jan 13 10:02 Music/
drwx------   4 taylor taylor  264  Jan 29 22:33 Movies/
drwxr-xr-x   3 taylor taylor  264  Jan 24 21:24 Public/
drwx------  95 taylor taylor 3186  Jan 29 22:44 Pictures/
$
```

In diesem Pipe-Befehl werden alle Dateien in Ihrem Verzeichnis, die im Januar geändert wurden, der Größe nach geordnet und im Terminal-Fenster angezeigt. Die Sortieroption +4n überspringt vier Felder (Felder werden durch Leerzeichen voneinander getrennt) und ordnet danach die Zeilen in numerischer Reihenfolge. So wird die Ausgabe von ls durch grep gefiltert und danach nach Dateigröße geordnet (dies ist die fünfte Spalte, die mit 264 beginnt). Sowohl grep als auch sort werden hier als Filter verwendet und modifizieren die Ausgabe des Befehls ls -l. Sie könnten diese Liste drucken, indem Sie die Ausgabe von sort mit einer Pipe an Ihren Druckbefehl weiterleiten (entweder lp, lpr oder atprint).

Pipes zu einem Pager

Auch das Programm less, das Sie im Abschnitt »Inhalt von Dateien mit less betrachten« in Kapitel 3 kennen gelernt haben, kann als Filter verwendet werden. Lange Ausgaben von Programmen laufen normalerweise sehr schnell über den Bildschirm. Wenn Sie den Text jedoch zuerst an less übergeben, hält die Ausgabe am Ende jeder Bildschirmseite an (das ist übrigens der Grund, warum diese Programme als »Pager« bezeichnet werden; sie lassen Sie die Ausgabe Seite für Seite (engl. page) betrachten).

Nehmen wir an, Sie hätten eine lange Verzeichnisliste. (Falls Sie dieses Beispiel nachvollziehen möchten und ein Verzeichnis mit vielen Dateien brauchen, dann wechseln Sie dafür mit cd in ein Systemverzeichnis wie /bin oder /usr/bin.) Die sortierte Liste wird leichter lesbar, wenn Sie die Ausgabe mit einer Pipe an less übergeben:

```
$ cd /bin
$ ls -l | sort +4n | less
total 8288
-r-xr-xr-x  1 root   wheel      9736 27 Aug 04:36 echo
-r-xr-xr-x  1 root   wheel     10256 27 Aug 04:44 sync
-r-xr-xr-x  1 root   wheel     10476 27 Aug 05:03 domainname
...
-r-sr-xr-x  1 root   wheel     25248 27 Aug 05:03 rcp
-r-xr-xr-x  1 root   wheel     27308 27 Aug 04:31 dd
```

less liest eine Bildschirmseite mit Text von der Pipe (mit den nach Dateigröße sortierten Zeilen) und gibt danach einen Doppelpunkt (:) als Prompt aus. An diesem Prompt können Sie less-Befehle eingeben und so durch den sortierten Text navigieren. less liest bei Bedarf weiteren Text aus der Pipe, zeigt ihn an und speichert das bereits Gelesene, wodurch Sie nach Wunsch wieder zurückblättern und bereits gelesenen Text erneut durchsehen können. (Einfachere Pager wie more lassen ein Rückwärtsblättern nicht zu, während aus einer Pipe gelesen wird.) Wenn Sie sich den sortierten Text angesehen haben, können Sie das Programm less mit q verlassen.

Übung: Eingabe/Ausgabe umleiten

In den folgenden Übungen leiten Sie Ausgaben um, erzeugen eine einfache Pipe und verwenden Filter zum Verändern von Ausgabedateien.

Aufgabe	Befehl
Leiten Sie die Ausgabe in eine Datei um.	`ls > dateien`
Wandeln Sie den Text in Großbuchstaben um.	`tr '[a-z]' '[A-Z]' < dateien`
Sortieren Sie die Ausgabe eines Programms.	`ls	sort`
Hängen Sie die sortierte Ausgabe an eine Datei an.	`ls	sort >> dateien`
Stellen Sie die Ausgabe auf dem Bildschirm dar.	`less dateien` (oder `more dateien`)
Stellen Sie eine lange Ausgabe auf dem Bildschirm dar.	`ls -l /bin	less` (oder `more`)
Formatieren Sie eine Datei mit `pr`.	`pr dateien	lp` oder `pr dateien	lpr`

KAPITEL 7
Multitasking

Mac OS X kann viele verschiedene Dinge auf einmal erledigen und teilt die Prozessorzeit so schnell zwischen den verschiedenen Aufgaben auf, dass es so aussieht, als laufe alles gleichzeitig ab. Das nennt man *Multitasking*.

Bei einem Fenstersystem können viele Programme gleichzeitig in mehreren geöffneten Fenstern laufen. Aber unter Mac OS X können Sie wie bei den meisten anderen Unix-Systemen auch mehrere Programme im selben Terminal laufen lassen. Dies nennt man *Job-Kontrolle*. Damit hat man auch in einer Terminal-Umgebung gewisse Vorteile, die sonst nur ein Benutzer eines Fenstersystems hat. Aber auch in einem Fenstersystem kann es vorteilhaft sein, mehrere Dinge gleichzeitig in einem bestimmten Terminal-Fenster zu erledigen, damit die Arbeitsfläche nicht mit vielen Fenstern zugepflastert wird.

Wofür ist diese Job-Kontrolle sonst noch gut? Nehmen wir an, Sie lassen ein Programm laufen, das viel Zeit benötigt. Unter einem Einzelbenutzer-System würden Sie den Befehl eingeben und warten, bis er beendet ist, das heißt bis Sie einen neuen Eingabe-Prompt erhalten. Unter Mac OS X können Sie den lange laufenden Job oder auch mehrere davon im »Hintergrund« ablaufen lassen und im »Vordergrund« neue Befehle erteilen.

Starten Sie einen Befehl als Hintergrundprozess, erhalten Sie sofort danach wieder einen Shell-Prompt und können neue Befehle erteilen. Das Programm läuft im Hintergrund weiter, aber Sie können währenddessen andere Dinge erledigen. Je nach System und Shell können Sie sich eventuell sogar abmelden und den Hintergrundprozess allein weiterlaufen lassen, bis er fertig ist.

Befehle im Hintergrund laufen lassen

Man lässt vor allem die Befehle im Hintergrund laufen, von denen man weiß, dass sie viel Zeit benötigen und sonst das Terminal blockieren würden. Hintergrundprozesse werden auch benutzt, wenn Sie ein neues Programm von einem existierenden Terminal-Fenster aus starten wollen, damit Sie sowohl im Terminal-Fenster als auch in dem neuen Programm arbeiten können.

Sie starten einen Befehl im Hintergrund, indem Sie einfach an die normale Befehlszeile ein & anhängen, bevor Sie Return drücken. Die Shell teilt dem erzeugten Prozess eine Nummer zu und gibt diese aus:

```
$ sort riesige_datei > riesige_datei.sortiert &
[1] 372
$
```

sort ist ein gutes Beispiel, weil das Sortieren von großen Dateien eine ganze Weile dauern kann.

Die Prozess-ID (PID) für dieses Programm ist 372. Die PID ist hilfreich, wenn Sie den Status eines Hintergrundprozesses überprüfen wollen oder diesen beenden müssen. Den Status eines Prozesses überprüfen Sie mit dem Befehl ps -up *PID*; beenden können Sie ihn mit kill *PID*. In unserem Fall würden diese Befehle so aussehen:

```
$ ps -up 372
USER      PID %CPU %MEM     VSZ   RSS TT STAT STARTED    TIME COMMAND
taylor    372  0.0  0.0   18208   340 std  S   10:56PM  0:00.04 sort
$ kill 372
$
```

Glücklicherweise brauchen Sie sich die Prozess-ID nicht jedes Mal zu merken, da es spezielle Unix-Befehle gibt (die wir im folgenden Abschnitt vorstellen werden), mit denen Sie den Status Ihrer laufenden Prozesse überprüfen können. bash gibt außerdem eine Statuszeile auf Ihrem Bildschirm aus, wenn ein Hintergrundprozess beendet wurde.

Bei bash können Sie eine ganze Reihe von Befehlen im Hintergrund ablaufen lassen, indem Sie die Befehle durch Semikolons (;) voneinander getrennt und mit einem &-Zeichen am Ende der gesamten Befehlszeile angeben. Bei anderen Shells schließen Sie die Befehlssequenz in Klammern ein und fügen dann ein &-Zeichen an.

```
(befehl1; befehl2) &
```

Die Shells von Mac OS X-Unix bieten auch die bereits erwähnte *Job-Kontrolle*. Sie können über ein *Suspend-Zeichen* (normalerweise Ctrl-Z) ein im Vordergrund laufendes Programm zeitweilig anhalten, also suspendieren. Das Programm wird unterbrochen, und Sie erhalten einen neuen Shell-Prompt. Sie können nun beliebige Befehle eingeben, aber auch das angehaltene Programm mit bg in den Hintergrund schicken. Mit dem Befehl fg holen Sie ein unterbrochenes oder im Hintergrund laufendes Programm wieder in den Vordergrund.

Nehmen wir an, Sie wollen eine große Datei mit sort bearbeiten. Nach einer Minute fällt Ihnen ein, dass Sie auch noch eine andere Datei bearbeiten müssen. In diesem Fall halten Sie sort an und bringen es in den Hintergrund. Darauf gibt die Shell eine Nachricht aus, gefolgt von einem weiteren Shell-Prompt, auf dem Sie nun Ihren vi-Befehl eingeben können, während sort im Hintergrund weiterläuft.

```
$ sort riesige_datei1 riesige_datei2 > sortiert
...Zeit vergeht...
CTRL-Z
Stopped
$ bg
[1]    sort riesige_datei1 riesige_datei2 > sorted &
$ vi test.txt
```

Prozesse überprüfen

Wenn ein Hintergrundprozess zu lange läuft oder wenn Sie es sich anders überlegen und das Programm anhalten wollen, können Sie den Status des Prozesses ermitteln und ihn nötigenfalls abbrechen.

ps

Wenn Sie den Befehl ps eingeben, erfahren Sie, wie lange ein Prozess schon läuft. Außerdem werden Ihnen die Prozessnummer eines Hintergrundbefehls und das Terminal angezeigt, auf dem der Prozess gestartet wurde. Das Programm tty liefert Ihnen den Namen des Terminals, auf dem der Prozess läuft. Dies ist besonders praktisch, wenn Sie bei mehreren Terminals angemeldet sind, wie im folgenden Beispiel zu sehen ist:

```
$ ps
  PID TT  STAT     TIME COMMAND
  347 std S     0:00.17 -bash
  391 p2  S+    0:00.02 -bash
$ tty
/dev/ttyp1
```

std entspricht Ihrem aktuellen Terminal-Fenster, und p2 ist das Terminal-Fenster für ttyp2. In der Grundform liefert ps folgende Informationen:

Prozessnummer (Prozess-ID, PID)
Eine eindeutige Zahl, die dem Prozess vom Unix-System zugewiesen wurde.

Terminal-Name (TT)
Der Unix-Name des Terminals, von dem aus der Prozess gestartet wurde.

Laufzeitstatus (STAT)
   Der aktuelle Status eines Jobs. S steht für sleeping (schlafend), R für runnable (lauffähig), T für stopped (angehalten) und I für idle (ruht seit mehr als 20 bis 30 Sekunden). Außerdem kann der Status ein +-Zeichen enthalten, das angibt, dass der Prozess zu den Vordergrundprozessen gehört; E bedeutet, dass der Prozess gerade abgeschlossen wird, und W gibt an, dass keine Speicherseiten belegt werden.[1]

Laufzeit (TIME)
   Die vom Prozess bisher benötigte CPU-Zeit (in Minuten und Sekunden).

Befehl (COMMAND)
   Der Name des Prozesses.

Jedes Terminal-Fenster erhält seinen eigenen Terminal-Namen. Im Beispiel oben sehen Sie Prozesse in zwei Fenstern: *std* und *p2*. Möchten Sie herausfinden, welche Prozesse ein bestimmter Benutzer gerade laufen lässt, geben Sie ps -U *benutzername* ein, wobei *benutzername* der Benutzername von jemandem ist, der gerade beim System angemeldet ist.

Alle auf dem System laufenden Prozesse sehen Sie mit ps -ax. Die Option -a zeigt die Prozesse aller Benutzer, und -x zeigt die Prozesse, die nicht mit einer Terminal-Sitzung verbunden sind. Viele davon gehören zu den Kernprozessen von Mac OS X, andere sind vielleicht grafisch orientierte Programme, die gerade laufen, zum Beispiel ein Webbrowser.

Um festzustellen, welche Prozesse von root ausgeführt werden, verwenden Sie grep und das Flag -u, um benutzerorientierte Ausgaben zu erhalten (eigentlich mehr Informationsfelder):

```
$ ps -aux | grep root | head
root     408   3.0  0.0    18096    344 std  R+   11:06PM   0:00.02 ps -aux
root      87   0.0  0.1    27868   1036 ??   Ss   10:38PM   0:01.26 /usr/sbin/
diskarbitrationd
root      89   0.0  0.1    19220    804 ??   Ss   10:38PM   0:00.08 /usr/sbin/
notifyd
root     116   0.0  0.0    27472    328 ??   Ss   10:38PM   0:00.28 netinfod -s
local
root     118   0.0  0.0    18048    112 ??   Ss   10:38PM   0:00.40 update
root     121   0.0  0.0    18076    120 ??   Ss   10:38PM   0:00.00 dynamic_pager -F
/private/var/vm/swapf
root     139   0.0  0.8    34280   6404 ??   Ss   10:38PM   0:01.40 /System/Library/
CoreServices/coreservi
root     161   0.0  0.1    28884   1052 ??   Ss   10:38PM   0:00.18 /System/Library/
CoreServices/SecurityS
```

---

1   Auf der ps-Manpage finden Sie Einzelheiten zu allen möglichen Prozesszuständen. Lesen Sie mal rein!

```
root    172  0.0  0.1    27744    648  ??  Ss   10:38PM   0:00.20 /usr/sbin/
distnoted
root    177  0.0  0.0    27608    184  ??  Ss   10:38PM   0:00.00 cron
```

Das sind schon recht umfangreiche Ausgaben. Um das Ganze etwas netter zu machen, können Sie die Pipe um noch einen Befehl erweitern – das Filter-Werkzeug awk:

```
$ ps -aux | grep root | awk '{ print $1,$2,$11 }' | head
root 118 update
root 84 kextd
root 86 /usr/sbin/configd
root 87 /usr/sbin/diskarbitrationd
root 89 /usr/sbin/notifyd
root 116 netinfod
root 121 dynamic_pager
root 139 /System/Library/CoreServices/coreservi
root 161 /System/Library/CoreServices/SecurityS
root 172 /usr/sbin/distnoted
$
```

Dieser Befehl besagt, dass Sie nur am ersten, zweiten und elften Feld der Ausgabe von awk interessiert sind.

top

Eine andere Möglichkeit, um herauszufinden, welche Programme gerade laufen und welche davon die meisten Ressourcen verbrauchen, besteht in der Verwendung des Befehls top. In Abbildung 7-1 sehen Sie top in Aktion.

Wenn Sie neugierig sind, welche Befehle die meisten Systemressourcen verbrauchen, lassen Sie top in einem eigenen Terminal-Fenster laufen, während Sie arbeiten. Sie sollten sich aber darüber im Klaren sein, dass auch top selbst einige Ressourcen benötigt. Wenn Sie also nicht mehr an seinen Ausgaben interessiert sind, beenden Sie das Programm durch die Eingabe von q. Wenn Sie das Gefühl haben, die Dinge laufen ungewöhnlich langsam auf Ihrem Computer, können Sie top jederzeit neu starten.

top packt dabei eine Menge Informationen in seine Anzeige – wesentlich mehr, als wir hier erklären können. Einen kleinen Tipp können wir Ihnen allerdings geben: Wenn Sie die Prozesse nach CPU-Verbrauch (anstatt nach Prozess-ID) auflisten wollen, rufen Sie den Befehl als top -o cpu auf. Nähere Informationen finden Sie auch in diesem Fall in der Manpage unter man top. Panther liegt darüber hinaus ein recht attraktives, an top angelegtes Programm bei, das Sie vielleicht interessieren könnte. Sie finden es unter PROGRAMME → DIENSTPROGRAMME → AKTIVITÄTS-ANZEIGE.

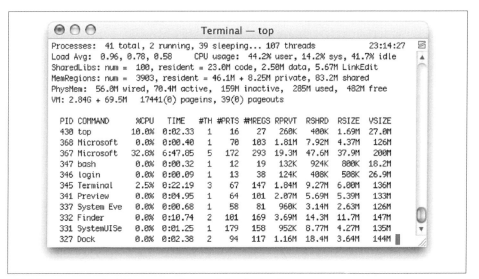

```
 ○ ○ ○                    Terminal — top
Processes:  41 total, 2 running, 39 sleeping... 107 threads         23:14:27
Load Avg: 0.96, 0.78, 0.58     CPU usage: 44.2% user, 14.2% sys, 41.7% idle
SharedLibs: num =  100, resident = 23.0M code, 2.50M data, 5.67M LinkEdit
MemRegions: num = 3903, resident = 46.1M + 8.25M private, 83.2M shared
PhysMem: 56.0M wired, 70.4M active, 159M inactive, 285M used, 482M free
VM: 2.84G + 69.5M   17441(0) pageins, 39(0) pageouts

 PID COMMAND     %CPU   TIME  #TH #PRTS #MREGS RPRVT  RSHRD  RSIZE  VSIZE
 430 top        10.0% 0:02.33   1   16    27   260K   400K   1.69M  27.0M
 368 Microsoft   0.0% 0:00.40   1   70   103  1.81M  7.92M   4.37M  126M
 367 Microsoft  32.8% 6:47.85   5  172   293  19.3M  47.6M   37.9M  200M
 347 bash        0.0% 0:00.32   1   12    19   132K   924K    800K  18.2M
 346 login       0.0% 0:00.09   1   13    38   124K   408K    508K  26.9M
 345 Terminal    2.5% 0:22.19   3   67   147  1.84M  9.27M   6.00M  136M
 341 Preview     0.0% 0:04.95   1   64   101  2.07M  5.69M   5.39M  133M
 337 System Eve  0.0% 0:00.68   1   58    81   960K  3.14M   2.63M  126M
 332 Finder      0.0% 0:10.74   2  101   169  3.69M  14.3M   11.7M  147M
 331 SystemUISe  0.0% 0:01.25   1  179   158   952K  8.77M   4.27M  135M
 327 Dock        0.0% 0:02.38   2   94   117  1.16M  18.4M   3.64M  144M
```

Abbildung 7-1: Der Befehl top zeigt die gerade laufenden Prozesse an

Systemprozesse überwachen

ps -ax teilt Ihnen mit, welche Systemprozesse laufen; aber wenn Sie sehen möchten, was diese gerade tun, müssen Sie in die System-Protokolldatei *system.log* schauen. Diese können Sie sich mit dem Befehl tail ansehen. Der Befehl entspricht im Großen und Ganzen dem Befehl cat, außer dass er nur die letzten paar Zeilen der Datei ausgibt. Mit der Option -f folgt der Befehl der Dateientwicklung. Wenn Sie also ein neues Terminal-Fenster öffnen und den folgenden Befehl eingeben, können Sie die Meldungen einsehen, die aus den System-Utilities kommen:

```
$ tail -f /var/log/system.log
Sep 24 22:38:45 localhost /usr/libexec/ConsoleMessage: Talking to Directory
Services
Sep 24 22:38:45 localhost /usr/libexec/ConsoleMessage: Getting Local Users
Sep 24 22:38:47 localhost kernel: IP packet filtering initialized, divert
enabled, rule-based forwarding enabled, default to accept, logging disabled
Sep 24 22:38:47 localhost kernel: IPv6 packet filtering initialized, default
to accept, logging disabled
Sep 24 22:38:47 localhost kernel: IP firewall loaded
```

Wenn Sie damit fertig sind, erhalten Sie durch die Eingabe von Ctrl-C einen neuen Shell-Prompt. Bestimmte Systemmeldungen sehen Sie auch über die Anwendung *Console* (PROGRAMME → DIENSTPROGRAMME).

Sie können für ps auch bestimmte Prozessnummern angeben, wenn Sie etwas über einen bestimmten Prozess herausfinden möchten. Ein Beispiel:

```
$ sort sehr_grosse_datei > gross-sortierte-ausgabe
[1]  522
$ ps 522
  PID  TT  STAT      TIME COMMAND
  522 std  R      0:00.32 sort sehr_grosse_datei
$ ps $$
  PID  TT  STAT      TIME COMMAND
347 std  S      0:00.35 -bash
```

Wie der letzte Befehl zeigt, können Sie ganz leicht prüfen, welche Befehls-Shell Sie gerade benutzen, wenn Sie das Kürzel $$ für die Prozessnummer der aktuellen Shell verwenden. Das heißt, durch die Übergabe von $$ an ps erfahren Sie, welche Shell Sie gerade ausführen.

Dazu sollten Sie wissen, dass es unter Unix zwei verschiedene Arten von ausführbaren Programmen gibt: *direkt ausführbare Programme* und *interpretierte Programme*. Direkt ausführbare Programme werden in Programmiersprachen wie C geschrieben und sind in ein Binärformat übersetzt worden, das ein System direkt ausführen kann. Interpretierte Programme – zum Beispiel ein Shell-Skript oder ein Perl-Skript – sind Befehlsfolgen, die von einem Interpreter gelesen werden. Wenn Sie ein interpretiertes Programm ausführen, sehen Sie einen zusätzlichen Befehl (zum Beispiel perl, sh oder csh) in der ps-Liste sowie alle Unix-Befehle, die der Interpreter gerade ausführt.

Shells mit Job-Kontrolle bieten den Befehl jobs, mit dem man alle Hintergrundprozesse erhält, die von dieser Shell aus gestartet wurden. Wie bereits erwähnt wurde, kann man den Vordergrund/Hintergrund-Status eines Jobs per Befehl ändern. Es gibt noch weitere Job-Kontrollbefehle (siehe die Hinweise im Abschnitt »Dokumentation« in Kapitel 10).

Prozesse abbrechen

Vielleicht stellen Sie fest, dass ein Prozess doch nicht im Hintergrund laufen sollte, oder vielleicht dauert der Prozess zu lange. Sie können einen Hintergrundprozess abbrechen, wenn Sie seine Prozessnummer kennen.

Zu Mac OS X gehört ein sehr hilfreiches Programm namens *Sofort beenden…*, das über das Apple-Menü gestartet werden kann. Dieses Programm kann nützlich sein, wenn Programme sich aufhängen oder nicht mehr antworten wollen. Im Terminal-Fenster eingegebene Befehle können jedoch nur von der Befehlszeile aus beendet werden – sie werden im Programmfenster PROGRAMME SOFORT BEENDEN auch gar nicht angezeigt. Darüber hinaus zeigt PROGRAMME SOFORT BEEN-

DEN auch keine administrativen Prozesse. Um diese zu beenden, müssen Sie entweder auf die Befehlszeile oder die Aktivitäts-Anzeige zurückgreifen.

kill

Der Befehl kill beendet einen Prozess. Dies hat denselben Effekt wie der Befehl SOFORT BEENDEN im Finder. Das Format von kill lautet folgendermaßen:

```
kill PID(s)
```

kill beendet die ausgewiesenen Prozessnummern (die unter der Überschrift PID in der ps-Liste zu finden sind). Falls Sie die Prozessnummer nicht kennen, sollten Sie zuerst mit ps den Status Ihrer Prozesse prüfen.

Im folgenden Beispiel bewirkt der Befehl sleep *n* einfach, dass ein Prozess *n* Sekunden lang ruht. Wir geben zwei Befehle, sleep und who, auf derselben Zeile als Hintergrundprozesse ein:

```
$ (sleep 60;who) &
[1] 472
$ ps
  PID  TT  STAT      TIME COMMAND
  347 std  S      0:00.36 -bash
  472 std  S      0:00.00 -bash
  473 std  S      0:00.01 sleep 60
$ kill 473
$ -bash: line 53:    473 Terminated            sleep 60
taylor    console  Sep 24 22:38
taylor    ttyp1    Sep 24 22:40

[1]+  Done                    ( sleep 60; who )
$
```

Wir wollten dann doch keine 60 Sekunden auf die Ausgabe von who warten. Die ps-Liste zeigte für sleep die Prozessnummer 473 und wir brachen den sleep-Prozess mit dieser Nummer ab. Sie sollten eine Meldung wie »terminated« oder »killed« sehen; falls Sie sie nicht sehen, sollten Sie mit einem erneuten ps prüfen, ob der Prozess auch wirklich abgebrochen wurde.

In unserem Beispiel wird who nun sofort ausgeführt und braucht nicht mehr auf sleep zu warten; der Befehl zeigt alle aktiven Benutzer des Systems an.

Checkliste bei Problemen

Der Prozess ist immer noch da, obwohl ich ihn gekillt habe.

Bestimmte Prozesse lassen sich nicht so einfach abbrechen. Funktioniert der normale Aufruf von kill bei einem Prozess nicht, sollten Sie es mit kill -9 *PID* versuchen. Dies ist ein garantierter Blattschuss und nimmt es mit so gut wie allen Prozessen auf, auch mit der Shell, die den Befehl gerade interpretiert.

Haben Sie außerdem ein interpretiertes Programm laufen (zum Beispiel ein Shell-Skript), dann können Sie zusammen mit dem Interpreter-Prozess eventuell nicht alle von ihm abhängigen Prozesse killen; manchmal müssen Sie diese einzeln ins Jenseits befördern. Beim Abbruch eines Prozesses, der Daten in eine Pipe ausgibt, werden im Normalfall jedoch auch die Prozesse gekillt, die die Daten empfangen.

KAPITEL 8

Zugriff aufs Internet

Über Netzwerke können Computer miteinander kommunizieren, Dateien und E-Mails austauschen und vieles mehr. Netzwerke gibt es bei Unix-Systemen seit über 25 Jahren, und beim Macintosh gehört die Netzwerkfähigkeit schon zum Systemumfang, seit 1984 das erste System auf den Markt kam.

In diesem Kapitel finden Sie eine Einführung in die Netzwerkwelt unter Unix: Wir erklären, wie Sie von anderen Rechnern aus auf Ihren Mac zugreifen und Dateien zwischen Computern hin- und herkopieren können. Wir zeigen außerdem, wie die Terminal-Funktion MIT SERVER VERBINDEN... nach der ersten Einrichtung häufig benutzte Verbindungen zu einem Kinderspiel machen kann.

Remote-Login

Oft ist es vielleicht so, dass Sie auf Ihren Mac zugreifen möchten, aber nicht zu dem Schreibtisch kommen, auf dem er steht. Wenn Sie an einem anderen Computer arbeiten, haben Sie eventuell nicht die Zeit oder Lust, Ihre Arbeit dort zu unterbrechen, zu Ihrem eigenen Mac zu marschieren und sich dort anzumelden (das muss ja nicht unbedingt aus Faulheit so sein: Vielleicht benutzt jemand anderes gerade Ihren Mac, wenn Sie etwas brauchen, oder vielleicht ist Ihr Mac kilometerweit entfernt). Das File Sharing von Mac OS X (SYSTEMEINSTELLUNGEN → SHARING) ermöglicht Ihnen den Zugriff auf Ihre Dateien, aber manchmal möchten Sie den Computer vielleicht interaktiv verwenden und zum Beispiel Dateien bewegen, nach einer bestimmten Datei suchen oder eine Systemverwaltungsaufgabe erledigen.

Wenn Sie die Option »Entfernte Anmeldung« unter SYSTEMEINSTELLUNGEN → SHARING einschalten, können Sie von einem beliebigen Computer im Netzwerk auf die Unix-Shell Ihres Mac zugreifen, auf dem SSH (*http://www.ssh.com*), OpenSSH (*http://www.openssh.org*) oder ein kompatibles Programm wie PuTTY läuft. (PuTTY ist eine Windows-Implementierung von SSH, verfügbar unter *http://www.chiark.green-*

end.org.uk/~sgtatham/putty/.) SSH und OpenSSH können auf vielen Unix-Systemen installiert werden. OpenSSH liegt vielen Linux-Distributionen und auch Mac OS X übrigens bereits bei.

Abbildung 8-1 zeigt, wie Programme für die entfernte Anmeldung wie ssh funktionieren. Bei der lokalen Anmeldung arbeiten Sie direkt auf dem Shell-Programm, das auf Ihrem lokalen System läuft. Bei der entfernten Anmeldung starten Sie ein Programm für die entfernte Anmeldung auf Ihrem lokalen System; dieses Programm ermöglicht Ihnen den Zugriff auf ein Shell-Programm auf dem entfernten System.

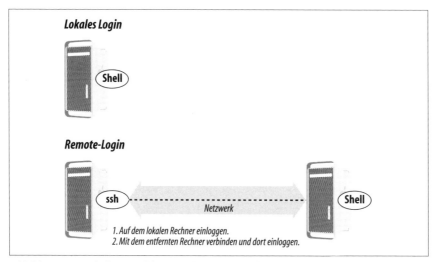

Abbildung 8-1: Lokale Anmeldung, entfernte Anmeldung

Ist die entfernte Anmeldung aktiviert, finden Sie unter SHARING die Anweisungen, um sich von einem anderen Computer aus auf Ihrem Mac anzumelden. Diese Nachricht sehen Sie in Abbildung 8-2.

Um sich von einem entfernten Unix-System auf Ihrem Mac einzuloggen, benutzen Sie den im Sharing-Feld angegebenen Befehl. Hier eine Beispiel-Sitzung, bei der eine Verbindung von einem Red Hat Linux-System zu einem Mac OS X-Computer hergestellt wird (bei der ersten Verbindungsaufnahme müssen Sie die Authentizität Ihres Mac bestätigen):

```
Red Hat: taylor $ ssh taylor@192.168.1.100
The authenticity of host '192.168.1.100 (192.168.1.100)' can't be established.
RSA key fingerprint is 86:f6:96:f9:22:50:ea:4c:02:0c:58:a7:e4:a8:10:67.
Are you sure you want to continue connecting (yes/no)? yes
Warning: Permanently added '192.168.1.100' (RSA) to the list of known hosts.
taylor@192.168.1.100's password:
Last login: Thu Sep 25 10:27:58 2003
Welcome to Darwin!
~ 452 $
```

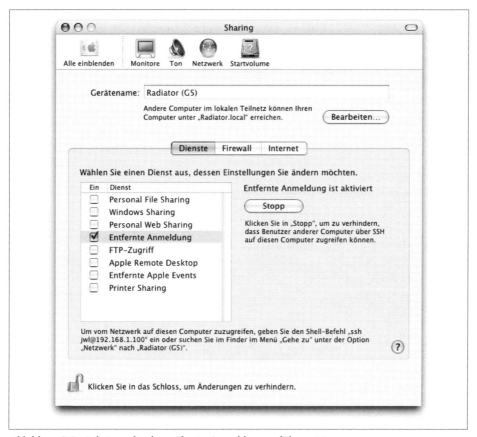

Abbildung 8-2: Anleitung für die entfernte Anmeldung auf Ihrem Mac

Wenn Sie sich von einem Windows-Rechner aus auf Ihrem Mac mit PuTTY einloggen wollen, geben Sie als zu verwendendes Protokoll SSH an (standardmäßig wird das später beschriebene Telnet-Protokoll verwendet). Geben Sie außerdem die IP-Adresse Ihres Mac OS X-Systems ein. Diese finden Sie im Eintrag SHARING in den Systemeinstellungen Ihres Mac. PuTTY fordert Sie daraufhin auf, Ihren Mac OS X-Benutzernamen und das entsprechende Passwort einzugeben. In Abbildung 8-3 sehen Sie ein Beispiel für eine PuTTY-Sitzung.

Web- und FTP-Zugriff

Sie können in den Systemeinstellungen unter SHARING auch den Web- und FTP-Server Ihres Systems einschalten. Aktivieren Sie die Option »Personal Web Sharing« und damit den Webserver. Andere Benutzer können nun über *http://adresse* auf die Homepage (zu finden unter */Library/WebServer/Documents*) zugreifen, wobei

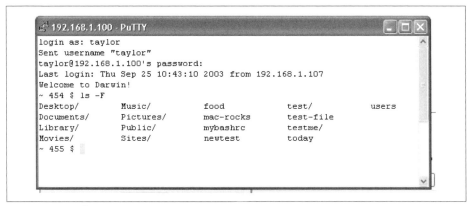

```
192.168.1.100 - PuTTY                                    _ □ X
login as: taylor
Sent username "taylor"
taylor@192.168.1.100's password:
Last login: Thu Sep 25 10:43:10 2003 from 192.168.1.107
Welcome to Darwin!
~ 454 $ ls -F
Desktop/        Music/          food            test/           users
Documents/      Pictures/       mac-rocks       test-file
Library/        Public/         mybashrc        testme/
Movies/         Sites/          newtest         today
~ 455 $
```

Abbildung 8-3: Über PuTTY eine Verbindung mit Mac OS X aufnehmen

adresse die IP-Adresse oder der Hostname Ihres Rechners ist. (Im Kasten »Entfernter Zugriff und die Außenwelt« beschreiben wir, was Sie beachten müssen, wenn Sie eine AirPort-Basisstation oder einen anderen Router zwischen Ihrem Netzwerk und dem Internet verwenden.)

Entfernter Zugriff und die Außenwelt

Wurde Ihrem Macintosh eine IP-Adresse von einer AirPort-Basisstation zugewiesen, ist es sehr gut möglich, dass Ihr Rechner für die Außenwelt nicht sichtbar ist und Sie daher nur von Rechnern innerhalb Ihres eigenen Netzwerks auf Ihren Mac zugreifen können. Sie können entfernten Benutzern den Zugriff ermöglichen, indem Sie mit AIRPORT ADMIN UTILITY → SHOW ALL SETTINGS → PORT MAPPING entsprechend konfigurieren. Für Remote Login müssen Sie Port 22 mit Ihrem Mac verbinden; für Personal Web Sharing ist dies Port 80. Andere SoHo-Gateways (Small Office/Home Office) unterstützen diese Möglichkeit unter Umständen auch. Wenn Sie ein DSL-Modem mit integrierter Firewall verwenden, müssen Sie hier eventuell weitere Einstellungen vornehmen.

Wenn Sie diese Technik wählen, ist die im SHARING-Feld angezeigte IP-Adresse für die Außenwelt nicht korrekt. In diesem Fall müssen Sie die WAN-Adresse Ihrer Air-Port-Basisstation benutzen, um von einem Computer, der sich nicht in Ihrem Netzwerk befindet, auf Ihren Rechner zugreifen zu können.

Aktivieren Sie »FTP-Zugriff«, wenn Sie anderen Benutzern FTP-Zugriff auf Ihr System ermöglichen möchten. Auch hier sollte der entfernte Benutzer die IP-Adresse oder den Hostnamen Ihres Rechners für die Verbindungsaufnahme benutzen.

Entfernte Anmeldung bei anderen Unix-Systemen

Sie können von Mac OS X aus auch mit anderen Systemen Verbindung aufnehmen. Starten Sie hierzu das Terminal-Programm. Danach starten Sie ein Programm, das mit dem entfernten Computer Verbindung aufnimmt. Neben `ssh` sind zum Beispiel auch Programme wie `telnet`, `rsh` (remote shell) und `rlogin` (remote login) beim entfernten Zugriff auf andere Computer üblich. Mac OS X unterstützt und enthält all diese so genannten Remote-Login-Programme. Wenn Sie sich anschließend wieder bei dem entfernten Computer abmelden, schließt sich das Programm für die entfernte Anmeldung, und Sie erhalten wieder den Shell-Prompt Ihres Mac.

Die Syntax für die meisten Remote-Login-Programme lautet:

```
programmname entfernter-rechnername
```

Wenn sich zum Beispiel Dr. Nelson auf dem entfernten Rechner namens *biolab. medu.edu* anmelden möchte, meldet sie sich zunächst auf ihrem eigenen Mac namens *fuzzy* an, indem sie Terminal aufruft. Danach nimmt sie über das Programm `telnet` Verbindung mit dem entfernten Computer auf. Ihre Sitzung sieht ungefähr so aus:

```
Welcome to Darwin!
~ 452 $ telnet biolab.medu.edu

Medical University Biology Laboratory

biolab.medu.edu login: jdnelson
Password:

biolab$
.
.
.
biolab$ exit
Connection closed by foreign host.
~ 453 $
```

Ihre Accounts sind so angelegt, dass der Shell-Prompt den Rechnernamen zeigt. So wird Dr. Nelson daran erinnert, dass sie von einem entfernten Rechner aus angemeldet ist. Wenn Sie mehrere Systeme verwenden, aber den Rechnernamen nicht im Prompt haben, können Sie im Abschnitt »Ihren Prompt verändern« in Kapitel 1 oder im Abschnitt »Dokumentation« in Kapitel 10 herausfinden, wie Sie diesen Rechnernamen hinzufügen können.

 Dr. Nelson wäre allerdings nicht gut beraten, sich per `telnet` auf dem entfernten System anzumelden, denn `ssh` ist wesentlich sicherer und wird fast immer bevorzugt. Trotzdem halten einige entfernte Sites

auch weiterhin an `telnet` fest. Auch wenn es also sinnvoll ist, diese
Sites zu einer Verwendung von `ssh` zu bewegen, kann es sein, dass Sie
sich, wie hier gezeigt, per `telnet` einloggen müssen.

Wenn Sie auf einem entfernten System angemeldet sind, dürfen Sie nicht vergessen,
dass die Befehle, die Sie eingeben, sich auf den entfernten Rechner auswirken, nicht
auf Ihren lokalen Rechner! Wenn Sie zum Beispiel `lpr` zum Ausdrucken einer Datei
verwenden, dann ist der Drucker, auf dem die Datei ausgedruckt wird, eventuell
sehr weit weg.

Die Programme `rsh` (auch `rlogin` genannt) und `ssh` geben Ihnen normalerweise keinen `login:`-Prompt. Diese Programme gehen davon aus, dass Sie auf dem entfernten
System den gleichen Benutzernamen haben wie auf dem lokalen. Haben Sie zwei
verschiedene Benutzernamen, so geben Sie Ihren entfernten Benutzernamen auf der
Befehlszeile des Remote-Login-Programms an, wie im nächsten Beispiel zu sehen.

Vielleicht können Sie sich anmelden, ohne ein Passwort für den entfernten Account
anzugeben.[1] Wenn nicht, fragt der entfernte Rechner nach dem Starten des Programms nach dem Passwort.

Im Folgenden sehen Sie vier Beispiele für Aufrufe von `ssh` und `rsh`. Die ersten zwei
stellen eine Verbindung mit dem entfernten Rechner *biolab.medu.edu* her, wobei wir
davon ausgehen, dass der Benutzername dort der gleiche ist wie auf dem lokalen
System. Das zweite Befehlspaar zeigt, wie man sich auf dem entfernten Rechner
anmeldet, wenn der Benutzername dort ein anderer ist (in diesem Beispiel *jdnelson*).
Beachten Sie, dass die Mac OS X-Versionen von `ssh` und `rsh` eventuell beide Formen
unterstützen – je nach Konfiguration des entfernten Rechners:

```
$ ssh biolab.medu.edu
$ rsh biolab.medu.edu
$ ssh jdnelson@biolab.medu.edu
$ rsh -l jdnelson biolab.medu.edu
```

Dateien übertragen

Wahrscheinlich müssen Sie irgendwann Dateien von einem Rechner auf einen anderen kopieren. Zum Beispiel könnten Sie eine Sicherungskopie einer sehr wichtigen
Datei auf einen Rechner kopieren, der in einem anderen Gebäude oder gar in einer
anderen Stadt steht. Oder Dr. Nelson möchte eine Kopie einer Datendatei von ihrem

---

1   Bei `ssh` können Sie einen so genannten *Agenten* laufen lassen (ssh-agent), der einmal nach Ihrer Pas-
    sphrase fragt und daraufhin die Authentifizierung jedes Mal für Sie vornimmt, wenn Sie `ssh` oder `scp` auf-
    rufen.

lokalen Rechner auf einen Zentralcomputer überspielen, damit ihre Kollegen darauf zugreifen können. Oder Sie möchten 20 Dateien von einem FTP-Server herunterladen, aber nicht mühsam jede Datei einzeln im Webbrowser anklicken. Fallen Arbeiten dieser Art öfter an, können Sie vielleicht eine Dateisystem-Netzwerkverbindung auf Ihrem Rechner einrichten – dann können Sie den Finder oder lokale Programme wie cp und mv verwenden. Aber auch auf Unix-Systemen gibt es Befehlszeilenprogramme, mit denen man Dateien von einem Rechner auf den anderen kopieren kann. Diese sind oft schneller als grafische Tools. Wir sehen sie uns weiter hinten in diesem Kapitel an.

scp und rcp

Mac OS X bietet sowohl scp (secure copy) als auch rcp (remote copy) zum Kopieren von Dateien zwischen zwei Computern. Im Allgemeinen brauchen Sie dafür auf beiden beteiligten Rechnern einen Account. Die Syntax von scp und rcp ähnelt der Syntax von cp, aber man kann vor dem Pfadnamen einer Datei auf dem entfernten Rechner auch dessen Namen angeben. Die Syntax für die Argumente lautet:

```
rechnername:pfadname
```

Der *rechnername:* wird nur für Dateien gebraucht, die auf dem entfernten Rechner liegen. Sie können Dateien vom entfernten Rechner auf den lokalen Rechner kopieren, vom lokalen Rechner auf den entfernten Rechner und auch zwischen zwei verschiedenen entfernten Rechnern.

Das Programm scp ist viel sicherer als rcp; wir empfehlen daher, für alles Private, das über unsichere Netzwerke wie das Internet läuft, nur scp zu verwenden. Um eine erhöhte Sicherheit zu gewährleisten, verschlüsselt scp sowohl die Datei als auch Ihr Passwort.

Als Beispiel wollen wir die Dateien *bericht.mai* und *bericht.juni* aus Ihrem Home-Verzeichnis auf dem Computer namens *giraffe.intuitive.com* kopieren, und zwar in das Arbeitsverzeichnis (.) des Rechners, auf dem Sie gerade angemeldet sind. Haben Sie keinen SSH-Agenten eingerichtet, mit dem Sie scp ohne Eingabe Ihres Passworts verwenden können, fragt scp Sie:

```
$ scp giraffe.intuitive.com:bericht.mai giraffe.intuitive.com:bericht.juni .
Enter passphrase for RSA key 'wolfram@mac':
```

Bei den Dateinamen auf dem entfernten Rechner können Sie nur dann Wildcards verwenden, wenn Sie jeden dieser Namen in Anführungszeichen (*"name"*) setzen.[2] Sie können absolute und relative Pfadnamen verwenden; bei relativen Pfadnamen gehen sie von Ihrem Home-Verzeichnis auf dem entfernten System aus. Möchten Sie zum Beispiel alle Dateien aus Ihrem Unterverzeichnis *essen/mittag* in Ihrem *giraffe*-Account in Ihr Arbeitsverzeichnis (.) im lokalen Account kopieren, geben Sie Folgendes ein:

```
$ scp "giraffe.intuitive.com:essen/mittag/*" .
```

Anders als bei cp haben die Mac OS X-Versionen von scp und rcp keine -i-Sicherheitsoption. Sind die Dateien, die Sie kopieren, bereits auf dem Zielsystem vorhanden (im Beispiel von eben ist das Ihr lokaler Rechner), werden diese Dateien überschrieben.

Wenn auf Ihrem System rcp vorhanden ist, rät Ihr Systemadministrator Ihnen wahrscheinlich aus Sicherheitsgründen davon ab. Ein anderes Programm, ftp, ist viel flexibler und sicherer als rcp (aber doch viel weniger sicher als scp).

FTP

FTP (File Transfer Protocol) ist eine Standardmethode für den Dateitransfer zwischen zwei Computern. Viele Benutzer älterer Versionen von Mac OS kennen auch

---

2 Innerhalb von Anführungszeichen interpretiert die lokale Shell Sonderzeichen wie Wildcards im Dateinamen nicht. Die Wildcards werden ohne Anführungszeichen an die entfernte Shell übergeben, erst *dort* werden die Zeichen interpretiert.

Fetch (*http://fetchsoftworks.com/*), einen grafischen FTP-Shareware-Client, der auf Mac OS X genauso läuft wie auf älteren Versionen.

Das Unix-Programm `ftp` erledigt FTP-Übertragungen von der Befehlszeile aus. Es gibt auf der Apple-Website auch eine ganze Reihe benutzerfreundlicher grafischer FTP-Tools (gehen Sie zu MAC OS X SOFTWARE ERHALTEN im Apple-Menü, und klicken Sie auf Internet-Utilities). Hier jedoch besprechen wir das `ftp`-Standardprogramm. Die Computer auf beiden Seiten der FTP-Verbindung müssen über ein Netzwerk (wie das Internet) miteinander verbunden sein.

Um FTP zu starten, müssen Sie sich zunächst auf dem entfernten Rechner über Ihren Benutzernamen und Ihr Passwort bei Ihrem dortigen Account anmelden. Weil Ihr Benutzername und Ihr Passwort über ein öffentliches Netzwerk geschickt werden, bedeutet dies leider auch, dass ein Netzwerkschnüffler sie sehen und dann damit in Ihren Account auf diesem System eindringen könnte.

Eine besondere Variante von FTP, das *anonyme FTP*, wird verwendet, wenn Sie sich mit dem Benutzernamen *anonymous* beim entfernten Server anmelden. Das Passwort ist Ihre E-Mail-Adresse, zum Beispiel *alex@foo.co.uk*. (Das Passwort ist normalerweise nicht erforderlich, aber man gibt es aus Höflichkeit gegenüber dem Server-Betreiber an.) Mit anonymem FTP kann man öffentliche Dateien von einem Server auf den lokalen Rechner herunterladen. Das könnte etwa so aussehen:

```
$ ftp ftp.apple.com
Trying 17.254.16.11...
Connected to ftp.apple.com.
220 ProFTPD 1.2.8 Server (Apple Anonymous FTP Server) [ftp02.apple.com]
Name (ftp.apple.com:taylor): ftp
331 Anonymous login ok, send your complete email address as your password.
Password:
230 Anonymous access granted, restrictions apply.
Remote system type is UNIX.
Using binary mode to transfer files.
ftp> dir
500 EPSV not understood
227 Entering Passive Mode (17,254,16,11,223,250).
150 Opening ASCII mode data connection for file list
drwxrwxrwx   3 ftpprod  ftpprod       102 May  7 19:11 Apple_Support_Area
drwxrwxr-x  20 ftpprod  ftpprod       680 Aug 28 22:07 developer
drwxrwxr-x  30 ftpprod  ftpprod      1020 Sep 15 13:44 emagic
drwxrwxr-x  10 ftpprod  ftpprod       340 Sep  3 16:23 filemaker
drwxrwxrwx  10 ftpprod  ftpprod       340 Apr  7 16:50 research
226 Transfer complete.
ftp> quit
221 Goodbye.
$
```

ftp von der Befehlszeile aus

Das Unix-Standardprogramm ftp ruft man mit dem Rechnernamen des entfernten Servers auf:

```
ftp rechnername
```

ftp fragt Sie nach Ihrem Benutzernamen und Ihrem Passwort auf dem entfernten Rechner. Dieser Vorgang entspricht weitgehend der entfernten Anmeldung (siehe den Abschnitt »Remote-Login« zu Beginn dieses Kapitels), aber ftp startet nicht Ihre normale Shell. Es gibt stattdessen seinen eigenen Prompt aus und erwartet die Eingabe von speziellen Befehlen zur Dateiübertragung. In Tabelle 8-1 finden Sie die wichtigsten ftp-Befehle.

Tabelle 8-1: Einige ftp-Befehle

Befehl	Beschreibung
put *dateiname*	Kopiert die Datei *dateiname* von Ihrem lokalen Computer auf den entfernten Computer. Geben Sie ein weiteres Argument an, erhält die Kopie diesen Namen.
mput *dateinamen*	Kopiert die benannten Dateien (Sie können Wildcards verwenden) vom lokalen Computer auf den entfernten Computer.
get *dateiname*	Kopiert die Datei *dateiname* vom entfernten Computer auf Ihren lokalen Computer. Wenn Sie ein weiteres Argument angeben, erhält die lokale Kopie diesen Namen.
mget *dateinamen*	Kopiert die benannten Dateien (Sie können Wildcards verwenden) vom entfernten Rechner auf den lokalen Computer.
prompt	Mit diesem Befehl können Sie während Übertragungen mit den Befehlen mget und mput die Ausgabe eines Prompts aktivieren oder abschalten. Standardmäßig fordern mget und mput Sie mit der Ausgabe von »mget *dateiname*?« bzw. »mput *dateiname*?« auf, die Übertragung mit y (yes) zu bestätigen oder mit n (no) abzubrechen. Die Eingabe des Befehls prompt an der ftp>-Eingabeaufforderung schaltet die Anfragen ab, und alle Dateien werden bis zum Ende der Sitzung ohne weiteres Nachfragen übertragen.
hash	Zeigt an, wie weit die Dateiübertragung (Hoch- und Herunterladen) bereits fortgeschritten ist. Sehr hilfreich beim Übertragen von großen Datenmengen.
cd *pfadname*	Wechselt auf dem entfernten Rechner in das Verzeichnis *pfadname* (ftp geht normalerweise auf dem entfernten Rechner von Ihrem Home-Verzeichnis aus).
lcd *pfadname*	Wechselt auf dem lokalen Rechner vom ftp-Arbeitsverzeichnis in das Verzeichnis *pfadname*. (Auf dem lokalen Rechner ist das erste Arbeitsverzeichnis zunächst das, aus dem Sie ftp aufgerufen haben.) Beachten Sie, dass Sie mit dem Befehl ftp lcd nur das Arbeitsverzeichnis für ftp wechseln. Nach dem Verlassen von ftp hat sich das Arbeitsverzeichnis Ihrer Shell nicht verändert.
dir	Zeigt das Verzeichnis auf dem entfernten Rechner an (wie ls -l).
binary	Weist ftp an, die folgenden Dateien ohne Interpretation zu übertragen. Dadurch bleiben Bilder, Tondateien und andere Daten erhalten.
ascii	Überträgt reine Textdateien und nimmt nötigenfalls eine Übersetzung vor. Beim Dateitransfer zwischen einem Microsoft Windows-System (das an jedem Zeilenende ein ^M anfügt) und einem Unix-System (wo dies nicht der Fall ist) wird bei einem Transfer im ascii-Modus dieses Zeichen je nach Bedarf hinzugefügt oder entfernt.

Tabelle 8-1: Einige ftp-Befehle (Fortsetzung)

Befehl	Beschreibung
passive	Schaltet den Passive-Modus ein und aus. Damit funktioniert ftp eventuell auch, wenn Sie sich hinter einer Firewall befinden. Wenn Sie den Befehl setenv FTP_PASSIVE 1 in Ihre Datei *.tcshrc* setzen, verwenden alle ftp-Sitzungen den Passive-Modus.
quit	Beendet die ftp-Sitzung. Sie erhalten wieder einen Shell-Prompt.

Hier ein Beispiel: Carol wechselt in das lokale Verzeichnis (*uploads*), das sie als Ausgangspunkt benutzen möchte (dies ist sowohl beim Hoch- wie auch beim Herunterladen eine gute Idee). Dann benutzt sie ftp, um die Datei *todo* aus ihrem Unterverzeichnis *work* auf dem entfernten Computer mit dem Namen *rhino* auf ihren lokalen Rechner zu kopieren.

```
$ cd uploads
$ ls
einedatei    kap2       nocheinedatei
$ ftp rhino.zoo.edu
Connected to rhino.zoo.edu.
Name (rhino:carol): csmith
Password:
ftp> cd work
ftp> dir
total 3
-rw-r--r--  1 csmith    mgmt     47 Feb  5  2001 for.ed
-rw-r--r--  1 csmith    mgmt    264 Oct 11 12:18 message
-rw-r--r--  1 csmith    mgmt    724 Nov 20 14:53 todo
ftp> get todo
local: todo remote: todo
227 Entering Passive Mode (17,254,16,11,224,18).
150 Opening BINARY mode data connection for todo (724 bytes)
226 Transfer complete.
724 bytes received in 00:00 (94.06 KB/s)
ftp> quit
$ ls
einedatei    kap2       nocheinedatei    todo
```

Wir haben hier nur die allerwichtigsten ftp-Befehle behandelt. Wenn Sie help am ftp>-Prompt eingeben, erhalten Sie eine komplette Befehlsliste. Geben Sie help, gefolgt von einem ftp-Befehl ein, erhalten Sie eine einzeilige Zusammenfassung dieses Befehls.

SFTP: FTP zu sicheren Sites

Falls Sie nur über ssh mit einer entfernten Site kommunizieren können, unterstützt diese Site wahrscheinlich auch keine normalen FTP-Transaktionen, vermutlich wegen erhöhter Sicherheitsvorkehrungen. Mac OS X liegt auch ein ftp-Programm bei, das mit den Standard-SSH-Serverprogrammen kompatibel ist, sich ansonsten aber wie die üblichen FTP-Programme verhält. Ersetzen Sie den Befehl ftp einfach durch sftp. Hier ein Beispiel:

```
$ cd downloads
$ sftp taylor@intuitive.com
Connecting to intuitive.com...
The authenticity of host 'intuitive.com (128.121.96.234)' can't be established.
RSA key fingerprint is d0:db:8a:cb:74:c8:37:e4:9e:71:fc:7a:eb:d6:40:81.
Are you sure you want to continue connecting (yes/no)? yes
Warning: Permanently added 'intuitive.com,128.121.96.234' (RSA) to the list of known
hosts.
taylor@intuitive.com's password:
sftp> cd mybin
sftp> dir -l
drwxr-xr-x   0 24810   100      1024 Jun 26 20:18 .
drwxr-xr-x   0 24810   100      1536 Sep 16 18:59 ..
-rw-r--r--   0 24810   100       140 Jan 17 2003 .library.account.info
-rwxr-xr-x   0 24810   100      3312 Jan 27 2003 addvirtual
...
-rw-r--r--   0 24810   100       406 Jan 24 2003 trimmailbox.sh
-rwxr-xr-x   0 24810   100      1841 Jan 24 2003 unpacker
-rwxr-xr-x   0 24810   100       946 Jan 22 2003 webspell
sftp> get webspell
webspell                           100%  946      4.7KB/s   00:00
sftp> quit
$ ls -l webspell
-rwxr-xr-x  1 taylor   taylor  946 25 Sep 11:28 webspell
```

FTP mit einem Webbrowser

Wenn Sie nur mal schnell eine Datei von einer entfernten Site herunterladen müssen und nicht die ganzen Möglichkeiten des ftp-Programms benötigen, können Sie sich die Datei auch mit einem Webbrowser über anonymes FTP holen. Dazu müssen Sie über folgende Syntax eine URL (eine Webadresse) anlegen:

```
ftp://rechnername/pfadname
```

Die URL *ftp://einefirma.za/pub/berichte/2001.pdf* bezeichnet die Datei *2001.pdf* im Verzeichnis */pub/berichte* auf dem Rechner *einefirma.za*. In den meisten Fällen können Sie auch nur den ersten Teil der URL angeben – hier zum Beispiel *ftp://einefirma.za* – und mit dem Browser die Verzeichnisstruktur durchgehen. Wenn der Browser nicht automatisch dazu auffordert, einen lokalen Dateinamen anzugeben, verwenden Sie den Menübefehl SPEICHERN UNTER.

 Benutzen Sie den Browser Safari, werden *ftp:*-Verzeichnisse geöffnet, indem sie als eigene Volumes im Finder gemountet werden.

Noch schneller können Sie eine Datei mit dem Befehl curl (copy from URL) herunterladen. Möchten Sie zum Beispiel eine Kopie des Berichts im Arbeitsverzeichnis ablegen, geben Sie einfach Folgendes ein:

```
$ curl -O ftp://einefirma.za/pub/berichte/2001.pdf
```

Ohne die Option -O stellt curl die Datei im Terminal-Fenster dar. Wenn Sie eine Textdatei von einem Internet-Server lesen möchten, können Sie curl und less kombinieren:

```
$ curl ftp://ftp.oreilly.com/pub/LIESMICH.ftp | less
```

Sie können curl auch mit Webseiten verwenden, aber damit wird die Seite als HTML-Quelltext dargestellt:

```
$ curl http://www.oreilly.com | less
```

Andere FTP-Lösungen

Eine der angenehmen Seiten bei der Arbeit mit Unix in der Mac OS X-Umgebung ist die Vielzahl an tollen Aqua-Programmen. In der Welt der FTP-basierten Dateiübertragung ist die Auswahl fast immer gut, von *Fetch*, *NetFinder*, *Transmit* über *FTPeel* und *rbrowser* bis hin zu *Anarchie* und vielen mehr. Diese Programme erhalten Sie beispielsweise direkt über das Apple-Menü über den Punkt »Mac OS X Software...«, oder Sie probieren es einmal bei VersionTracker (*http://www.versiontracker.com/*), Mac OS X Apps (*http://www.macosxapps.com/*), MacUpdate (*http://macupdate.com/*) oder dem Shareware-Archiv Download.com (*http://www.download.com/*).

»Mit dem Server verbinden« als einfache Abkürzung

Das Terminal-Programm besitzt eine sehr hilfreiche Funktion, mit der Verbindungen über telnet, ssh, ftp oder sftp zu einem Kinderspiel werden, sobald sie einmal eingerichtet ist. MIT DEM SERVER VERBINDEN finden Sie im ABLAGE-Menü, wie in Abbildung 8-4 gezeigt.

Um einen Dienst hinzuzufügen, klicken Sie einfach auf das +-Icon in der linken Fensterseite. Normalerweise werden Sie aber bestimmte Server hinzufügen wollen. Dies erledigen Sie über das +-Icon auf der rechten Fensterseite. Hierauf erscheint ein Fenster, in dem Sie nach dem Namen oder der IP-Adresse des entfernten Rechners gefragt werden, den bzw. die Sie einfach, wie in Abbildung 8-5 gezeigt, eingeben.

Wurde der Server einmal für einen bestimmten Bereich eingerichtet, so steht er für alle Dienste zur Verfügung. Wenn Sie also eine Verbindung zum anonymen FTP-Archiv von Apple herstellen möchten, wählen Sie ftp, dann den neuen Servernamen und geben schließlich im Feld »Benutzer« **ftp** ein, wie in Abbildung 8-6 gezeigt.

Abbildung 8-4: MIT DEM SERVER VERBINDEN ermöglicht einfache Abkürzungen

Nun ist die Verbindung zum Apple-Server kein Problem mehr: Geben Sie den Server und den Benutzernamen ein und klicken Sie auf VERBINDEN. Die Ergebnisse sehen Sie in Abbildung 8-7.

Übung

Sie können Ihre ftp-Fähigkeiten im öffentlich zugänglichen FTP-Archiv *ftp.apple. com* ausbauen. Melden Sie sich mit dem Benutzernamen *ftp* und Ihrer E-Mail-Adresse als Passwort an, und sehen Sie sich um. Versuchen Sie, ein Dokument herunterzuladen. Falls Sie einen Account auf einem entfernten System haben, können Sie mit rcp und scp Dateien hin- und herkopieren.

Abbildung 8-5: Einen neuen Server zu MIT DEM SERVER VERBINDEN hinzufügen

Abbildung 8-6: ftp als Benutzernamen für FTP-Verbindungen zu ftp.apple.com angeben

Abbildung 8-7: Direkte Verbindung zum FTP-Server von Apple

KAPITEL 9

Von Fenstern und Downloads

Mac OS X liegt bereits eine ganze Reihe großartiger Programme bei; ein Besuch beim Apple-Händler oder bei VersionTracker (*http://www.versiontracker.com/*) kann Ihnen noch eine Reihe weiterer bescheren, aber das ist immer noch nicht alles, denn wegen seines Unix-Kerns steht dem Mac eine ganze Flut neuer Programme zur Verfügung. Viele dieser Anwendungen gibt es schon recht lange und viele stammen von anderen Mitgliedern der Unix-Familie, wie Linux oder FreeBSD. X11 ist ein hervorragendes Beispiel. Hierbei handelt es sich um eine grafische Benutzeroberfläche für Unix, die es schon eine sehr lange Zeit gibt. Und obwohl die Oberfläche von Mac OS X nur schwer zu überbieten ist, gibt es viele mächtige Unix-Programme, die ohne X11 nicht laufen. Aber auch hier ist Apple schon einen Schritt weiter, denn Mac OS X 10.3 (Panther) liegt X11 bereits bei. Lesen Sie weiter, um mehr über X11 unter Mac OS X zu erfahren.

Die Installation typischer Mac-Programme, seien dies nun Freeware-, Shareware- oder kommerzielle Programme, ist dank des Mac OS X-Installers kein Problem. Unix-Programme besitzen diese einfache Schnittstelle leider nicht. Daher hat ein Team engagierter Programmierer eine Lösung entwickelt, die fast genauso gut ist. Hierbei handelt es sich um ein mächtiges System zum Verwalten und Installieren von Software mit dem Namen *Fink*. Wir werden weiter hinten in diesem Kapitel näher auf das Fink-Projekt eingehen, mit dem eine riesige Auswahl an Open Source- Programmen auch unter Mac OS X verfügbar wird.

X11

Das X Window System (nach der aktuellen Version kurz X11 genannt) ist die grafi- sche Standardoberfläche für Unix-Systeme. Mac OS X ist wie sein Vorgänger NeXTStep eine deutliche Ausnahme. Unter Mac OS X ist der Quartz Compositor für die Bildschirmdarstellung zuständig. Bei einem X11-basierten System ist für diese Aufgabe ein so genannter *X-Server* zuständig. Programme, die unter X11 laufen, wie Office-Anwendungen, Webbrowser und Terminal-Fenster, heißen X-*Clients*. X-Server und -Clients benutzen für ihre Kommunikation die Unix-Netzwerkfunktionen. Wann immer ein Unix-Textverarbeitungsprogramm einen Dialog anzeigen will, der Sie beispielsweise fragt, ob Sie ein Dokument sichern wollen, wird eine Netzwerkverbindung zum X11-Server aufgebaut und dieser angewiesen, das entsprechende Fenster anzuzeigen. Aufgrund dieser Netzwerktechnik können Sie den X11-Client auf einem Rechner am anderen Ende Ihres Büros oder auf der anderen Seite des Planeten ausführen, während Sie die entsprechenden Fenster durch den X11-Server darstellen lassen.

X-Server sind normalerweise Programme, deren Anzeige die gesamte Fläche des Bildschirms ausfüllt (sog. Fullscreen-Programme). In Abbildung 9-1 sehen Sie einen Fullscreen-X-Server auf einem Linux-Rechner. Es laufen drei Programme: ein xterm (ähnlich dem Mac OS X Terminal), ein Programm zum Anzeigen der CPU-Auslastung sowie ein ähnliches Programm, das auf einem Solaris-Rechner läuft, der über 160 Kilometer entfernt steht, und dessen Systemauslastung darstellt. Außerdem ist noch ein Menü zu sehen, das zum *Window Manager* gehört, einem X11-Programm, das für die Darstellung der Rahmen um die Programmfenster und deren Kontroll-Buttons (zum Vergrößern, Verkleinern und Zoomen) zuständig ist. Der Window Manager ist für das allgemeine Aussehen (das so genannte »Look and Feel«) verantwortlich und gibt Ihnen außerdem die Möglichkeit, Programme zu starten oder sich aus X11 auszuloggen. X11-Server besitzen eine ganze Reihe von Window Managern, aus denen Sie wählen können; der in Abbildung 9-1 gezeigte heißt beispielsweise *icewm*.

Da X11-Server sich stark vom Verhalten von Quartz unterscheiden, kam Apple auf die Idee, einen *Root-losen* X11 zu verwenden, der nicht den gesamten Bildschirm einnimmt. Apples Implementierung, zu der der X-Server, viele gebräuchliche X-Clients sowie ein Software-Entwicklerpaket gehören, stammt eigentlich von XFree86 (*http://www.xfree86.org*) ab. Diese X11-Version wird unter Linux, FreeBSD, NetBSD und OpenBSD und vielen anderen Betriebssystemen eingesetzt.

Zudem hat Apple einen neuen Window Manager namens *quartz-wm* entwickelt, dessen Fenster fast wie die Quartz-Fenster aussehen und sich auch so verhalten. Wie Sie in Abbildung 9-2 sehen können, sind sich das X11-xterm und das Mac OS X Terminal erstaunlich ähnlich.

X11 installieren

Apples X11 liegt Mac OS X 10.3 Panther zwar bei, wird aber standardmäßig nicht mit installiert. Um das X11-Installationspaket aufzuspüren, suchen Sie mit Hilfe des Finders auf den Installations-CDs für Mac OS X nach der Datei *X11User.pkg*. Falls

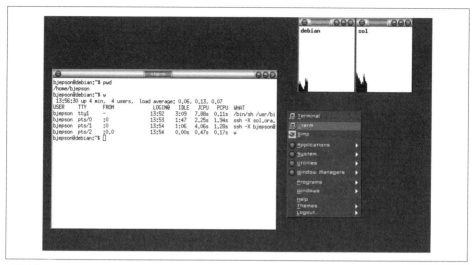

Abbildung 9-1: Ein X-Server unter Linux

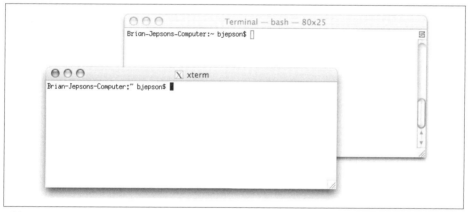

Abbildung 9-2: xterm und Mac OS X Terminal Seite an Seite

Sie diese Datei nicht finden können, erhalten Sie aktuelle Informationen auch unter *http://www.apple.com/macosx/x11/*.

Zum Starten der Installation doppelklicken Sie auf das Paket-Icon und folgen den Anweisungen auf Ihrem Bildschirm. Ist die Installation beendet, finden Sie ein Programm namens *X11* im Ordner */Programme/Dienstprogramme*.

X11 benutzen

Das X11-Programm starten Sie durch Öffnen von */Programme/Dienstprogramme* im Finder und einen Doppelklick auf das X11-Icon. Innerhalb weniger Sekunden öffnet sich ein xterm-Fenster. Ein weiteres xterm-Fenster können Sie durch die Auswahl von ABLAGE → NEUES FENSTER (oder durch ⌘-N) öffnen. Wenn Sie auf das APPLICATION-Menü klicken, sehen Sie eine Liste verschiedener Programme, die direkt über das Menü gestartet werden können. Standardmäßig gibt es hier die Optionen Terminal (startet ein neues xterm), xman (zum Betrachten der Unix-Manpages) und xclock (zeigt eine Uhr auf dem Bildschirm an). In Abbildung 9-3 sehen Sie X11 mit den drei gerade erwähnten Programmen.

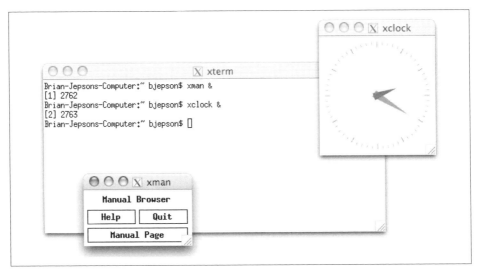

Abbildung 9-3: Einige X11-Clients bei der Arbeit

Zu X11 gehören aber noch eine ganze Menge anderer Programme. Diese finden Sie im Programm-Verzeichnis von X11, dessen Inhalt Sie sich mit dem Befehl `ls /usr/X11R6/bin` anzeigen lassen können. Hier einige der interessanteren Utilities, die Mac OS X beiliegen:

bitmap
> Ein Bitmap-Editor (für *.xbm*-Dateien) für X11.

glxgears
> Ein Demonstrationsprogramm für OpenGL-3D-Grafiken. OpenGL-Programme, die unter der X11-Implementierung von Apple laufen, profitieren von der vollen 3D-Hardwareunterstützung.

glxinfo
> Gibt Informationen über die Fähigkeiten von OpenGL aus.

oclock
> Eine weitere X11-Uhr.

xcalc

Ein Taschenrechner für X11.

xeyes

Ein Augenpaar, das Ihren Mausbewegungen folgt.

xhost

Erlaubt einem anderen Computer, Fenster auf Ihrem Bildschirm zu öffnen.

xkill

Aktiviert den »Cursor des Todes«. Wenn Sie mit diesem Cursor in ein beliebiges X11-Fenster klicken, wird das dazugehörige Programm beendet. Wenn Sie Ihre Meinung kurzfristig ändern und doch kein Programm beenden möchten, geben Sie Ctrl-C ein. Mit xkill können nur X11-Programme beendet werden; auf Aqua-Programme hat xkill keinen Einfluss.

xload

Zeigt die Systemauslastung an.

Zwischen X11 und der Mac OS X-Oberfläche gibt es einige Unterschiede, auf die Sie achten sollten. Auch wenn Apples X11 versucht, diese Unterschiede möglichst klein zu halten, gibt es immer noch ein paar Besonderheiten, die Sie verwirren könnten:

Kopieren und Einfügen

Wenn Sie nach dem Auswählen in einem X11-Fenster den Tastaturbefehl ⌘-C benutzen, können Sie das Ausgewählte in eine andere Mac OS X-Anwendung einfügen. Damit ist die Ähnlichkeit aber auch schon zu Ende: So können Sie ⌘-V nicht benutzen, um etwas in ein X11-Fenster einzufügen. Stattdessen klicken Sie mit gedrückter Optionstaste an die Stelle, an der eingefügt werden soll. Wenn Sie eine Drei-Tasten-Maus besitzen, drücken Sie die mittlere Maustaste, um etwas in ein X11-Fenster einzufügen.

X11-Programm-Menüs

Die verschiedenen X11-Programme haben ihr eigenes Menü in der Nähe des oberen Randes des Hauptfensters. In Abbildung 9-4 sehen Sie zwei Arten von X11-Programm-Menüs, ein klassisches X11-Menü von xmh (ein X11-Programm zum Lesen von E-Mails) und ein moderneres X11-Menü von gataxx (ein Spiel für das GNOME Desktop-System).

Vorsicht bei der Verwendung von ⌘-Q

Wenn Sie die Tastenkombination ⌘-Q (quit, beenden) beim Ausführen eines X11-Programms benutzen, wird versucht, X11 als Ganzes zu beenden. Aus diesem Grund wird Ihnen eine entsprechende Warnung angezeigt, falls noch X11-Clients laufen. Um ein einzelnes Programm zu beenden, sollten Sie daher nach einer Beenden-Option im Menü des betreffenden Programms suchen oder den Schließen-Button an dessen Fenster benutzen.

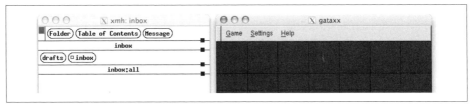

Abbildung 9-4: Vergleich von X11-Menüstilen

xterm-Fensterinhalt scrollen

Standardmäßig besitzt xterm keine Scrollbalken. Allerdings können Sie, wie auch beim Terminal, bestimmte Tastaturbefehle zum Hoch- und Herunterscrollen verwenden, auch wenn diese sich unterscheiden: Terminal erwartet die Tastaturbefehle »Seite nach oben« bzw. »Seite nach unten«, während bei xterm jeweils zusätzlich die Shift-Taste gedrückt werden muss.

Programme aus xterm heraus starten

Geben Sie den Namen eines X11-Programms in xterm ein, wird versucht, dieses Programm zu starten. Dabei sieht es aus, als ob das xterm-Fenster hängt, da es darauf wartet, dass das gestartete Programm wieder beendet wird. Um dieses Problem zu lösen, können Sie das Programm in den Hintergrund bringen, indem Sie dem Programmnamen entweder ein &-Zeichen nachstellen oder indem Sie auf der Befehlszeile Ctrl-Z und anschließend **bg** eingeben, um den gleichen Effekt zu erzielen. In Abbildung 9-5 werden beide Methoden am Start von xeyes demonstriert.

 Alternativ dazu können Sie X11-Programme aus xterm oder dem Mac OS X Terminal heraus auch mit dem Befehl *open-x11* öffnen, zum Beispiel open-x11 xterm.

X11, .bashrc und .profile

Wenn Sie Ihre Unix-Shell durch Änderungen an *~/.profile* modifiziert haben, werden Programme, die unter X11 laufen (inklusive xterm), die Einstellungen in dieser Datei nicht berücksichtigen. Um dieses Problem zu beheben, schreiben Sie die nötigen Einstellungen in Ihre Datei *~/.bashrc*, die auch von X11 gelesen wird. Weitere Informationen finden Sie in der Apple X11 FAQ, die Sie durch eine Suche nach »X11 FAQ« unter *http://developer.apple.com/qa/* finden.

Das Application-Menü anpassen

Sie können das Application-Menü von X11 an Ihre eigenen Bedürfnisse anpassen. Wählen Sie hierfür APPLICATIONS → CUSTOMIZE. Klicken Sie auf ADD ITEM, um ein neues Programm hinzuzufügen. Geben Sie in der Spalte Command einen Namen

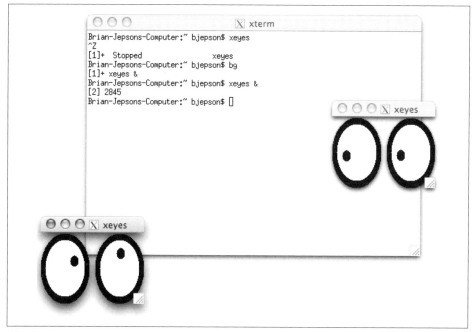

Abbildung 9-5: X11-Programme aus xterm heraus starten

ein, unter dem das neue Programm im Application-Menü auftauchen soll. Sie können auch die nötigen Parameter und Switches mit angeben. Wenn Sie beispielsweise wollen, dass das aus dem Menü heraus gestartete xterm die Schrift Monaco in der Größe 12-Punkt ohne Anti-Aliasing verwendet, so fügen Sie dem Befehl die Switches -fa Monaco -fs 12 hinzu (siehe Abbildung 9-6).

 Obwohl der Menüeintrag für xterm Terminal heißt, handelt es sich hierbei nicht um das Programm Terminal von Mac OS X.

In der Spalte Shortcut können Sie außerdem ein Tastaturkürzel festlegen, mit dem das betreffende Programm gestartet werden kann. Die gewählte Taste wird zusammen mit der Befehlstaste (⌘) gedrückt, d.h., das n im Eintrag für Terminal/xterm steht für das Tastaturkürzel ⌘-N.

OpenOffice.org

OpenOffice.org ist ein frei verfügbares Office-Programm, das keine Konkurrenz mit Microsoft Office zu scheuen braucht. Sein Leben begann als StarOffice und sein Besitzer vermarktet es auch weiterhin unter diesem Namen (*http://www.sun.com/*

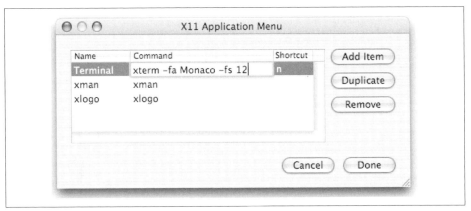

Abbildung 9-6: Einstellungen, um xterm mit einem anderen Zeichensatz zu starten

staroffice). Allerdings hat Sun den größten Teil des Quellcodes von StarOffice veröffentlicht und aus dieser riesigen Sammlung entstand dann das OpenOffice.org-Projekt.

Von OpenOffice.org gibt es Versionen für Windows und Unix (X11). Während dieses Buch geschrieben wurde, gab es noch keine native Unterstützung für Mac OS X. Wenn Sie diese Suite unter Mac OS X nutzen wollen, müssen Sie dies also unter X11 tun. Allerdings gibt es Bemühungen, eine Version von OpenOffice.org als vollwertiges Aqua-Programm zu entwickeln (siehe *http://porting.openoffice.org/mac/timeline.html*).

Anweisungen zur Installation von OpenOffice.org auf Ihrem Mac:

1. Laden Sie zuerst den Installer für OpenOffice.org herunter (*http://porting.openoffice.org/mac/*). Er ist sehr groß (über 100 MB) – haben Sie also Geduld.

2. Beginnen Sie mit einem Doppelklick auf das Installer-Icon und folgen Sie den Anweisungen. Sie müssen die Lizenzbedingungen akzeptieren, eine README-Datei lesen und einige Installationsoptionen angeben. (Die Standardeinstellungen sind normalerweise ausreichend; wenn Sie ein anderes Installationsverzeichnis wählen, kann es zu Problemen beim Start von OpenOffice.org kommen.) Der Installer für OpenOffice.org startet nun eine Reihe weiterer Installationsprogramme, die Sie jeweils nach Ihrem Passwort fragen. Während der Installation kann es sein, dass Sie die folgende Warnung erhalten: »XDarwin does not exist in the Applications directory.« Das bedeutet, dass OpenOffice.org die erwartete X11-Installation nicht finden konnte (XDarwin ist eine andere X11-Distribution). OpenOffice.org funktioniert aber auch problemlos mit X11.

Für OpenOffice gibt es ein zusätzliches Paket, mit dem Sie das Programm an Ihre Landessprache anpassen können. Diesen so genannten Localizer finden Sie unter *http://porting.openoffice.org/mac/ooo-osx_downloads.html#localizer*.

Nach der Installation von OpenOffice.org können Sie das Programm durch einen Doppelklick auf *Start OpenOffice.org* starten, das Sie im Ordner */Programme/ OpenOffice.org1.0.3* finden (die letzten Zahlen lauten eventuell anders, wenn Sie eine andere Version von OpenOffice.org installiert haben). Beim ersten Programmstart werden Sie gefragt, wo sich die X11-Installation befindet. Klicken Sie auf Browse und wählen Sie */Programme/Dienstprogramme/X11*. Es erscheint nun das OpenOffice.org-Textverarbeitungsprogramm und es wird ein neues Dokument geöffnet. Mit DATEI → ÖFFNEN können Sie ein bestehendes Dokument öffnen. In Abbildung 9-7 haben wir das Microsoft Word-Dokument mit dem Text für dieses Kapitel in OpenOffice.org geöffnet. Über den Menüeintrag DATEI → NEU können Sie neben Textdokumenten auch Tabellenkalkulationen, Zeichnungen und Präsentationen erstellen.

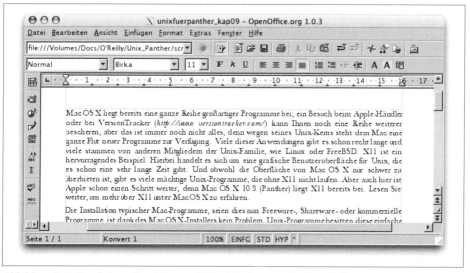

Abbildung 9-7: Bearbeiten eines Microsoft Word-Dokuments in OpenOffice.org

Mit dem folgenden Befehl können Sie OpenOffice.org auch direkt aus xterm oder Terminal heraus starten:

```
open-x11 /Applications/OpenOffice.org1.0.3/program/soffice
```

Selbst wenn OpenOffice.org nicht die volle Kraft der Aqua-Oberfläche von Mac OS X nutzt, ist es für ein X11-Programm schon ziemlich fetzig. Hinzu kommt, dass es mit Microsofts Word, Excel und PowerPoint zu fast 100% kompatibel ist. Selbst wenn das Programm also nicht perfekt ist, stimmt doch der Preis (das Programm kann kostenlos benutzt werden), und es ist vielleicht genau das, was Sie brauchen, wenn Sie mit Microsoft Office-Formaten arbeiten müssen, dafür aber keine kommerziellen Programme benutzen möchten.

Entfernter X11-Zugriff auf Ihren Mac

Wenn Sie andere Unix-Systeme benutzen, auf denen X11 läuft, können Sie sich von diesen Rechnern auf Ihrem Mac einloggen, dort X11-Anwendungen ausführen und die Anzeigen auf das Unix-System umleiten, an dem Sie gerade arbeiten (hierbei werden die Programme immer noch auf Ihrem Mac ausgeführt, aber auf dem anderen Unix-System angezeigt). Wenn Sie eine ständig aktive Breitband-Verbindung zur Verfügung haben, ist dies sogar von weit entfernten Orten möglich (vielleicht arbeiten Sie an einem Unix-System in der Schule oder auf der Arbeit und möchten auf Ihren Mac zu Hause zugreifen).

Diese Anweisungen beziehen sich auf X11-Programme, die auf Ihrem Mac installiert sind. Wenn Sie nach einer Komplettlösung zum Fernsteuern Ihres Mac suchen, sehen Sie sich einmal Share My Desktop an (zu finden unter *http://www.bombich.com/software/smd.html*). Hiermit können Sie Ihren Mac von jedem System fernsteuern, für das es einen VNC-(Virtual Network Computer-)Client gibt, u.a. Windows, Unix, Palm, Pocket PC, Mobiltelefone usw. Nähere Informationen zu VNC finden Sie unter *http://www.realvnc.com/*.

Um Ihren Mac für den entfernten X11-Zugriff vorzubereiten, müssen Sie Folgendes tun:

1. Legen Sie als Erstes ein Backup der Konfigurationsdatei, die im nächsten Schritt verändert werden muss, an. Benutzen Sie hierfür den Befehl sudo cp /etc/sshd_config /etc/sshd_config.backup. Falls irgendetwas schief gehen sollte, können Sie die Datei mit sudo cp /etc/sshd_config.backup /etc/sshd_config wieder herstellen und Ihren Mac dann neu starten.

2. Benutzen Sie nun den Befehl sudo vi /etc/sshd_config, um die Konfigurationsdatei für das Einloggen von entfernten Rechnern zu bearbeiten. Suchen Sie die Zeile #X11Forwarding no. Das vorangestellte Doppelkreuz (#) weist sshd an, diese Zeile zu ignorieren und stattdessen Standardwerte zu verwenden. Um absolut sicherzugehen, dass der entfernte X11-Zugriff unabhängig von den Standardeinstellungen möglich ist, entfernen Sie das Doppelkreuz am Anfang der Zeile und ändern no in yes (die Zeile sollte also jetzt lauten: X11Forwarding yes) und sichern dann diese Datei.

3. Öffnen Sie nun SYSTEMEINSTELLUNGEN → SHARING und aktivieren Sie den Eintrag »Entfernte Anmeldung«. Ist der Eintrag bereits aktiv, deaktivieren Sie den Eintrag und starten ihn erneut, um sicherzustellen, dass Ihre Änderungen an der Konfiguration aus dem vorigen Schritt auch berücksichtigt werden.

Beachten Sie auch die Erläuterungen am unteren Ende des Sharing-Feldes (es muss die Option »Entfernte Anmeldung« ausgewählt sein, damit hier die entsprechenden Informationen zu sehen sind). Hier finden Sie Anweisungen, wie Sie eine Verbindung von einem anderen Rechner zu Ihrem Computer herstellen können. In Abbildung 9-8 wird hierfür der Befehl ssh jwl@192.168.1.10 genannt, um eine Verbindung zu Jørgens Rechner herzustellen. Dieser Befehl (mit leichten Änderungen; Sie werden einen anderen Benutzernamen und eine andere IP-Adresse haben)

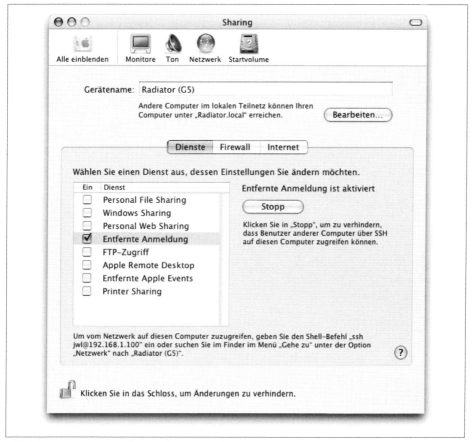

Abbildung 9-8: Die Einstellungen für eine entfernte Anmeldung

ermöglicht es Ihnen, X11-Anwendungen auf Ihrem Rechner auszuführen und deren Bildschirmausgaben auf anderen Mac OS X-Systemen innerhalb des gleichen Netzwerks wie Ihr Mac anzuzeigen. Dies funktioniert auch mit anderen Unix-Systemen im gleichen Netzwerk, die entweder die kommerzielle Version von SSH von SSH Communications Security (*http://www.ssh.com/*) oder die Open Source-Version (die auch auf dem Mac installiert ist) von *http://www.openssh.org/* installiert haben.

Um ein X11-Programm auf Ihrem Mac auszuführen und die Anzeigen auf einem anderen Computer darzustellen, müssen Sie die folgenden Schritte unternehmen:

1. Loggen Sie sich auf dem entfernten Rechner ein. Handelt es sich um einen Mac, starten Sie X11 und bringen Sie das xterm-Fenster nach vorne oder starten Sie ein neues xterm über das Application-Menü. Handelt es sich um ein Unix- oder Linux-System, starten Sie X11 (bei vielen Systemen geschieht dies automatisch) und öffnen Sie xterm oder ein anderes Terminal-Programm wie dtterm.

2. Verwenden Sie auf dem entfernten Rechner den Befehl `ssh +x` *rechnername* (SSH Communications Security) bzw. `ssh -X` *rechnername* (OpenSSH), um eine Verbindung zu Ihrem Rechner herzustellen.

3. Nachdem Sie sich per SSH auf Ihrem Mac angemeldet haben, können Sie das gewünschte X11-Programm ausführen.

In Abbildung 9-9 sehen Sie ein Beispiel für eine Verbindung von einem Solaris-System, bei dem OpenOffice.org auf dem Macintosh läuft (wobei die Darstellung jedoch auf dem Solaris-Rechner und nicht auf dem Mac stattfindet).

Ein privates Netzwerk öffnen

Befindet sich Ihr Mac innerhalb eines privaten Netzwerks und Sie versuchen, von außen eine Verbindung herzustellen, funktioniert der im Sharing-Kontrollfeld vorgeschlagene Befehl vermutlich nicht, da private Netzwerke nicht ohne weiteres aus anderen Netzwerken im Internet erreichbar sind. Wenn Sie eine AirPort-Basisstation, einen anderen (Nicht-Apple-)Zugangsknoten oder Router benutzen, um Ihr Hausnetzwerk über eine Breitband-Verbindung an das Internet anzuschließen, befinden Sie sich mit ziemlicher Sicherheit in einem privaten Netzwerk. Sie können allerdings die Portmapping-Tabelle im Dienstprogramm AirPort Admin (zu finden in */Programme/Dienstprogramme*) so einrichten, dass eine Verbindung auf Port 22 geöffnet wird und Verbindungen an diesem Port Ihres Mac weitergereicht werden.

Wenn Sie den `ssh`-Befehl abschicken, müssen Sie die IP-Adresse aus dem Sharing-Kontrollfeld durch die IP-Adresse Ihrer AirPort-Basisstation ersetzen. (Näheres finden Sie im Eintrag »Internet« Ihres Dienstprogramms AirPort Admin.) Gelegentlich kommt es auch mit diesen Einstellungen zu Fehlern, da manche Internet-Dienstleister (ISPs) eingehende Verbindungen einschränken oder da bei DSL-Anschlüssen die IP-Adresse wechseln kann.

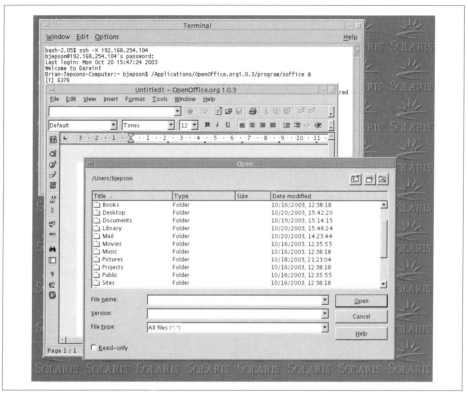

Abbildung 9-9: OpenOffice.org, auf einem Mac ausgeführt, aber mit Hilfe eines entfernten X11 auf einem Solaris-Rechner angezeigt

X11-Zugriff auf andere Computer

Selbstverständlich können Sie auf die gleiche Weise auch X11-Programme auf anderen Computern ausführen und deren Anzeigen auf Ihrem Mac darstellen. Gehen Sie dabei folgendermaßen vor:

1. Loggen Sie sich auf Ihrem Mac ein und starten Sie X11 und ein xterm.

2. Geben Sie den Befehl ssh -X *rechnername* ein, wobei *rechnername* dem Namen oder der IP-Adresse des entfernten Computers entspricht.

3. Wenn Sie auf dem entfernten Rechner angemeldet sind, führen Sie das gewünschte X11-Programm aus. In Abbildung 9-10 sehen Sie Netscape, das auf einem Solaris-System läuft, dessen Anzeigen aber per X11 auf dem Macintosh angezeigt werden.

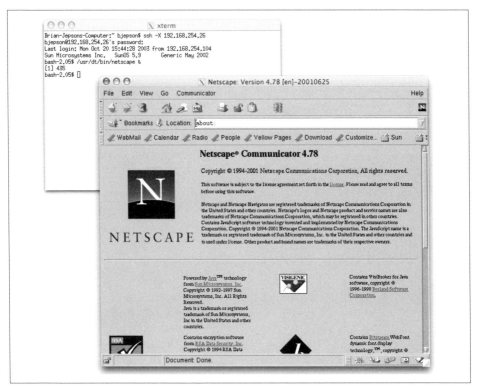

Abbildung 9-10: Auf Solaris laufendes Programm, dessen Ausgaben auf dem Mac angezeigt werden

Fink

Das Fink-Projekt ist ein Mechanismus zum Herunterladen, Installieren und Aktualisieren einer großen Auswahl von Open Source-Programmen auf Ihrem Macintosh. Das Projekt selbst wird von Freiwilligen unterhalten, die sich zum Ziel gesetzt haben, die besten Open Source-Programme auf dem Mac verfügbar zu machen. Hierfür werden die Programme speziell für die Mac OS X-Umgebung angepasst. Gleichzeitig werden die Anwendungen ständig aktualisiert, um mit der jeweils aktuellen Mac OS X-Version zu funktionieren.

Viele der in diesem Kapitel vorgestellten Programme sowie noch eine ganze Reihe mehr sind per Fink erhältlich. Folgende Schritte sind für die Installation von Fink notwendig:

1. Laden Sie sich das Installations-Image für die Installation von Fink (eine Datei mit der Endung *.dmg*) von der Website *http://fink.sourceforge.net/download* herunter.

---

2. Sofern Ihr Webbrowser die Image-Datei nicht automatisch öffnet, wechseln Sie in den Finder und doppelklicken Sie die *.dmg*-Datei, um das Image zu mounten.

3. Öffnen Sie nun das gemountete Festplatten-Image und doppelklicken Sie das enthaltene Fink-Installationspaket (die *.pkg*-Datei).

4. Folgen Sie den Anweisungen auf dem Bildschirm.

Sie können dieses Installationsprogramm auch über den Menüpunkt »Mac OS X Software...« finden. Hierdurch wird ein Webbrowser geöffnet und die Apple-Website aufgerufen. Auf der angezeigten Seite klicken Sie auf den Link »Unix & Open Source«, über den Sie eine Liste mit hilfreichen Unix-Programmen erhalten. Der Vorteil bei Fink liegt darin, dass es Tausende von verfügbaren Paketen verwalten kann. Dabei wird sichergestellt, dass Sie die jeweils aktuellste Version installiert haben und die einzelnen Pakete miteinander kooperieren.

Für die Arbeit mit Fink müssen Sie zuerst PATH und einige andere Umgebungsvariablen anpassen. Glücklicherweise liegt Fink ein Shell-Skript bei, das diese Aufgabe für Sie erledigt. Fügen Sie Ihrer *.profile*-Datei den folgenden Befehl hinzu (siehe »Der Texteditor vi« in Kapitel 4):

```
. /sw/bin/init.sh
```

Als Nächstes schließen Sie Ihr Terminal-Fenster und öffnen ein neues. Oberflächlich hat sich nichts geändert, dennoch sorgt die zusätzliche Zeile in der Datei *.profile* dafür, dass zukünftige Terminal-Sitzungen für Fink vorbereitet sind. Nachdem Sie Fink installiert und eine neue Terminal-Sitzung begonnen haben, können Sie das Hilfsprogramm apt-get benutzen, um neue Pakete zu installieren. Der Befehl apt-get muss hierbei zusammen mit sudo aufgerufen werden (siehe »Superuser-Privilegien mit sudo« in Kapitel 3), damit Sie Änderungen am System vornehmen können.

Nach einer neuen Installation von Fink sollte Ihr erster Schritt immer darin bestehen, die Liste der verfügbaren Pakete mit dem Befehl apt-get update zu aktualisieren (dieser Befehl eignet sich auch gut für eine regelmäßige Ausführung über die Datei cron *monthly*, mit der der Befehl alle paar Wochen aufgerufen wird, um zu sehen, ob neue Pakete veröffentlicht wurden):

```
$ sudo apt-get update
Password: ********
Get:1 http://us.dl.sourceforge.net release/main Packages [112kB]
Get:2 http://us.dl.sourceforge.net release/main Release [85B]
Get:3 http://us.dl.sourceforge.net release/crypto Packages [9247B]
Get:4 http://us.dl.sourceforge.net release/crypto Release [87B]
Get:5 http://us.dl.sourceforge.net current/main Packages [112kB]
Get:6 http://us.dl.sourceforge.net current/main Release [85B]
Get:7 http://us.dl.sourceforge.net current/crypto Packages [9247B]
Get:8 http://us.dl.sourceforge.net current/crypto Release [87B]
```

```
Fetched 243kB in 1s (207kB/s)
Reading Package Lists... Done
Building Dependency Tree... Done
```

Verfügbare Pakete anzeigen

Benutzen Sie den Befehl fink list, um eine Liste der verfügbaren Pakete anzuzeigen (in diesem Beispiel zeigen wir nur einen Ausschnitt aus der Liste):

```
$ fink list | more
Information about 1710 packages read in 1 seconds.

     3dpong          0.4-2        Pong clone
     a2ps            4.12-4       Any to PostScript filter
  i  aalib           1.4rc5-2     Ascii art library
  i  aalib-bin       1.4rc5-2     Ascii art library
  i  aalib-shlibs    1.4rc5-2     Ascii art library
     abiword         1.0.2-2      Open-source word processor
[... restliche Ausgaben werden nicht mehr dargestellt...]
```

Ein kleines i ganz links bedeutet, dass dieses Paket bereits installiert ist. In der zweiten Spalte sehen Sie den Paketnamen. Die dritte Spalte zeigt die Versionsnummer an und die letzte Spalte enthält eine Kurzbeschreibung des Pakets.

Pakete installieren

Mit dem Befehl apt-get install können Sie ein Paket installieren. In unserem Beispiel installieren wir Lynx, einen reinen Textbrowser für das World Wide Web:

```
$ sudo apt-get install lynx
Reading Package Lists... Done
Building Dependency Tree... Done
The following NEW packages will be installed:
  lynx
0 packages upgraded, 1 newly installed, 0 to remove and 0  not upgraded.
Need to get 1319kB of archives. After unpacking 0B will be used.
Get:1 http://us.dl.sourceforge.net release/main lynx 2.8.4-1 [1319kB]
Fetched 1319kB in 11s (120kB/s)
Selecting previously deselected package lynx.
(Reading database ... 3450 files and directories currently installed.)
Unpacking lynx (from .../lynx_2.8.4-1_darwin-powerpc.deb) ...
Setting up lynx (2.8.4-1) ...
```

 Für Fink gibt es auch eine frei verfügbare grafische Benutzeroberfläche. Diese heißt FinkCommander und ist zu finden unter *http:// finkcommander.sourceforge.net/*. (Neueren Versionen liegt der FinkCommander bereits bei.)

Bei der Installation eines Pakets mit apt-get durchsucht Fink die Fink-Archiv-Website nach einem bereits vorkompilierten Paket, das vom Freiwilligen-Team zur Verfügung gestellt wurde. Ein vorkompiliertes Paket ist ein Programm, das ähnlich wie die Installer für andere Mac OS X-Programme zusammengestellt wurde, um die Installation der Software zu erleichtern. Hierbei sind allerdings nicht alle von fink list angezeigten Pakete bereits kompiliert. Sofern Sie die Mac OS X Xcode-Werkzeuge installiert haben, können Sie aber über den Befehl fink install auch nicht vorkompilierte Anwendungen automatisch herunterladen, kompilieren und installieren. Hier ein Beispiel für die Installation mit fink install:

```
$ fink install pine
sudo /sw/bin/fink  install pine
Password: ********
Information about 1710 packages read in 3 seconds.

pkg pine  version ###
pkg pine  version 4.44-2
The following package will be installed or updated:
 pine
[... Ausgabe gekürzt...]
```

Hierbei sorgt der Befehl fink install für die Erledigung einer ganzen Reihe von Aufgaben in Ihrem Namen: das Herunterladen des Quellcodes, das Auffinden von Patches (Änderungen am Quellcode, um beispielsweise die Kompatibilität mit Mac OS X zu gewährleisten), das Kompilieren des Quellcodes und die Installation des kompilierten Programms. Dieser Prozess kann – abhängig von Ihrer Auswahl der Pakete – eine längere Zeit in Anspruch nehmen. Wenn Sie etwa ein Paket auswählen, das seinerseits von einem anderen Paket abhängt, wird fink beide Pakete installieren. Existieren zwischen den Paketen viele Abhängigkeiten, können Sie sich auf eine längere Wartezeit einstellen.

Aus diesem Grund ist es empfehlenswert, so weit wie möglich apt-get für die Installation von Paketen zu verwenden. Da apt-get vorkompilierte Pakete benutzt, müssen Sie nicht den ganzen Quellcode herunterladen und erst die Kompilierung abwarten. Außerdem gibt apt-get bei Abhängigkeiten eine Warnung aus, und Sie haben die Möglichkeit, die Installation abzubrechen, bevor Sie Software installieren, über die Sie sich nicht sicher sind:

```
$ sudo apt-get install ethereal
Password: ********
Reading Package Lists... Done
Building Dependency Tree... Done
The following extra packages will be installed:
  dlcompat glib glib-shlibs gtk+ gtk+-data gtk+-shlibs libpcap
  libpcap-shlibs system-xfree86 zlib
The following NEW packages will be installed:
```

```
  dlcompat ethereal glib glib-shlibs gtk+ gtk+-data gtk+-shlibs
  libpcap libpcap-shlibs system-xfree86 zlib
O packages upgraded, 11 newly installed, O to remove and O  not upgraded.
Need to get 13.7MB of archives. After unpacking OB will be used.
Do you want to continue? [Y/n]
```

Eine kleine Auswahl

In diesem Abschnitt beschreiben wir ein paar der Programme, die Sie mit Fink installieren können. Als Erstes betrachten wir Lynx, einen textbasierten Webbrowser, der sich gut zum schnellen Betrachten und Herunterladen von Webseiten eignet. Danach reden wir über Pine, einen E-Mail-Client und Newsreader. Zum Schluss besprechen wir GIMP, ein vielfältiges Programm zur Grafikbearbeitung, das eine Menge toller Sachen mit Bildern anstellen kann.

Das Web durchstöbern mit Lynx

Für Mac OS X gibt es eine ganze Reihe guter Browser, unter anderem Safari, Camino, Mozilla und OmniWeb. Jedoch können die attraktiven grafisch orientierten Webbrowser gelegentlich recht langsam sein – besonders bei aufgemotzten, mit Grafiken überladenen Webseiten in einem langsamen Netzwerk.

 Um Lynx zu installieren, verwenden Sie den Befehl sudo apt-get install fink (siehe »Pakete installieren« weiter vorn in diesem Kapitel).

Der Browser Lynx (ursprünglich von der University of Kansas und auf vielen Unix-Systemen verfügbar) ist da anders, weil er textbasiert ist und innerhalb des Terminal-Programms arbeitet. Da Lynx ein reiner Textbrowser ist, müssen Sie auf einige Dinge verzichten, die wir hier kurz nennen wollen. Lynx zeigt nur an, an welcher Stelle im Layout der Seite eine Grafik vorkommt. Anstelle der Grafik selbst wird der Platzhalter-Text (aus den <ALT>-Tags, die Sie vielleicht aus dem HTML-Quelltext kennen) angezeigt, was die Darstellung etwas unübersichtlich machen kann. Allerdings müssen Sie die Grafiken selbst weder herunterladen noch anzeigen, was besonders bei einer Modemverbindung oder einem langsamen Netzwerk von Nutzen sein kann. Seiten, die komplexe mehrspaltige Seitenlayouts verwenden, sind in Lynx vermutlich nicht besonders gut zu betrachten; in diesem Fall ist es am einfachsten, die Seite nur zu überfliegen, nach dem Link zu schauen, den Sie suchen, und den Rest einfach zu ignorieren. Die Befehlssyntax für Lynx lautet:

```
lynx "adresse"
```

Wenn Sie beispielsweise mit Lynx die O'Reilly-Homepage besuchen wollen, geben Sie ein: lynx "http://www. oreilly.de" oder auch nur lynx "www. oreilly.de". Abbildung 9-11 zeigt einen Teil der Homepage.

Abbildung 9-11: Darstellung der O'Reilly-Homepage mit Lynx

Um sich durch das Web zu bewegen, verwenden Sie die Pfeiltasten Ihrer Tastatur, die Leertaste und eine Reihe von anderen Ein-Tasten-Befehlen. In der dritten Zeile von unten sehen Sie einen Hinweis auf eine mögliche Aktion. So bedeutet die Zeile »(NORMAL LINK) Use right-arrow or <return> to activate« in Abbildung 9-11, dass Sie dem Link folgen können, indem Sie die rechte Pfeiltaste drücken. Die unteren zwei Zeilen erinnern Sie an andere gängige Befehle. Den Rest finden Sie im Lynx-eigenen Hilfesystem (das Sie durch die Eingabe von h aufrufen; mit der Leertaste bewegen Sie sich eine Bildschirmseite vorwärts, mit der Taste b wieder eine Seite zurück).

Wenn Sie eine Seite zum ersten Mal ansehen, wird automatisch der Link am rechten oberen Ende der Seite ausgewählt. Um einen Link weiter unten auf der Seite auszuwählen, benutzen Sie die »Pfeil-nach-unten«-Taste. Mit der »Pfeil-nach-oben«-Taste wählen Sie den darüber liegenden Link (innerhalb der Seite) aus. Haben Sie den richtigen Link gewählt, drücken Sie die »Pfeil-nach-rechts«-Taste, um dem Link zu folgen, und schon wird die neue Seite geladen. Um eine Seite zurückzugehen, drücken Sie die »Pfeil-nach-links«-Taste (von einem beliebigen ausgewählten Link aus).

Eine Webseite mit Lynx als Klartext ausgeben

Sie können Lynx auch verwenden, um den Inhalt einer Webseite als Klartext auszugeben, etwa um ihn in eine E-Mail einzufügen, damit die Webseite als leicht zu lesender Klartext verschickt werden kann. Damit die URLs im Dokument nicht verloren gehen, sichert Lynx sie als Fußnoten. Um eine bestimmte Seite auszugeben, benutzen Sie die Syntax lynx -dump *URL*, wie beispielsweise in lynx -dump "http://www.intuitive.com/kana.shtml". Das erzeugt die folgende Ausgabe:

```
Calligraphy
  "Chokkan"

  The calligraphy on the Intuitive Systems Web site was produced by
  Master Japanese Calligrapher [1]Eri Takase, and it means "insight" or
  "intuition":

    The first character means "direct". It is interesting in that it
    originally meant "ten eyes" or clear, transparent, no concealment.

    The second character is constructed of characters meaning "bite the
    heart" and now means "feel" or "sense".

                  Intuition means to "directly sense"

  [2]close this window

References

  1. http://www.takase.com/
  2. javascript:window.close();
```

E-Mail mit Pine

Wenn Sie Mac OS X zum ersten Mal installieren und es zum ersten Mal starten, fragt Sie das Installationsprogramm womöglich, ob Sie sich für ein .Mac-Konto anmelden wollen. .Mac ist eine Auswahl verschiedener Internet-Dienste von Apple, zu denen auch ein E-Mail-Dienst gehört. Haben Sie sich angemeldet, benutzen Sie vermutlich das dem System beiliegende Programm Mail, um Nachrichten zu senden und zu empfangen. Haben Sie sich nicht bei .Mac angemeldet, verwenden Sie wohl eher ein E-Mail-Konto Ihres Internet-Anbieters oder Ihres Arbeitgebers zusammen mit Apples Mail oder einem anderen Programm.

Es gibt eine Menge grafischer E-Mail-Programme für Mac OS X. Terminal-basierte E-Mail-Programme haben aber bestimmte Vorteile:

- Konventionelle E-Mail-Viren haben hier keine Wirkung, auch wenn Sicherheitslücken gelegentlich in fast jedem Programm auftauchen, das mit dem Internet in Verbindung steht.

- Sie können Ihre Mails lesen, während Sie von einem anderen Rechner aus auf Ihren Mac zugreifen (siehe »Remote-Login« in Kapitel 8).

Pine, eine Entwicklung der University of Washington, ist ein beliebtes Programm zum Senden und Empfangen von E-Mail über das Terminal. Es wird ausschließlich über die Tastatur gesteuert; Sie brauchen also keine Maus.

Pine liegt Mac OS X nicht standardmäßig bei. Für die Installation von Pine sehen Sie bitte im Abschnitt »Pakete installieren« weiter vorn in diesem Kapitel nach. Starten Sie Pine durch die Eingabe seines Namens am Shell-Prompt. Pine akzeptiert auch eine Reihe von Optionen und Argumenten auf der Befehlszeile. Näheres hierzu erfahren Sie durch die Eingabe von pine -h (für help, Hilfe). In Abbildung 9-12 sehen Sie die Anzeige von Pine nach dem Start, etwa das *Hauptmenü*.

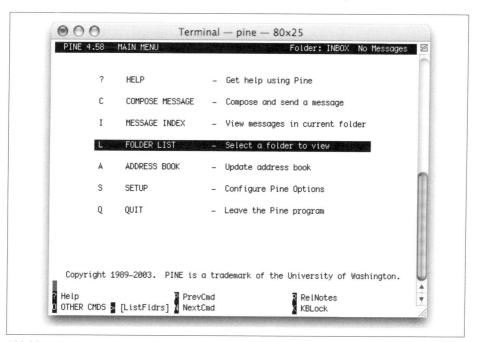

Abbildung 9-12: Das Hauptmenü von Pine

Pine einrichten

Das Hauptmenü von Pine enthält einen Setup-Eintrag für die Konfiguration des Programms. Nachdem Sie den Befehl S (für »Setup«) eingegeben haben, können Sie wählen, welchen Bereich Sie einrichten möchten. Von der Setup-Seite aus erreichen Sie durch die Eingabe von C (für »Config« oder Konfiguration) die Seite zum Voreinstellen der Optionen.

Auf der Konfigurationsseite gibt es eine ganze Reihe von Optionen. Mit Hilfe der Tastaturbefehle Leertaste (nächste Seite), Minuszeichen (-, eine Seite zurück), N (einen Eintrag vor) und P (einen Eintrag zurück) können Sie sich durch die Bildschirmdarstellung bewegen. Wenn Sie den Namen einer Option, die Sie ändern wollen, kennen, können Sie mit dem Befehl W (»Wo ist...?«) danach suchen.

Wenn Sie eine Option hervorheben, wird im Befehlsmenü am unteren Ende der Bildschirmdarstellung angezeigt, wofür diese Option nützlich ist. Hilfreich ist auch der Befehl ? (Hilfe), um mehr über die ausgewählte Option zu erfahren. Es gibt verschiedene Arten von Optionen:

- Optionen mit veränderlichen Werten wie Dateinamen, Rechnernamen usw. So gibt die Option personal-name beispielsweise an, welcher Name im »From: «-Header-Feld der von Ihnen verschickten Mails benutzt werden soll. Der Setup-Eintrag sieht in etwa so aus:

    ```
    personal-name      = <No Value Set: using "Robert L. Stevenson">
    ```

    »No Value Set« (kein Wert angegeben) kann bedeuten, dass Pine den Standardwert der systemweiten Einstellungen verwendet, wie hier zu sehen. Wenn der Benutzer möchte, dass als Absender »Bob Stevenson« verwendet wird, könnte er diesen Namen mit dem Befehl C (»change value«, Wert ändern) an Pine übergeben.

- Optionen, die Voreinstellungen für verschiedene Bereiche von Pine vornehmen. Die Option enable-sigdashes fügt beispielsweise im Bereich »Composer Preferences« (Voreinstellungen für das Schreiben von Mails) zwei Bindestriche und ein Leerzeichen vor Ihrer Standard-Signatur ein. Diese Option hat folgendes Aussehen:

    ```
    [X]  enable-sigdashes
    ```

    Das X bedeutet, dass diese Option »eingeschaltet« ist. Wenn Sie diese Einstellung ändern wollen, benutzen Sie den Befehl X (Ein-/Ausschalten).

- Optionen, für die Sie verschiedene Einstellungen wählen können. Die Option wird als Reihe von mehreren Zeilen angezeigt. Hier die ersten Zeilen der Option saved-msg-name-rule (Regeln für das Benennen gesicherter Nachrichten):

    ```
    saved-msg-name-rule     =
                Set    Rule Values
                ---  ---------------------
                (*)  by-from
    ```

```
( )  by-nick-of-from
( )  by-nick-of-from-then-from
( )  by-fcc-of-from
( )  by-fcc-of-from-then-from
```

Das Sternchen (*) bedeutet, dass die Option `saved-msg-name-rule` momentan den Wert `by-from` besitzt. (Nachrichten werden in einem nach dem Absender benannten Ordner gespeichert.) Um die Einstellung zu ändern, bewegen Sie die Hervorhebung in die entsprechende Zeile und verwenden * (Auswählen-Befehl), um diese Einstellung auszuwählen.

Diese Einstellungen sind etwas schwieriger als die anderen, aber die integrierte Hilfe-Funktion ? erläutert Ihnen jede Wahlmöglichkeit im Detail. Beginnen Sie durch Hervorheben der gewünschten Option (hier `saved-msg-name-rule`) und lesen Sie dann den dazugehörigen Hilfetext, um herauszufinden, ob dies Ihren Erwartungen entspricht.

Wenn Sie den Setup-Bereich per E (»Exit«, Ausgang) verlassen, fragt Pine Sie, ob eventuelle Änderungen der Optionen gespeichert werden sollen. Antworten Sie mit N (»no«, nein), wenn Sie nur herumexperimentiert haben oder sich nicht sicher sind, und mit Y, um die Änderungen zu sichern.

Pine für das Senden und Empfangen von E-Mail vorbereiten

Bevor Sie mit Pine E-Mails verschicken oder empfangen können, müssen Sie das Programm für die Kommunikation mit dem E-Mail-Server vorbereiten. Hierfür brauchen Sie die folgenden Informationen (sofern Sie nicht .Mac benutzen, erhalten Sie diese Daten von Ihrem ISP oder Systemadministrator):

Ihre E-Mail-Adresse

> Diese bekommen Sie von Ihrem ISP. Wenn Sie .Mac benutzen, lautet die Adresse vermutlich *ihr_benutzername*@mac.com.

 Ihr Mac OS X-Benutzername muss mit dem Benutzernamen in der E-Mail-Adresse übereinstimmen, weil Pine Ihren Mac OS X-Benutzernamen und Ihre *benutzer_domain* verwendet, um daraus Ihre E-Mail-Adresse zu erstellen.

Server für eingehende E-Mails

> Das ist der Server, auf dem Ihre E-Mail-Nachrichten gespeichert werden, bis Sie sie lesen wollen. Ihr ISP nennt diesen Server vermutlich einen POP- oder IMAP-Server. Wenn Sie .Mac benutzen, lautet der Name mail.mac.com.

Protokoll für eingehende Mails

> Pine unterstützt zwei Protokolle für das Herunterladen von E-Mails: POP (Post Office Protocol) und IMAP (Internet Message Access Protocol). Wenn Sie .Mac verwenden, ist IMAP das richtige Protokoll.

Server für ausgehende E-Mails

Das ist der Server, der Ihre ausgehenden Nachrichten entgegennimmt und sie an die Empfänger ausliefert. Ihr ISP bezeichnet diesen Server vermutlich als SMTP-Server (SMTP ist das »Simple Mail Transfer Protocol«, mit dem E-Mail-Nachrichten über Netzwerke ausgetauscht werden können). Für .Mac-Benutzer lautet der Name `smtp.mac.com`.

Wählen Sie nun den Setup-Bereich, indem Sie im Hauptmenü von Pine den Befehl `S` eingeben. Danach geben Sie `C` ein, um das Konfigurationsmenü anzuzeigen. Zum Einrichten Ihres E-Mail-Kontos müssen Sie nun die folgenden Schritte durchführen:

1. Betrachten Sie Ihre E-Mail-Adresse. Tragen Sie für die *user-domain* von Pine alles nach dem @-Zeichen ein (z.B. `mac.com`).

2. Tragen Sie als *smtp-server* den Namen des Servers für ausgehende E-Mails ein (z.B. `smtp.mac.com`).

3. Setzen Sie den *inbox-path*:

   a. Wenn Sie IMAP benutzen, setzen Sie den *inbox-path* auf `{Server für eingehende E-Mails/user=Benutzername}inbox`.

   b. Wenn Sie POP benutzen, setzen Sie den *inbox-path* auf `{Server für eingehende E-Mails/pop3/user=Benutzername}inbox`.

Die genauen Einstellungen können von den hier gezeigten abweichen. Weitere Hilfestellungen finden Sie in der Newsgruppe *comp.mail.pine* (vergessen Sie nicht, sich die aktuelle Version der FAQ durchzulesen).

Nachdem Sie Ihre Einstellungen vorgenommen haben, drücken Sie `E`, um den Setup-Bereich zu verlassen, und `Y`, um die Änderungen zu übernehmen. Danach müssen Sie Pine beenden und neu starten, damit die Einstellungen in Kraft treten.

E-Mail lesen mit Pine

Wenn Sie Pine zum ersten Mal starten, sieht die Anzeige aus, wie bereits in Abbildung 9-12 gezeigt. Möglicherweise werden Sie auch nach einem Passwort gefragt, das Pine benötigt, um eine Verbindung zu Ihrem POP- oder IMAP-Server aufzubauen.

Die hervorgehobene Zeile (das Standardkommando) zeigt Ihnen eine Liste der einzelnen E-Mail-Ordner.[1] Sie können den hervorgehobenen Befehl ändern, indem Sie die Größer-als-Taste (>) oder den neben dem Befehl stehenden Buchstaben drücken. (In unserem Beispiel ist dies ein kleines l. Sie brauchen die Befehle also nicht in

---

1 Mit Pine können Sie auch Usenet-Newsgruppen lesen. Mit dem Befehl L gelangen Sie zu einer neuen Anzeige, in der Sie die Quelle für die Ordner auswählen können, *danach* bekommen Sie eine Liste der Ordner dieser Quelle angezeigt.

Großbuchstaben einzugeben.) Da Sie Pine vermutlich zum ersten Mal benutzen, ist der einzige interessante Ordner im Moment die »Inbox« – der Ordner, in dem die eingehende Post gesammelt wird.

Die Anzeige in Abbildung 9-13 zeigt, dass zwei Nachrichten darauf warten, gelesen zu werden. Durch den Befehl I gelangen Sie direkt zur Inbox (oder indem Sie die entsprechende Zeile im Menü hervorheben und dann die Enter-Taste drücken), wo Sie nun Ihre Nachrichten lesen können. In Abbildung 9-13 sehen Sie den *Nachrichten-Index* (message index) für Ihre Inbox.

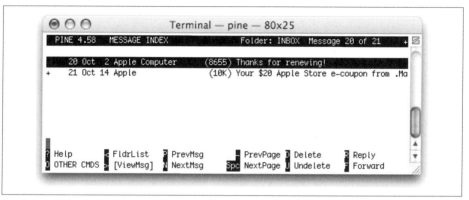

Abbildung 9-13: Nachrichten-Index von Pine

Am wichtigsten in diesem Fenster ist die Liste der Nachrichten, die hier zeilenweise aufgelistet werden. Ungelesenen Nachrichten ist ein N vorangestellt. (Die erste Nachricht liegt offenbar schon recht lange in der Inbox.) Darauf folgt die *Nachrichten-Nummer* (message number); sämtliche Nachrichten in einem Ordner sind aufsteigend (1, 2 usw.) durchnummeriert. Nach der Nummer stehen Informationen über das Absendedatum der Nachricht, den Absender, die Anzahl der Zeichen in der Nachricht (Größe) und schließlich über den Betreff.

Überspringen wir die erste Nachricht und lesen wir gleich die zweite. Per »Pfeil-nach-unten«-Taste oder durch den Befehl N (nächste ungelesene Nachricht) wird die gewünschte Nachricht hervorgehoben. Wie üblich können Sie die Standardaktion (in diesem Fall [ViewMsg] – Nachricht ansehen) durch Drücken der Enter-Taste oder > ausführen lassen. Die Nachricht von Apple wird angezeigt.

Wenn Sie sich rückwärts anstatt vorwärts bewegen wollen, benutzen Sie anstelle von > die Kleiner-als-Taste (<) – in diesem Fall gelangen Sie so zum Nachrichten-Index. Um auf eine Nachricht zu antworten, benutzen Sie den Befehl R; um die Nachricht an jemand anderen weiterzuleiten F (für »forward«); mit D markieren Sie die Nachricht zum Löschen, und mit der Tabulator-Taste bewegen Sie sich zur nächsten Nachricht, ohne die aktuelle zu löschen.

Merken Sie eine Nachricht zur Löschung vor, wird sie weiterhin im Nachrichten-Index des Ordners angezeigt. Dabei steht auf der linken Seite der Zeile nun ein D (für »delete«), bis Sie Pine durch den Befehl Q beenden. Wenn Sie Nachrichten für die Löschung vorgemerkt haben, fragt Pine Sie vor dem Beenden des Programms, ob Sie diese nun tatsächlich löschen wollen (engl. expunge). Antworten Sie mit Y, um die Nachricht(en) endgültig zu entfernen.

E-Mails verschicken mit Pine

Wenn Sie Pine bereits gestartet haben, können Sie eine neue Nachricht aus vielen Pine-Fenstern heraus durch die Eingabe von C erzeugen. (Wobei auch hier nicht jeder Pine-Befehl aus jeder Anzeige heraus zugänglich ist.) Neue Nachrichten können Sie aber auch vom Hauptmenü aus anlegen. Eine weitere Möglichkeit ist das Schreiben direkt vom Shell-Prompt, indem Sie Pine mit dem Befehl *pine adresse1 adresse2 …* aufrufen, wobei jede *adresse* eine gültige E-Mail-Adresse, wie etwa *bjepson@oreilly.com*, sein muss. Wird Pine auf diese Weise aufgerufen, wird das Programm nach dem Verschicken der Nachricht sofort wieder beendet, und Sie bekommen einen neuen Shell-Prompt angezeigt.

Wenn Sie eine neue Nachricht erstellen, zeigt Pine ein als *Composer* bezeichnetes Fenster an, in dem Sie Ihre Nachricht schreiben können. (Sie gelangen auch in dieses Fenster, indem Sie die Befehle zum Antworten oder Weiterleiten einer Nachricht verwenden.) Der Composer ähnelt stark einem Unix-Texteditor (Pico), wobei die ersten Zeilen hier einen besonderen Zweck erfüllen. Diese stehen für bestimmte *Header-Zeilen* der Nachricht, die Informationen über den oder die Empfänger (»To:« bzw. »Cc:«), möglicherweise angehängte Dateien (»Attchmnt:«) und den Betreff (»Subject:«) der Nachricht enthalten. In Abbildung 9-14 sehen Sie ein bereits ausgefülltes Beispiel.

Beim Eintragen der Header verhält sich der Composer anders als beim Schreiben der eigentlichen Nachricht (Nachrichtenkörper). Die Befehlsliste am unteren Ende des Fensters verändert sich ebenfalls leicht. Wenn Sie beispielsweise die Header bearbeiten, können Sie mit dem »Anhängen«-Befehl (engl. »attach«), Ctrl-J, eine Datei an die Nachricht anhängen. (In Pine und vielen anderen Programmen wird die Ctrl-Taste durch das Zeichen ^ symbolisiert.) Wenn Sie dagegen im Nachrichtentext selbst arbeiten, können Sie mit dem Befehl Ctrl-R den Inhalt einer Datei direkt an der gerade bearbeiteten Stelle einfügen. Der Hauptunterschied beim Bearbeiten des Nachrichtentextes und der Header besteht jedoch in der Art, wie E-Mail-Adressen eingegeben werden.

Wenn Sie mehr als eine Empfänger-Adresse eingeben, trennen Sie sie durch Kommas. Pine ordnet die Adressen automatisch so an, dass jede Adresse auf einer separaten Zeile steht.

Abbildung 9-14: Der Pine-Composer

Durch die Eingabe von Ctrl-N und Ctrl-P bzw. durch die Tasten »Pfeil-nach-oben« und »Pfeil-nach-unten« können Sie sich in den Header-Zeilen auf- und abbewegen. Wenn Sie in den Nachrichtenkörper wechseln, können Sie beliebige Texteingaben vornehmen. Absätze werden normalerweise durch einzelne Leerzeilen voneinander getrennt.

 Wenn Sie in Ihrem Home-Verzeichnis eine Datei namens *.signature* anlegen (der Name beginnt mit einem Punkt), fügt der Composer den Inhalt dieser Datei automatisch am Ende jeder geschriebenen Nachricht ein. (Einige Unix-E-Mail-Programme benutzen das gleiche Prinzip.) Es gilt im Internet als höflich, die Länge dieser Datei auf vier bis fünf Zeilen zu beschränken.

Es stehen verschiedene Editor-Befehle zur Verfügung. Mit Ctrl-J können Sie Absätze ausrichten, während Ctrl-T die (englische) Rechtschreibprüfung aktiviert. Über Ctrl-X (exit) können Sie den Composer verlassen, wobei Sie zuerst gefragt werden, ob die gerade geschriebene Nachricht sofort verschickt werden soll. Mit Ctrl-C können Sie die Nachricht verwerfen, was allerdings vorher bestätigt werden muss. Wenn Sie das Programm verlassen wollen, ohne die Nachricht zu senden oder zu verwerfen, können Sie das Verschicken mit dem Befehl Ctrl-O aufschieben. Wenn Sie das nächste Mal versuchen, den Composer zu öffnen, fragt Pine Sie, ob Sie die zurückgestellte Nachricht weiter bearbeiten wollen.

Grafiken bearbeiten mit GIMP

GIMP (das GNU Image Manipulation Program) ist ein mächtiges frei verfügbares Programm zur Grafikbearbeitung (siehe *http://www.gimp.org/*). GIMP ist in der Lage, Fotos und andere Bitmap-Bilder so zu bearbeiten, wie es zuvor nur mit teuren Grafikprogrammen möglich war.

 Für die Installation von GIMP verwenden Sie den Befehl sudo apt-get install gimp (weitere Informationen finden Sie im Abschnitt »Pakete installieren« weiter vorne in diesem Kapitel).

Zum Starten von GIMP müssen Sie zuerst X11 aufrufen und dann aus einem xterm heraus den Befehl gimp & eingeben. Sie können GIMP natürlich auch zum X11-Application-Menü hinzufügen (siehe »Das Application-Menü anpassen« weiter vorne in diesem Kapitel). Beim ersten Start von GIMP werden Sie durch den Installationsprozess geführt (siehe Abbildung 9-15).

Abbildung 9-15: GIMP-Erstinstallation

Nachdem Sie alle nötigen Einstellungen für GIMP vorgenommen haben, erscheinen mehrere neue Fenster, die Sie in Abbildung 9-16 sehen können. Von oben im Uhrzeigersinn sind dies:

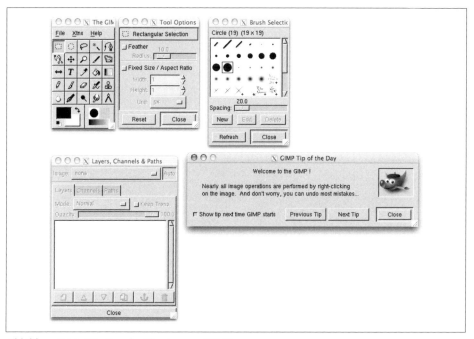

Abbildung 9-16: Die Standardfenster von GIMP

Hauptfenster und Werkzeugleiste
Benutzen Sie die Menüs in diesem Fenster, um eine Datei zu öffnen (FILE → OPEN), eine neue Datei anzulegen (FILE → NEW) oder GIMP zu beenden (FILE → QUIT). Ein Werkzeug zur Bildbearbeitung wählen Sie aus, indem Sie auf die Werkzeugleiste (um sie in den Vordergrund zu bringen) und dann auf das gewünschte Werkzeug klicken. Wenn Sie die Maus über ein bestimmtes Werkzeug bewegen, wird dessen Name angezeigt.

Werkzeug-Optionen
Verwenden Sie dieses Fenster, um konfigurierbare Optionen für das gerade ausgewählte Werkzeug festzulegen.

Werkzeugspitzen-Auswahl
Viele Werkzeuge, wie der Pinsel (Paintbrush) und der Radiergummi (Eraser), benutzen bestimmte Werkzeugspitzen, deren Eigenschaften Sie hier festlegen können.

Ebenen, Kanäle und Pfade
Dieses Fenster ermöglicht Ihnen die Arbeit mit Dokumenten, die mehrere Ebenen enthalten.

GIMP-Tipp des Tages
Dieses Fenster zeigt hilfreiche Tipps für die Benutzung von GIMP an.

Um eine bereits existierende Datei zu öffnen, verwenden Sie den Menübefehl FILE → OPEN und wählen anschließend eine Datei aus. In Abbildung 9-17 sehen Sie ein Bild im JPG-Format, das mit GIMP geöffnet wurde.

Abbildung 9-17: Bearbeitung eines Fotos mit GIMP

Per Befehlstaste-Klick in die obere linke Ecke des Fensters können Sie ein Menü mit den verschiedenen GIMP-Funktionen anzeigen. Die Optionen sind bei weitem zu zahlreich, um sie hier alle zu beschreiben. In der folgenden Liste finden Sie einige, die vielleicht hilfreich für Sie sind:

File → Save
Datei sichern.

File → Revert
Alle Änderungen verwerfen und zur letzten gesicherten Version zurückkehren.

Edit
Enthält die üblichen Verdächtigen: Befehl rückgängig machen (UNDO), Befehl erneut ausführen (REDO), Ausschneiden (CUT), Kopieren (COPY) und Einfügen

(PASTE). Es gibt außerdem die Option PASTE AS NEW, mit der Sie mit dem Inhalt der GIMP-Zwischenablage ein neues Bild erzeugen können.

Image → Scale Image

Damit können Sie ein Bild skalieren, also dessen Größe ändern.

Image → Filters

Wendet einen Filter auf das Bild an. Hierzu gehören Scharfzeichnen (sharpen), Flecken entfernen (despeckle), Weichzeichnen (blur) und viele andere Möglichkeiten.

Script-Fu

Führt kompliziertere Änderungen am Bild durch. Wenn Sie mit diesen Möglichkeiten experimentieren möchten, sollten Sie auf jeden Fall mit einer Kopie des Originals arbeiten. In Abbildung 9-18 sehen Sie das Ergebnis des Filters ALCHEMY → PREDATOR (Raubtier).

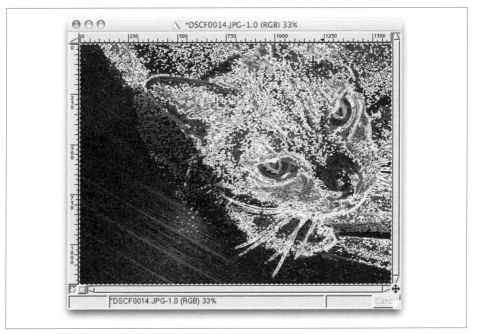

Abbildung 9-18: Die Transformation eines Raubtiers mit dem Filter ALCHEMY → PREDATOR

GIMP enthält eine Reihe von Erweiterungen zum Erzeugen der verschiedensten Grafiktypen, inklusive Buttons und Logos. Wählen Sie hierfür die Option Script-Fu aus dem Menü Xtns (siehe Abbildung 9-19).

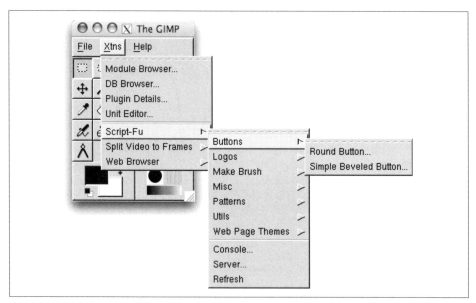

Abbildung 9-19: Die Optionen von Script-Fu zum Erzeugen von Grafiken

Der GIMP ist ein äußerst vielschichtiges Programm, dessen zahlreiche Möglichkeiten wir in diesem Kapitel nur oberflächlich streifen konnten. Mit dem GIMP können Sie die Größe von Bildern verändern, rote Augen wegretuschieren (in den Fotos natürlich, bei Ihren eigenen Augen sind Sie leider auf sich selbst gestellt) und sehr hoch entwickelte Formen der Bildbearbeitung durchführen. Weitere Informationen zu GIMP finden Sie in der *GIMP Pocket Reference* von Sven Neumann (O'Reilly).

KAPITEL 10

Wie geht's weiter?

Nun sind Sie fast am Ende dieser Einführung angekommen und wollen wissen, wie Sie mehr über die Unix-Seite von Mac OS X erfahren können. Natürlich können Sie in der Dokumentation nachschlagen, aber die findet man nicht immer leicht. Sie können außerdem lernen, Zeit zu sparen, indem Sie weitere Eigenschaften und Möglichkeiten der Shell, wie Aliase, Funktionen und Skripten, nutzen. Hierdurch können Sie sich wiederholende Arbeitsschritte verkürzen und den Computer die »Dreckarbeit« machen lassen.

Zum Abschluss zeigen wir Ihnen noch, wie man Unix-Befehle auf Nicht-Unix-Systemen verwenden kann.

Dokumentation

Sie möchten die Optionen zu den vorgestellten Programmen nachschlagen und mehr über sie und die vielen weiteren Unix-Programme erfahren. Dazu schlagen Sie am besten in Ihrer Systemdokumentation und anderen Quellen nach.

Der man-Befehl

Es hängt von Ihrer Unix-Version ab, welche Dokumentation Ihnen vorliegt. Fast alle Unix-Systeme haben ihre Dokumentation aus einem Handbuch übernommen, das ursprünglich *Unix Programmer's Manual* genannt wurde. Das Handbuch bietet nummerierte Abschnitte (Sections); jeder Abschnitt ist eine Sammlung von Handbuchseiten (Manual Pages), die oft auch Manpages genannt werden. Zu jedem Programm gibt es eine eigene Manpage. In Abschnitt 1 finden Sie die Manpages zu allgemeinen Unix-Programmen wie who und ls.

Bei Mac OS X sind die einzelnen Manpages auf dem Computer gespeichert; man kann sie jederzeit am Bildschirm lesen. Möchten Sie die richtige Syntax für einen

Befehl oder die genaue Funktionsweise eines Programms herausfinden, geben Sie den Befehl man und den Namen des Befehls ein. Die Syntax lautet:

```
man befehl
```

Benötigen Sie zum Beispiel Informationen über das Programm vi, mit dem Sie Dateien bearbeiten können, so geben Sie Folgendes ein:

```
$ man vi
.
.
.
$
```

Unter Mac OS X werden die Ausgaben von man standardmäßig durch den Pager less gefiltert.

 Manpages werden normalerweise von einem Programm angezeigt, das seine Ausgaben nicht in den Scrolling-Puffer schreibt, was recht nervig sein kann. Glücklicherweise gibt es hierfür eine einfache Lösung: Geben Sie auf der Befehlszeile einfach die Anweisung PAGER="more" oder erweitern Sie Ihre ~/.bashrc-Datei um die Zeile export PAGER="more", und die Manpages werden zusammen mit Ihren anderen Befehlen und Ausgaben im Scrolling-Puffer zwischengespeichert.

Nach der Befehlseingabe füllt sich der Bildschirm mit Text. Mit der Leertaste oder Return blättern Sie weiter, und mit q verlassen Sie das Programm.

Mac OS X enthält auch die Befehle apropos und man -k, mit denen Sie einen Befehl aufspüren können, wenn Sie ungefähr wissen, was er bewirkt, die genaue Syntax jedoch vergessen haben. Geben Sie apropos, gefolgt von einem umschreibenden Ausdruck, ein: Es erscheint eine Liste aller eventuell hilfreichen Befehle. Hierzu müssen Sie jedoch zunächst die Datenbank von apropos aufbauen. Dies geschieht, wenn Mac OS X seine wöchentlichen Wartungsaufgaben erledigt, was man mit folgendem Befehl auch manuell auslösen kann:

```
$ sudo periodic weekly
Password:
$
```

Seien Sie nicht überrascht, wenn die Ausführung dieses Befehls zehn Minuten oder sogar länger dauert; es wird eine ganze Reihe von Dingen im Hintergrund erledigt. Nachdem die Aufgabe einmal erledigt ist, können Sie sich mittels apropos beispielsweise alle Befehle, die etwas mit PostScript zu tun haben, ausgeben lassen:

```
$ apropos postscript
enscript(1)        - convert text files to PostScript
grops(1)           - PostScript driver for groff
pfbtops(1)         - translate a PostScript font in .pfb format to ASCII
pstopdf(1)         - convert PostScript input into a PDF document
```

Checkliste bei Problemen

man findet keinen Handbucheintrag zu diesem Befehl.

Manche Befehle – zum Beispiel cd und jobs – sind keine eigenen Unix-Programme; sie gehören zur Shell. Bei Mac OS X finden Sie die Dokumentation zu diesen Befehlen auf der Manpage zu bash.

Gehört ein Programm nicht zur Standardinstallation Ihres Systems, z.B. weil Sie oder Ihr Systembetreuer es nachträglich installiert haben, kann es sein, dass keine Manpages existieren oder Sie das Programm man erst einrichten müssen, damit es auch an anderen Orten abgelegte Manpages findet.

Drittens kann es sein, dass nicht alle Verzeichnisse, in denen Manpages abgelegt sind, auch in Ihrer Umgebungsvariable MANPATH eingetragen sind. In diesem Fall reicht es meistens aus, wenn Sie die unten stehenden Zeilen in Ihre Datei *.bashrc* eintragen. (Näheres hierzu finden Sie unter »Dateien erzeugen und bearbeiten« in Kapitel 4.) Um die Änderungen zu sehen, müssen Sie ein neues Terminal-Fenster öffnen:

```
export MANPATH=/sw/share/man:/sw/man:${MANPATH}:/usr/X11R6/man
```

Dokumentation über das Internet

Das Internet verändert sich so schnell, dass jede Liste mit Unix-Online-Dokumentation schnell veraltet wäre. Sie sollten nicht vergessen, dass es viele verschiedene Unix-Versionen gibt, weshalb die gefundenen Informationen manchmal nicht ganz genau die richtigen sind. Manchmal sind die Informationen auch viel zu technisch (viele Computer-Profis benutzen Unix und diskutieren gleichzeitig darüber). Aber lassen Sie sich nicht entmutigen! Haben Sie einmal eine Site mit der grundsätzlich richtigen Auswahl gefunden, können Sie ja bei Bedarf wieder dort nachsehen.

Der beste Ausgangspunkt für eine Erkundung der Online-Dokumentation des Mac OS X-Unix ist die Website von Apple. Aber fangen Sie nicht auf der Homepage an. Gehen Sie entweder zur Seite von Mac OS X (*http://www.apple.com/macosx/*) oder zur Homepage des Darwin-Projekts (*http://developer.apple.com/darwin/*). Ebenfalls sehr aufschlussreich bezüglich Software-Downloads und Erweiterungen zu Ihrer Unix-Welt ist das Fink-Projekt (siehe den Abschnitt »Fink« in Kapitel 9).

Viele Unix-Befehle sind normale englische Wörter, was die Suche nach ihnen nicht gerade erleichtert. Falls Sie eine Unix-Informationssammlung benötigen, sollten Sie es mit einer Suche nach dem Unix-Programm grep probieren. Besonders Unix-freundlich ist die Suchmaschine Google unter *http://www.google.com*. Google bietet unter *http://www.google.com/mac* eine spezielle Macintosh-Suchmaschine und unter *http://www.google.com/bsd* eine BSD-Suchmaschine (was nützlich ist, weil das Unix von Mac OS X viele Eigenschaften von seinen BSD-Vorfahren geerbt hat).

Sie haben noch andere Möglichkeiten, um sich zu informieren:

Zeitschriften

Manche Zeitschriften und Online-Magazine bieten Unix-Tutorials und Links zu weiterführenden Informationen. Auf Deutsch erscheinen zum Beispiel MacUp (*http://www.macup.com*), MacWelt (*http://www.macwelt.de*) und Teile des Online-Magazins TidBITS (*http://www.tidbits.com*).

Verlage

Computerbuch-Verlage wie O'Reilly (*http://www.oreilly.com*) bieten auf ihren Websites Bereiche, die sich mit Unix beschäftigen und Artikel von Unix-Buchautoren enthalten. Eventuell finden Sie dort gegen eine geringe monatliche Gebühr auch Online-Bücher (zum Beispiel den Safari-Service von *www.oreilly.com*) – eine gute Art, schnell viel zu lernen, ohne dafür die gedruckte Ausgabe eines dicken Wälzers kaufen zu müssen, von dem Sie das meiste vielleicht gar nicht brauchen.

Universitäten

An vielen Lehrinstituten werden Unix-Systeme verwendet, und es gibt für diese eine Online-Dokumentation. Meist hat man im Rechenzentrum (das für das gesamte Universitätssystem zuständig ist) mehr Glück als in der Informatik-Fakultät (wo es eventuell eher akademisch zugeht).

Websites zum Thema Mac OS X

Viele Websites zum Thema Mac OS X sind nennenswert, obwohl sie von Dritten betrieben werden und eventuell schon umgezogen sind, wenn Sie dies lesen. Mac OS X Apps (*http://www.macosxapps.com*, in englischer Sprache) bietet eine breite Auswahl von Aqua-Programmen. Informationen zu Darwin finden Sie unter Open Darwin (*http://www.opendarwin.org*, in englischer Sprache), und Mac OS X Hints (*http://www.macosxhints.com*, in englischer Sprache) bietet wertvolle Infos und Tipps. Eine andere Website, die ein Lesezeichen verdient, ist das englischsprachige O'Reilly MacDevCenter (*http://www.macdevcenter.com/*). Als deutschsprachige Website zu Mac OS X empfiehlt sich zum Beispiel Think Mac OS X (*http://www.thinkmacosx.ch/*).

Benutzergruppen

Apple-Benutzergruppen sind eine exzellente Quelle für Informationen, Inspiration und Kameradschaft. In Deutschland hält zum Beispiel MAC e.V. (Mensch am Computer (Mac) e.V., *http://www.mac-ev.de/*) vielerorts regelmäßige Treffen ab.

Bücher

Sowohl Online- als auch traditionelle Buchhandlungen sind voll mit Computer-Büchern. Bücher gibt es für eine breite Vielfalt von Bedürfnissen und Kenntnisständen. Leider werden viele Bücher von Autoren mit minimaler Unix-Erfahrung geschrieben und voller Fehler eilig in Druck gegeben. Lesen Sie sich vor dem Kauf in ein Buch ein. Entsprechen Stil und Charakter des Buchs (kurz oder detailreich, plauderhaft, freundlich oder in Referenzform) Ihren Bedürfnissen? Suchen Sie im Internet nach Buchbesprechungen; bei Online-Buchhandlungen finden Sie manchmal Leserkommentare.

Shell-Aliase und Shell-Funktionen

Anstatt mühsam ellenlange Befehlszeilen einzutippen und kryptische Befehle zu behalten, sollten Sie vielleicht etwas über *Shell-Aliase* und *Shell-Funktionen* lernen. Damit können Sie häufig verwendete Befehle, ganze Befehlszeilen und auch längere Folgen von Befehlszeilen abkürzen. In den meisten Fällen lassen sich diese durch ein einzelnes Wort oder durch ein Wort mit ein paar Argumenten ersetzen. Sie könnten zum Beispiel die lange Pipe im Abschnitt »Pipes und Filter« in Kapitel 6 durch einen Alias oder eine Funktion ersetzen (zum Beispiel aug). Wenn Sie am Shell-Prompt aug eingeben, gibt die Shell genau dieselben Dateien aus wie die Pipe (Dateien, die im August zuletzt verändert wurden, und zwar nach Größe geordnet).

Die Erstellung eines Alias oder einer Funktion ist kaum schwieriger als das Eintippen des Befehls oder der Befehlsfolge. Im Abschnitt »Dokumentation« weiter vorn in diesem Kapitel finden Sie Näheres hierzu. Die Benutzung von Aliasen und Funktionen ist eigentlich bereits eine einfache Form der Shell-Programmierung. Näheres zum Thema Aliase finden Sie im Abschnitt »Aliase erzeugen« in Kapitel 1.

Programmierung

Wir haben bereits erwähnt, dass die Shell der Befehlsinterpreter des Systems ist. Sie liest jede im Terminal eingegebene Befehlszeile und führt danach die gewünschte Operation aus. Ihre Shell wird beim Einrichten des Accounts angelegt.

Die Shell ist nur ein normales Programm, das mit einem Unix-Befehl aufgerufen werden kann. Sie enthält jedoch einige Elemente (zum Beispiel Variablen, Control-Strukturen und so weiter), die an eine Programmiersprache erinnern. Sie können für spezielle Funktionen eine Reihe von Shell-Befehlen in einer Datei abspeichern. Eine solche Datei wird *Shell-Skript* genannt.

Mit dem Programmieren der Shell sollten Sie erst dann anfangen, wenn Sie sich bei der Verwendung von Unix-Befehlen relativ sicher fühlen. Unix ist ein leistungsstarkes Werkzeug, und seine Fähigkeiten werden dann noch offensichtlicher, wenn man sich an die Shell-Programmierung wagt.

Lassen Sie sich beim Erlernen der Grundlagen Zeit. Sehen Sie sich dann mit einer neuen Aufgabe konfrontiert, nehmen Sie sich die Zeit und stöbern Sie in den Referenzdateien herum, bis Sie Programme oder Optionen finden, die Ihnen die Arbeit erleichtern. Ist dies geschehen, eignen Sie sich die Erstellung von Shell-Skripten an, damit Sie eine komplizierte Befehlssequenz nur einmal eingeben brauchen.

Wir wollen uns jetzt ein Shell-Skript einmal näher ansehen, damit Sie einen Eindruck bekommen, was so alles damit möglich ist. Um Informationen über die dem System bekannten Benutzer auszulesen, müssen Sie eine Abfrage der NetInfo-Datenbank durchführen. Hierfür eignet sich das Hilfsprogramm `nireport` recht gut.

 Wenn Sie das unten stehende Skript, `listusers`, selbst ausprobieren möchten, müssen Sie die unten stehenden Zeilen in einen Texteditor Ihrer Wahl (z.B. vi oder pico) eingeben. Genaueres zum Bearbeiten von Dateien finden Sie in Kapitel 4.

```
#!/bin/sh

echo "UID     Kürzel    Voller Name      Home-Verzeichnis       Shell"

nireport . /users uid name realname home shell | \
    awk '$1 > 99 { print $0 }'
```

Die erste Zeile zeigt an, welches Programm das Skript ausführen soll; wie die meisten Shell-Skripten ist auch dieses für die Bourne-Shell, `/bin/sh`, geschrieben (funktioniert aber auch mit bash, csh und tcsh). Das Hilfsprogrammm `awk` sorgt dafür, dass nur Informationen für Benutzer-IDs größer als 99 ausgegeben werden. Hierdurch werden Daten über die System-Accounts (die per Konvention Benutzer-IDs kleiner als 100 verwenden) ausgefiltert.

Damit sich das Shell-Skript nicht nur wie eine Textdatei, sondern wie ein neues Programm verhält, muss die Datei mit dem Befehl `chmod +x` ausführbar gemacht werden. Befindet sich das Skript in Ihrem aktuellen PATH, können Sie es nun einfach durch die Eingabe seines Namens aufrufen (Informationen zum Anpassen Ihrer Umgebungsvariable PATH finden Sie in Kapitel 1). Liegt das Skript im aktuellen Verzeichnis, stellen Sie dem Namen das Präfix `./` voran, wie hier gezeigt:

```
$ chmod +x listusers
$ ./listusers
UID    Kürzel   Voller Name    Home-Verzeichnis    Shell
501    jwl      Joergen Lang   /Users/jwl          /bin/bash
502    steph    Steph          /Users/steph        /bin/bash
```

Dieses Beispiel ist gerade einmal die Spitze des Eisbergs von den Möglichkeiten, die Shell-Skripten bieten. Für weitere Informationen zu diesem Thema empfehlen wir die Bücher *Unix in a Nutshell* von Arnold Robbins sowie *Unix Power Tools* von Shelley Powers, Jerry Peek, Tim O'Reilly und Mike Loukides (beide bei O'Reilly erschienen) oder auch *Wicked Cool Shell Scripts* von Dave Taylor (NoStarch Press).

Shell-Skripten in Droplets umwandeln

Ein weiterer toller Trick bei Mac OS X ist die Möglichkeit, ein Shell-Skript in ein so genanntes Droplet umzuwandeln, das Dateien durch einfaches Ziehen der Datei im Finder auf das Programm-Icon entgegennehmen und verarbeiten kann. Hierfür brauchen Sie ein Shell-Skript und eine Kopie des Hilfsprogramms DropScript von Fred Sanchez.

 Die aktuelle Version von DropScript finden Sie unter *http://www. versiontracker.com/*. Suchen Sie hier nach »dropscript«. Es lohnt sich, die VersionTracker-Website etwas genauer zu erkunden, wenn Sie beispielsweise nach aktuellen System- oder Programm-Updates suchen.

In seiner einfachsten Form akzeptiert ein Droplet-Skript eine oder mehrere Dateien, die ihm als Befehlszeilen-Argumente übergeben und dann auf die eine oder andere Art weiterverarbeitet werden. Als einfaches Beispiel sehen Sie hier ein Skript, das alle ihm übergebenen Daten auf dem Drucker ausgibt:

```
#!/bin/sh
pr "$*" | lpr
```

Sie verwandeln das reine Skript in ein Droplet, indem Sie im Finder das Icon des Skripts auf das Icon des DropScript-Programms ziehen. Hierdurch wird eine neue Version des Skripts mit dem Namen `dropname_der_skriptdatei` erzeugt, das voll Drag-und-Drop-fähig ist. Hätte das Ausgangsskript beispielsweise den Namen `print-text`, würde das resultierende Droplet den Namen `dropprint-text` bekommen.

Weitere Möglichkeiten: Perl und Python

Wenn Ihnen die Programmierung von Shell-Skripten nicht genügend Möglichkeiten bietet, wollen Sie vielleicht Perl oder Python lernen. Wie die Shell interpretieren Perl und Python Skriptdateien voller Befehle. Aber diese beiden Programmiersprachen haben eine steilere Lernkurve als die Shell. Außerdem haben Sie nach der Lektüre dieses Buchs schon einiges über die Shell und Unix-Befehle gelernt und sollten eigentlich bereits in der Lage sein, Ihre eigenen Shell-Skripten zu schreiben; das Erlernen einer Programmiersprache erfordert mehr Zeitaufwand. Haben Sie jedoch ausgefallenere Aufgaben zu erledigen, können Sie mit Hilfe dieser Programmiersprachen die Leistungsfähigkeit Ihres Mac OS X-Systems noch weiter ausbauen.

Index

Symbole

- (Bindestrich)
    als Bezeichnung für einfache Datei in
        Dateiliste 45
    auf der Befehlszeile 29
-- (Bindestrich, doppelt) auf der Befehls-
    zeile 29
! (Escape-Sequenz) 16
"" (Anführungszeichen)
    um Dateinamen mit Leerzeichen 30
    um Pfadnamen mit Leerzeichen 38
(Doppelkreuz), am Ende des Prompts 24
$ (Dollarzeichen)
    Befehl, vi 70
    Prompt 16, 24
$$ (Dollarzeichen, doppelt), PID der aktuel-
    len Shell 112
% (Prozentzeichen), Prompt 16
* (Sternchen)
    als Bezeichnung für ausführbare
        Dateien 47
    in regulären Ausdrücken 102
    Wildcard 65
. (Punkt), als Bezeichnung für
    Arbeitsverzeichnis 44
⌘-.-Befehl (abbrechen) 26, 33
.. (Punkt Punkt), zum Bezeichnen des
    Elternverzeichnisses 40
/ (Schrägstrich)
    als Bezeichnung für Verzeichnis in
        Dateiliste 47
    in Pfadnamen 38

zum Bezeichnen des
    Wurzelverzeichnisses 38, 39
zum Einleiten von Suchmustern in vi 70,
    72
: (Doppelpunkt)
    in Datei- oder Verzeichnisnamen 63
    Prompt für less-Befehl 51, 104
; (Semikolon), auf der Befehlszeile 30
< (Kleiner-als-Zeichen), Eingaben aus einer
    Datei lesen 96
> (Größer-als-Zeichen), zum Umleiten von
    Ausgaben in Dateien 95, 96-100
>> (Größer-als-Zeichen, doppelt), Operator
    zum Anhängen von Ausgabe-
    umleitungen 99
? (Fragezeichen), Wildcard 65
? (Hilfe-Befehl), Pine 152
\ (Backslash) 64
    für mehrzeilige Befehle 19
    vor Leerzeichen in Pfadnamen 38
    vor Leerzeichen und Sonderzeichen 64
= (Gleichheitszeichen)-Operator, Datei-
    namenzugriffsrechte 56
& (Kaufmanns-Und) und Hintergrund-
    prozesse 107
| (Pipe-Operator) 96, 100
[] (eckige Klammern) als Wildcards 65
\$ (Escape-Sequenz) 16
\@ (Escape-Sequenz) 16
~ (Tilde), als Bezeichnung für Home-
    Verzeichnis 76

Zahlen

Über die Autoren

Dave Taylor ist ein beliebter Autor, Lehrer und Redner zu Wirtschafts- und Technikthemen. Er ist Gründer von *The Internet Mall* und *iTrack.com* und beschäftigt sich schon seit 1980 mit Unix und dem Internet – das E-Mail-System Elm stammt zum Beispiel von ihm. Auch als Mac-Fan war er von der allerersten Stunde mit dabei und legte mit einem schmutzig-beigefarbenen Mac Plus los. Er war früher unter anderem als Forscher an den HP-Forschungslabors und leitender Redakteur bei *SunWorld* tätig. Dave hat Software zum offiziellen BSD-Release 4.4. beigesteuert, und seine Programme finden sich in allen Linux-Versionen und verschiedenen anderen Unix-Varianten.

Brian Jepson ist Lektor bei O'Reilly, Programmierer und Koautor von Mac-Büchern wie diesem und *Mac OS X for Unix Geeks*. Außerdem ist er ehrenamtlicher Systemadministrator und Geek-für-alles für das gemeinnützige Kunstzentrum AS220 (*www.as220.org*) in Providence. AS220 bietet Künstlern aus dem US-Bundesstaat Rhode Island unzensierte und offene Foren für ihre Arbeiten. Dazu gehören Gallerien, Räume für Aufführungen sowie Publikationen. Brian sorgt dafür, dass Technologie wie freie Software diese Mission unterstützt.

Über die Übersetzer

Jørgen W. Lang lebt als freier Übersetzer, Webdesigner und -programmierer sowie als Dozent für Webdesign und CGI-Programmierung in Hamburg. Neben der Musik widmet er sich, falls er Zeit hat, der Beantwortung von Fragen in den deutschsprachigen Perl-Newsgruppen. Unter *http://www.worldmusic.de/perl/* hat er eine Reihe von Ressourcen zusammengetragen, die besonders Anfängern den Einstieg in Perl erleichtern sollen. Zu erreichen ist er unter *jwl@worldmusic.de*.

Eva Wolfram ist Autorin, technische Übersetzerin und Dolmetscherin und lebt mit ihren zwei Kindern Laura und Nick an der englischen Südküste. Ihre langjährige Allround-Tätigkeit im eigenen Computerbuchverlag hat ihr viel wertvolle Erfahrung beschert. Außer Büchern übersetzt sie aktuelle Artikel aus Computerfachzeitschriften und gestaltet Publikationen und Werbematerial. Den nötigen Ausgleich zu ihrer Schreibtischarbeit holt sie sich in ihrer Tätigkeit als freiberufliche Massagetherapeutin. Außerdem beschäftigt sie sich seit Jahren mit schamanischer Heilkunst und Trance-Arbeit und leitet schamanische Workshops. In ihrer Freizeit ist sie am liebsten auf ihrem Surfbrett und spielt mit dem Ozean oder zeltet mit ihren Kindern irgendwo in der freien Natur.

Kolophon

Das Tier auf dem Cover von *Einführung in Unix für Mac OS X Panther* ist ein »Alaskan Malamute«, eine der ältesten Rassen arktischer Schlittenhunde. Diese kräftigen Hunde besitzen einen sehr muskulösen Körper, der auf Stärke und Ausdauer ausgelegt ist. Sie haben einen breiten Kopf mit wuchtigen Muskeln und dreieckigen Ohren, die, wenn sie aufgerichtet sind, Wachsamkeit signalisieren. Ihr dickes Fell ist außen grob und dunkel mit einem weichen, wolligen Unterfell.

Der Alaskan Malamute ist ein ausgezeichneter Gefährte, da er sehr liebevoll, freundlich und treu ist. Er kann verspielt sein, neigt aber zu größerer Zurückhaltung, wenn er ausgewachsen ist. Er ist sehr intelligent und seine Augen spiegeln stets Neugier und Interesse wider.

Der Umschlagsentwurf dieses Buches basiert auf dem Reihenlayout von Edie Freedman und stammt von Emma Colby, die hierfür einen Stich aus der *Illustrated Natural History: Mammalia* verwendet hat. Das Coverlayout der deutschen Ausgabe wurde von Ellie Volck-hausen & Hanna Dyer mit Quark XPress 4.1 unter Verwendung der Schriftart ITC Garamond von Adobe erstellt. Als Textschrift verwenden wir die Linotype Birka, die Überschriftenschrift ist die Adobe Myriad Condensed und die Nichtproportionalschrift für Codes ist LucasFont's TheSans Mono Condensed. Die in diesem Buch enthaltenen Abbildungen stammen von Robert Romano und Jessamyn Read und wurden mit Adobe Photoshop 6 und Macromedia Freehand 9 erzeugt. Linley Dolby und Joachim Kurtz haben das Kolophon geschrieben.

Macintosh

Mac OS X Panther: Missing Manual

David Pogue
ca. 850 Seiten, Juni 2004, ca. 38,- €
ISBN 3-89721-374-5

Apple legt mit Mac OS X 10.3 (Codename Panther) schon wieder nach und Kultautor David Pogue liefert das fehlende Handbuch dazu. Von der genauen Beschreibung der zahlreichen neuen Technologien bis hin zu einer Einführung in den Unix-Motor des neuen Mac finden bekehrte Umsteiger wie auch alte Mac-Hasen alles, was sie über Panther wissen müssen.

Mac OS X Panther konfigurieren und administrieren

James Duncan Davidson
ca. 368 Seiten, Juni 2004, ca. 36,- €
ISBN 3-89721-379-6

Ergänzend und vertiefend zum breiter angelegten und auch für Mac-Neulinge verständlichen *Missing Manual* gibt es nun auch ein Handbuch, das sich an technisch versiertere User wendet. Sachlich, gut strukturiert und verständlich beschreibt der Autor, wie Mac OS X funktioniert, und zeigt, mit welchen Tools das System optimal eingerichtet und verwaltet werden kann. Wer also wissbegierig und souverän genug ist, tief in sein Macintosh-System einzutauchen und dessen Funktionsweise freizulegen, ist mit diesem Buch bestens bedient und wird seinen »Panther« schnell zum Schnurren bringen.

Einführung in Unix für Mac OS X Panther

Dave Taylor & Brian Jepson
200 Seiten, 2004, 18,- €
ISBN 3-89721-378-8

Einführung in Unix für Mac OS X Panther erleichtert Mac-Anwendern den Schritt von der ansprechenden und intuitiven Benutzeroberfläche zur kargen Unix-Kommandozeile und zeigt ihnen, wie sie das Beste aus beiden Welten haben können. Nach der Konfiguration des Terminals und der Shell geht es von den grundlegenden Aufgaben und Unix-Befehlen bis hin zu Pipes, Filtern u.ä.

Mac OS X Panther – kurz & gut

Chuck Toporek
176 Seiten, 2004, 9,90 €
ISBN 3-89721-276-6

Mac OS X – kurz & gut behandelt ganz kompakt die wichtigsten Systemwerkzeuge, zeigt praktische Tipps und Tricks für alltägliche Aufgaben und enthält eine Einführung in die meistgenutzten Unix-Befehle. Diese Ausgabe behandelt Mac OS X 10.3 (Panther) und ist komplett aktualisiert worden.

Mac OS X Hacks

Rael Dornfest & Kevin Hemenway
476 Seiten, 2003, 32,- €
ISBN 3-89721-363-X

Mac OS X ist gewissermassen Ketzerei: ein Macintosh mit einer Kommandozeile! In diesem Buch zeigen Unix-Gurus Lösungen für all die Aufgaben, mit denen man sich auf einem Unix-Desktop beschäftigen kann: Web, Mail und FTP, SSH, Perl und Shell-Scripting, Kompilieren und Konfigurieren, Prozesskontrolle und Netzwerke. Dazu kommen die Kniffe eingefleischter Mac-Profis zu unerlässlicher Software, Hardware, AppleScript, AppleTalk und vielem mehr.

iPod & iTunes: The Missing Manual, 2nd Edition

J. D. Biersdorfer
352 Seiten, 2004, 24,- €
ISBN 0-596-00658-6

iTunes and the iTunes music store aren't just for Mac fans anymore. Anyone running Windows XP or 2000 can now cash in on all the capabilities of this music store jukebox. Our new version of *iPod & iTunes: The Missing Manual* has been thoroughly updated to reflect these changes. No matter what kind of music moves you, this book will help you get much more out of your iPod – and much more into it.

Weitere Informationen zu unserem Macintosh-Programm finden Sie unter:
www.oreilly.de/mac

anfragen@oreilly.de • http://www.oreilly.de • +49 (0)221-97 31 60-0

O'Reillys Taschenbibliothek
kurz & gut

Perl, 4. Auflage

Johan Vromans, 108 Seiten, 2003, 8,- €
ISBN 3-89721-247-1

Überblick über Perl 5.8, u.a. über Syntax-regeln, Quotierung, Variablen, Operatoren, Funktionen, I/O, Debugging, Formate, Standardmodule und regu-läre Ausdrücke.

Python, 2. Auflage

Mark Lutz, 128 Seiten, 2002, 8,- €
ISBN 3-89721-240-4

Diese Sprachreferenz behandelt Python 2.2 und gibt einen Überblick über Anweisungen, Daten-typen, eingebaute Funktionen, häufig verwendete Module und andere wichtige Sprachmerkmale.

PHP, 2. Auflage

Rasmus Lerdorf, 144 Seiten, 2003, 8,90 €
ISBN 3-89721-251-X

Eine ideale Kurzeinführung in Syntax und Struktur der Skriptsprache sowie eine Schnellreferenz für die Vielzahl der Funktionen.

CVS, 2. Auflage

Gregor N. Purdy, 90 Seiten, 2004, 8,- €,
ISBN 3-89721-265-X

Behandelt die zentralen Konzepte der CVS-Versionskontrolle und enthält eine vollständige Befehlsreferenz sowie eine Anleitung für die Konfigu-ration und Installation von CVS.

Windows 2000 Befehle

Æleen Frisch, 120 Seiten, 2001, 8,- €
ISBN 3-89721-234-X

Windows 2000 Befehle - kurz & gut listet alle wesentlichen Befehle der Kommandozeile mit ihren je-weiligen Optionen in knapper, aber umfassender Form auf. Auch die Befehle des Resource Kit sind abgedeckt.

Mac OS X Panther

Chuck Toporek, 176 Seiten, 2004, 9,90 €
ISBN 3-89721-276-6

Mac OS X – kurz & gut behandelt ganz kompakt die wichtigsten Systemwerkzeuge, zeigt prak-tische Tipps und Tricks für alltägliche Aufgaben und enthält eine Einführung in die meistgenutzten Unix-Befehle. Diese Ausgabe behandelt Mac OS X 10.3 (Panther) und ist komplett aktualisiert worden.

C

Ulla Kirch-Prinz & Peter Prinz
120 Seiten, 2002, 8,- €
ISBN 3-89721-238-2

Das Buch bietet zweierlei: der erste Teil ist ein kompak-ter Überblick über die Sprache und ihre Elemente, die zweite Hälfte ist der Standard-Bibliothek gewidmet. Der neuste ANSI-Standard C99 wird hierbei berücksichtigt.

vi-Editor

Arnold Robbins, 63 Seiten, 1999, 8,- €
ISBN 3-89721-213-7

Zum Nachschlagen für die wenig intuitiven vi und ex: Optionen und Befehle, Shortcuts, reguläre Aus-drücke sowie Optionen der Klone nvi, elvis, vim und vile.

GNU Emacs

Debra Cameron, 64 Seiten, 1999, 8,- €
ISBN 3-89721-211-0

Referenz zu den Optionen und Befehlen des Editors GNU Emacs 20.2: von den Grundlagen der Text-verarbeitung bis zu speziellen Befehlen für Programmierer.

sed & awk, 2. Auflage

Arnold Robbins, 64 Seiten, 2002, 8,- €
ISBN 3-89721-246-3

Kompaktes Nachschlagewerk zu den Unix-Tools sed und awk und zur Mustererkennung mit allen notwendigen Informationen, um die Bearbeitung von Textdateien unter Unix zu automatisieren.

LaTeX

M. K. Dalheimer, 72 Seiten, 1998, 8,- €
ISBN 3-89721-204-8

LaTeX-Befehle und ihre Optionen, die jeder immer wieder benötigt. Behandelt auch Zusatzpakete zur Grafikanbindung und für die Anpassung an den deutschen Sprachraum.

Oracle DBA Checklisten

RevealNet, 88 Seiten, 2001, 8,- €
ISBN 3-89721-236-6

Oracle DBA Checklisten – kurz & gut ist eine Kurzreferenz, die die große Aufgabenvielfalt von Oracle-Datenbankadministratoren in einfach zu nutzenden Checklisten zusammenfasst und damit ein unverzicht-bares Hilfsmittel für die tägliche Arbeit des DBAs darstellt.

O'REILLY®

anfragen@oreilly.de • http://www.oreilly.de • +49 (0)221-97 31 60-0

O'Reillys Taschenbibliothek
kurz & gut

XML, 2. Auflage

R. Eckstein mit M. Casabianca
106 Seiten, 2002, 8,- €
ISBN 3-89721-235-8

Dieser Bestseller bietet eine kurze Einführung in Terminologie und Syntax von XML, einen Überblick über seine Elemente und Attribute, über XPath, XPointer, XLink und XSLT.

HTML, 2. Auflage

Jennifer Niederst, 104 Seiten, 2002, 8,- €
ISBN 3-89721-243-9

Diese Referenz bietet einen schnell zugänglichen Überblick über alle HTML-Tags und deren wichtigste Attribute. Berücksichtigt sind HTML 4.01 sowie die Erweiterungen von Netscape und Internet Explorer.

CSS

Eric A. Meyer, 102 Seiten, 2001, 8,- €
ISBN 3-89721-237-4

Dieser Band gibt eine kompakte Übersicht über den Einsatz von Cascading Style Sheets und beschreibt alle CSS-Eigenschaften und deren Unterstützung durch die verschiedenen Browser.

PHP, 2. Auflage

Rasmus Lerdorf, 144 Seiten, 2003, 8,90 €
ISBN 3-89721-251-X

Eine ideale Kurzeinführung in Syntax und Struktur der Skriptsprache sowie eine Schnellreferenz für die Vielzahl der Funktionen.

JavaScript, 2. Auflage

David Flanagan, 136 Seiten, 2003, 8,90 €
ISBN 3-89721-253-6

Eine kompakte Referenz aller Objekte, Methoden und Eigenschaften von JavaScript 1.5.

Samba, 2. Auflage

Jay Ts, R. Eckstein & D. Collier-Brown
144 Seiten, 2003, 8,90 €
ISBN 3-89721-258-7

Samba - kurz & gut beschreibt alle Optionen für die Konfigurationsdatei von Samba (Version 2.2 und 3.0) und enthält alle Befehlszeilen-Optionen und Infomationen zur Verwendung der Samba-Daemons und der Utilities der Samba-Distribution.

Apache

Andrew Ford, 120 Seiten, 2001, 8,- €
ISBN 3-89721-224-2

Behandelt werden Optionen, Module, Hilfsprogramme, Betrieb und Konfiguration, Performance Tuning, Request-Verarbeitung, Zeitformate, CGI-Umgebungsvariablen für Apache 1.3.12.

JavaServer Pages

Hans Bergsten, 88 Seiten, 2002, 8,- €
ISBN 3-89721-239-0

Informationen zu JSP-Syntax und -Verarbeitung, Direktiven, Standard-Aktionselementen, Skriptelementen, JSP-Objekten, benutzerdefinierten Aktionen sowie der Entwicklung von TLD- und WAR-Dateien.

CGI, 2. Auflage

Martin Vorländer, 106 Seiten, 2003, 8,- €
ISBN 3-89721-244-7

Eine Referenz der CGI-Technologie sowie der bei CGI verbreitetsten Verfahren und Tools wie CGI.pm, mod_perl, SSI und Template-Systeme.

HTTP

Clinton Wong, 86 Seiten, 2000, 8,- €
ISBN 3-89721-230-7

Konzeptioneller Überblick über HTTP und ausführliche Referenz zu HTTP-Transaktionen, Client-Methoden, Statuscodes, Header, URL-Codierung, Medientypen, Cookies, Authentifizierung, Persistenz und Caching.

Jakarta Struts

Chuck Cavaness & Brian Keeton
150 Seiten, 2004, 9,90 €
ISBN 3-89721-261-7

Jakarta Struts - kurz & gut dokumentiert alle Komponenten und Core-Features des Struts-Framework und enthält detaillierte Informationen zu der umfangreichen Tag-Bibliothek.

MySQL

George Reese, 92 Seiten, 2003, 8,- €
ISBN 3-89721-257-9

Ein vollständiges Nachschlagewerk zur Syntax aller SQL-Befehle, die von MySQL unterstützt werden. Mit Informationen zu Datentypen, Operatoren und Funktionen des Datenbanksystems.

O'REILLY®

anfragen@oreilly.de • http://www.oreilly.de • +49 (0)221-97 31 60-0

Kontaktieren Sie uns

Besuchen Sie uns auf unserer Website

http://www.oreilly.de/

- Ankündigungen von Neuerscheinungen
- Gesamtkatalog der englischen und deutschen Titel
- Probekapitel und Inhaltsverzeichnisse unserer Bücher

Tragen Sie sich in unsere Mailingliste ein

Wenn Sie automatisch per E-Mail über Neuerscheinungen informiert werden möchten, abonnieren Sie unseren NewsLetter.

Füllen Sie einfach das entsprechende Formular auf unserem Webserver aus:

- *http://www.oreilly.de/oreilly/majordomo.form.html*

Oder schicken Sie eine E-Mail an:

- *majordomo@oreilly.de*

Setzen Sie die folgende Information in die erste Zeile Ihrer Nachricht (nicht in die Subject-Zeile):

- für Informationen über neue englische Titel:
  subscribe ora-news + Ihre E-Mail-Adresse
- für Informationen über neue deutsche Titel:
  subscribe oreilly-aktuell + Ihre E-Mail-Adresse

Bestellen Sie unseren gedruckten Katalog

- über unseren Webserver:
  http://www.oreilly.de/oreilly/katalog.html
- oder per Post, telefonisch oder per Fax

Beziehen Sie die Beispiele aus unseren Büchern online

- mit Ihrem Webbrowser über:
  http://examples.oreilly.de
- oder per ftp an:
  ftp.oreilly.de
  (login: *anonymous*; password: Ihre E-Mail-Adresse)

Treten Sie mit uns per E-Mail in Kontakt

- *anfragen@oreilly.de*
  für generelle Anfragen und Informationen
- *order@oreilly.de*
  für Bestellungen
- *kommentar@oreilly.de*
  für Anmerkungen zu unseren Büchern
- *proposals@oreilly.de*
  um Manuskripte und Buchvorschläge an uns zu senden
- *presse@oreilly.de*
  für Journalisten, die mehr über uns oder unsere Bücher erfahren möchten

O'Reilly Verlag GmbH & Co. KG
Balthasarstraße 81, 50670 Köln

Tel. 49 (0)221/973160-0 • (9 bis 18 Uhr)
Fax 49 (0)221/973160-8

O'REILLY®

Hacks

eBay Hacks

David A. Karp
394 Seiten, 2004, 28,- €
ISBN 3-89721-368-0

David A. Karp ist eine gefährliche Mischung aus leidenschaftlichem Autor, Geek und eBay-Fanatiker. Zwar sagt er über sich selbst: »Kinder und Tiere vertrauen mir.« Aber lassen Sie sich nicht täuschen, er ist ein ausgefuchster Ebayer – und er ist in diesem Buch bereit, Tipps und Tricks aus seiner langjährigen Auktionserfahrung preiszugeben.

Die Hacks in diesem Buch befassen sich mit den technischen und diplomatischen Herausforderungen, mit denen alle eBay-Mitglieder konfrontiert sind. Das Buch deckt dabei einen großen Themenradius ab, der die verschiedenen Möglichkeiten der Suche, der geschickten Vor- und Nachbereitung von Auktionen, des Kaufens und Verkaufens, der eBay-Shops und der effektiven Nutzung der eBay-API umfasst. Erläutert werden auch verschiedene Skripten und Module, mit denen wiederkehrende Vorgänge automatisiert werden können. Für die deutsche Ausgabe wurde das Buch überarbeitet und an deutsche Gegebenheiten angepasst. David A. Karp versteht die eBay-Kultur und kann Ihnen zeigen, wie eine raffinierte Strategie, ein bisschen Diplomatie und die richtigen Werkzeuge das Handeln bei eBay profitabler machen und viel mehr Spaß bereiten.

Windows XP Hacks

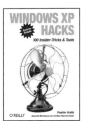

Preston Gralla
430 Seiten, 2004, 28,- €
ISBN 3-89721-367-2

Mit Windows XP ist der PC noch Mac-ähnlicher geworden: mehr Grafik, mehr Stabilität und mehr Fun. Das mag für die meisten Windows-Anwender gut und schön sein, doch Poweruser möchten in der Regel etwas mehr: Sie wollen hinter die Kulissen blicken und die Kontrolle über ihr Betriebssystem erlangen. Doch deswegen muss man nicht gleich zur Brechstange greifen. Mit *Windows XP Hacks* können Sie unter die Oberfläche von Windows XP schauen und verborgene Befehle und Steuerungen sowie kaum bekannte Tricks und Tools kennen lernen. In diesem Buch finden Sie kluge, zeitsparende und nützliche Hacks für fast jede Funktion in Windows XP Professional und Windows XP Home Edition. Die Hacks behandeln u.a. folgende Themen:

- Den Startprozess beschleunigen
- Hartnäckige XP-Komponenten entfernen
- Anonym surfen
- Dateidownloads beschleunigen
- Die Registrierung tunen
- DNS-Settings ändern
- Netzwerkprobleme beheben
- Grafik- und Multimedia-Funktionen effizient nutzen
- Spam, Cookies und Popups verbannen
- Firewalls aufbauen und Proxyserver tunen

Google Hacks

Tara Calishain & Rael Dornfest
394 Seiten, 2003, 28,- €
ISBN 3-89721-362-1

Google ist mit täglich etwa 150 Mio. Suchanfragen die meistgenutzte Suchmaschine. Allerdings ist den meisten Anwendern der ganze Leistungsumfang von Google kaum bekannt. Dieses Buch ist eine Sammlung von 100 Tricks und Tools, durch die die Arbeit mit Google effektiver und professioneller wird. Neben Tipps zur Verfeinerung von Suchanfragen finden sich Hinweise zu den fortgeschrittenen Suchfunktionen und vor allem Erklärungen, wie man die Google Web API sinnvoll nutzt.

Linux Server Hacks

Rob Flickenger
272 Seiten, 2003, 26,- €
ISBN 3-89721-361-3

Diese Sammlung von 100 thematisch sortierten Tricks und Tools hilft, vertrackte Probleme der Linux-Systemadministration zu lösen. Die ersten Hacks befassen sich mit den Grundlagen des Systems und zeigen beispielsweise, wie man den Kernel tunen kann. In anderen Hacks erfährt man, wie man mit CVS oder RCS Dateiänderungen verfolgen kann. Ein weiteres Kapitel behandelt die verschiedenen Möglichkeiten, Backups effizienter zu organisieren. Systemüberwachungstools, sicheren Netzwerklösungen und Webinstallationen mit Apache und MySQL sind nochmals einige Hacks gewidmet.

Mac OS X Hacks

Rael Dornfest &
Kevin Hemenway
476 Seiten, 2004, 32,- €
ISBN 3-89721-363-X

Mac OS X ist gewissermaßen Ketzerei: ein Macintosh mit einer Kommandozeile! Niemand muss sich mit den vielen neuen Möglichkeiten beschäftigen, die OS X bietet. Wer die Wildkatze aber richtig zähmen möchte, hat mit diesen 100 Hacks die Hilfestellung von Experten. Unix-Gurus zeigen Lösungen für all die Aufgaben, mit denen man sich auf einem Unix-Desktop beschäftigen kann: Web, Mail und FTP, SSH, Perl und Shell-Scripting, Kompilieren und Konfigurieren, Prozesskontrolle und Netzwerke. Dazu kommen die Kniffe eingefleischter Mac-Profis zu unerlässlicher Software, Hardware, AppleScript, AppleTalk und vielem mehr.

O'REILLY®

anfragen@oreilly.de • http://www.oreilly.de • +49 (0)221-97 31 60-0